La traductic
La comprendre, l'a

Collection fondée par Guy Serbat
et dirigée par Irène Tamba
Directeur d'Études à l'EHESS (Paris)

Linguistique nouvelle

La traduction. La comprendre, l'apprendre

DANIEL GILE

Presses Universitaires de France

ISBN 2 13 052500 8

Dépôt légal — 1re édition : 2005, janvier

Sommaire

Introduction

Dire que la traduction est omniprésente dans nos écoles et universités, c'est énoncer un truisme. « L'enseignement de la traduction, sous les deux modes de la version et du thème... est une tradition bien ancrée de l'institution universitaire française », dit M. Pergnier (1998 : X). C'est aussi employer un même terme pour nommer des activités et des finalités différentes. L'une d'elles est la traduction conçue aux fins d'apprentissage des langues étrangères. Les exercices de thème et de version servent dès le collège, voire dès l'école primaire, à exercer la mémoire des mots et des structures, à acquérir des mécanismes linguistiques en langue étrangère, et à vérifier les connaissances. À un stade plus avancé de la traduction scolaire ou universitaire s'ajoute une fonction de discipline, intellectuelle et linguistique, visant « les vertus reconnues de longue date à la pratique de la traduction dans la formation de l'esprit » (Pergnier, 1998 : XI), notamment l'analyse, la rigueur et la qualité dans l'expression, surtout dans la version, qui est en même temps un « exercice d'analyse de la pensée d'un auteur, formation à la précision et à la clarté d'expression, exercice de rédaction dans la langue maternelle, test de culture et de connaissances, voire développement du sens esthétique.... » (Pergnier, 1998 : XI). À côté de ces deux types de traduction aux fins d'apprentissage, on trouve la traduction professionnelle aux fins de transmission de messages, sur laquelle nous nous penchons ici.

Le présent ouvrage est le fruit d'une expérience et d'une expérimentation dans l'enseignement de la traduction qui ont commencé en 1979, quand j'ai été chargé de créer un cours de traduction scientifique et technique japonais-français à l'INALCO (Institut national des langues et civilisations orientales) à Paris, avec pour bagage une dizaine d'années d'expérience comme traducteur (autodidacte) et une formation d'interprète de conférence à l'ESIT (École supérieure d'interprètes et de traducteurs). J'avais été convaincu de l'intérêt de l'adoption de l'approche dite « interprétative » préconisée par D. Seleskovitch et M. Lederer, qui était accompagnée d'une démarche et de méthodes concrètes dans l'enseignement de l'interprétation (voir Seleskovitch et Lederer, 1989). En revanche, à l'ESIT, la traduction était enseignée sans méthode particulière. En outre, la base théorique proposée pour justifier la démarche interprétative me semblait devoir être complétée pour répondre aux interrogations des étudiants et pour les aider efficacement à orienter leurs choix. Un examen des manuels utilisés à l'époque ne m'a pas non plus permis de trouver des solutions. La *Stylistique comparée du français et de l'anglais* de J.-P. Vinay et J. Darbelnet (1958), remarquable à maints égards et intéressante pour sa catégorisation des *résultats* de l'action traduisante, ne me paraissait pas susceptible de fournir la base requise à la compréhension des problèmes que posait la traduction et à la prise de décisions raisonnées.

J'ai donc commencé à travailler à l'élaboration d'une base théorique et méthodologique complémentaire. Ces efforts ont produit dans un premier temps une série d'articles et une thèse sur l'enseignement de la traduction et de l'interprétation japonais-français (Gile, 1984 *a*), puis de nouveaux articles et un manuel (Gile, 1995 *a*). Depuis mon arrivée à l'Université Lyon 2, en 1995, j'ai pu élargir le champ d'investigation et d'expérimentation à des étudiants de langues étrangères appliquées et à des langues telles que l'allemand, l'anglais, l'espagnol et l'italien, puis à des étudiants plus mûrs inscrits à un certificat universitaire de traduction spécialisée dans le cadre de la formation continue. Parallèlement, depuis plus de vingt ans, j'ai la chance de pouvoir visiter régulièrement d'autres pays et d'y enseigner la traduction et l'interprétation dans le cadre de séminaires et de cours de courte durée, et surtout d'échanger des idées et des informations avec de nombreux collègues enseignant la traduction aux quatre coins du monde. Le présent ouvrage intègre cette expérience.

Ce livre est conçu principalement comme un manuel méthodologique pour l'enseignement de la traduction dans le milieu universitaire : à l'aide de concepts et de modèles relativement simples, il présente progressivement et systématiquement les principes de la démarche du traducteur professionnel. Certains de ces modèles sont descriptifs, en ce sens qu'ils décrivent des situations ou opérations concrètes. D'autres sont plutôt conceptuels, et sont destinés à faire comprendre, souvent à l'aide d'images métaphoriques. L'ensemble est explicatif, et incite à la réflexion sur l'environnement, les objectifs, les choix et les contraintes de la traduction. Conçu et développé initialement pour des étudiants, il a également été présenté à des traducteurs professionnels, lors de séminaires de formation continue dans différents pays, sous différentes formes, et j'ai systématiquement demandé son évaluation aux participants. En grande majorité, ces professionnels de la traduction semblent apprécier le fait que les modèles présentent et organisent de manière explicite ce qu'ils pressentent, savent et/ou font intuitivement, ainsi que l'effort d'argumentation réalisé pour expliquer et justifier leurs choix. Peut-être ces réactions peuvent-elles être considérées comme une certaine validation du contenu des modèles, et de leur intérêt potentiel pour les étudiants en traduction en même temps que pour les praticiens eux-mêmes.

Cette explicitation et cette argumentation explicative et systématique d'un ensemble de composantes de base de la traduction constituent probablement ce qui différencie le plus fondamentalement cet ouvrage des nombreux autres ouvrages sur l'enseignement de la traduction parus en France et ailleurs. Ce livre n'est pas un manuel de traduction au sens pratique d'une série d'indications méthodologiques et d'exercices, d'autant qu'il s'adresse aux enseignants, étudiants et praticiens de toutes langues de travail. Il présente un certain nombre d'exemples, surtout dans le couple de langues anglais-français, mais ne constitue pas un cours de traduction à lui seul. Il est plutôt destiné à servir de référence dans des cours où les textes de départ sont choisis par les enseignants dans leurs sources non littéraires habituelles.

Il importe à ce propos de préciser que ce livre porte sur la traduction de textes que nous appellerons « informatifs » et que d'autres, notamment Jean Delisle (1980 : 22-24), appellent « pragmatiques », à l'exclusion des textes littéraires. Sans vouloir (ni pouvoir) définir les deux catégories de manière rigoureuse, je propose la distinction prototypique suivante : les textes littéraires comportent un élément esthétique important, que ce soit à travers la forme, notamment les métaphores, le vocabulaire et la phraséologie, ainsi qu'à travers les personnages ou les situations créés, et visent à susciter chez le lecteur l'émotion autant voire plus que des réactions rationnelles et l'acquisition d'informations. Les textes informatifs s'appuient essentiellement sur l'information qu'ils véhiculent pour faire passer leur message, et l'élément esthétique et l'émotion n'y jouent dans l'ensemble qu'un rôle secondaire. Dans tout découpage de ce type, les frontières sont floues : si un document comptable et un poème sont faciles à catégoriser, un roman historique ou un texte publicitaire le sont moins. Dans le présent contexte, la distinction est néanmoins importante : la traduction des textes informatifs peut être analysée de manière suffisamment approfondie pour proposer aux apprenants des outils conceptuels relativement puissants et pour leur permettre ainsi de mieux tirer parti, en matière de discipline intellectuelle, des exercices de traduction qui leur sont proposés dans le cadre universitaire. La traduction littéraire s'écarte souvent de ces principes intellectuels en faveur de l'intuition et du sens artistique et ne s'enseigne pas de la même manière, ne serait-ce qu'en raison de la difficulté, voire de l'inutilité d'y séparer par l'analyse la forme et le sens. Je me contente donc ici de traiter la traduction de textes informatifs, en espérant toutefois que des traducteurs littéraires y trouveront eux aussi des éléments intéressants.

Cet ouvrage présente la traduction comme une discipline. Discipline au sens professionnel, au sens de démarche, et au sens universitaire. Du fait de sa nature didactique et de son public essentiellement composé d'étudiants et d'enseignants de la traduction, il se centre sur la démarche. Les aspects strictement professionnels (conditions d'exercice de la profession, matériel, marchés, pratiques commerciales) n'y sont évoqués que brièvement, pour expliquer la démarche, avec des références à d'autres sources d'information pour ceux qui souhaiteraient approfondir. Pour des raisons expliquées au chapitre Ier, une certaine théorisation est intégrée aux explications et modèles présentés aux étudiants, mais sans chercher à aller au-delà de ce qui est utile pour comprendre et assimiler la méthode exposée. Il s'agit de proposer un ensemble didactique cohérent expliquant et illustrant la démarche de traduction qui fait l'objet de la partie principale du livre. La traductologie au sens de discipline universitaire de recherche fait l'objet d'un chapitre à part, à titre complémentaire. Il s'agit d'un survol analytique, dans lequel je me contente d'indiquer quelques éléments qui me semblent importants, en donnant la priorité à la littérature étrangère, trop peu connue en France.

J'espère que les étudiants, enseignants et autres lecteurs intéressés par la traduction pourront trouver dans ce livre quelques éclaircissements et orientations utiles, de même que des pistes pour une exploration plus approfondie de la littérature.

Chapitre premier

L'ENSEIGNEMENT DE LA TRADUCTION – UNE DÉMARCHE

1. Introduction

Ce chapitre explique les fondements de la démarche d'enseignement qui sous-tend les éléments théoriques et méthodologiques présentés dans les chapitres suivants. Il commence par attirer l'attention des lecteurs sur certaines différences fondamentales entre ce que l'on appellera ici la *traduction universitaire* et la *traduction professionnelle* et sur les formations correspondantes. Puis il analyse les éléments de compétence requis chez le traducteur et formule des recommandations pour la mise au point de programmes de formation adaptés aux environnements et situations assez variés que peuvent rencontrer les enseignants, dans la formation universitaire initiale, mais aussi dans les stages professionnels de reconversion ou de formation continue. Après avoir expliqué l'importance d'une optimisation des programmes, puis de l'apport dans la formation d'éléments théoriques à orientation pratique, il présente les modules théorico-méthodologiques qui sont développés dans les chapitres suivants.

2. Traduction universitaire et traduction professionnelle

Dans le monde universitaire français, la traduction est enseignée dans deux orientations générales. On qualifiera ici la première, qui se situe dans la tradition du thème et de la version, d'*universitaire*, et la seconde, celle du traducteur non littéraire professionnel, de *professionnalisante.* Ces deux manières d'enseigner correspondent à des principes et des méthodes différents, voire opposés.

La formation professionnalisante est celle des programmes à vocation professionnelle de haut niveau, tels que ceux de l'École supérieure d'interprètes et de traducteurs (ESIT) de l'Université Paris III, de l'Institut supérieur de traduction et d'interprétation (ISIT), ou encore de certains DESS de traduction spécialisée, par exemple à l'Université Grenoble 3, à l'Université Lyon 2, à l'Université Paris 7 et à l'Université Rennes 2. Les étudiants sont admis après sélection et sont supposés avoir d'ores et déjà une bonne maîtrise de leurs langues de travail (bien que cette condition ne soit pas toujours remplie – voir chap. VI). L'apprentissage des langues ne fait pas partie du cahier des charges de ces programmes bien que le perfectionnement linguistique y ait sa place, à titre complémentaire, sous la forme d'une familiarisation avec les langues de spécialité ou de cours de rédaction technique. Quant aux enseignants, dans les écoles de traduction, ce sont essentiellement des traducteurs professionnels en activité, dont une poignée seulement sont des universitaires ou enseignants à plein temps, les autres exerçant comme vacataires, et dans les DESS spécialisés. Les proportions de traducteurs professionnels et d'universitaires sont variables.

La deuxième orientation, la formation universitaire, est celle des départements de langues étrangères, appliquées ou non. L'admission dans ces départements se fait sans sélection, et l'apprentissage et le perfectionnement en langues étrangères font partie des objectifs centraux du cursus. La traduction, et parfois l'interprétation, y ont soit un rôle accessoire d'exercice d'apprentissage des langues, soit un statut de spécialité dans le cadre d'une option. Quant aux enseignants, ce sont pour la plupart des universitaires spécialistes des langues et civilisations concernées qui n'exercent pas le métier de traducteur, bien que nombre d'entre eux aient une certaine expérience de la traduction rémunérée.

La vocation des programmes professionnalisants est de former des traducteurs professionnels de haut niveau pour le marché. Dans les départements de langues étrangères, le thème et la version n'ont pas ce rôle, même si les programmes de LEA proposent des cours de traduction spécialisée, généralement à partir de la quatrième année. Ce n'est qu'en troisième cycle que l'on trouve des programmes de formation à visée véritablement professionnalisante et non pas linguistique, et même dans ces programmes, de nombreux enseignants (voire la majorité d'entre eux) sont des universitaires et non pas des traducteurs professionnels.

Par ailleurs, dans les programmes de formation, la traduction est essentiellement un exercice didactique. Les acteurs de ce monde universitaire sont, dans un système fermé, les enseignants et les étudiants : l'enseignement de la traduction y est conçu pour les étudiants et orienté vers eux, et les enjeux sont une acquisition de compétences linguistiques et parfois d'une certaine compétence méthodologique traductionnelle, sans qu'intervienne une composante de transfert d'information ou d'autre communication vers le monde extérieur à travers la traduction et sans qu'il y ait d'enjeux économiques.

Dans la vie extra-universitaire, la traduction n'a que rarement une fonction d'acquisition de compétences linguistiques ou de vérification de celles-ci. Dans la quasi-totalité des cas, il s'agit plutôt d'un service professionnel, dont la fonction est de faire connaître à des destinataires le contenu d'un texte écrit dans une langue qu'ils ne maîtrisent pas, et ce à la demande d'un client et moyennant rémunération. Si la traduction universitaire est orientée vers le traducteur-étudiant, la traduction professionnelle est orientée vers des lecteurs, qui ne s'intéressent pas au traducteur, et qui en général n'interagissent pas avec lui. De surcroît, la traduction professionnelle sert des intérêts industriels, économiques, scientifiques, politiques ou autres et constitue donc un élément de la vie économico-sociale extra-universitaire, alors que la traduction universitaire est cantonnée dans son environnement d'apprentissage. Les stages en entreprise de traduction que font certains étudiants les mettent bien en contact avec ces enjeux, mais en dehors du cursus universitaire, qui reste en système clos, avec quelques exceptions telles que le programme mis au point à l'Université Stendhal à Grenoble par Élisabeth Lavault (1998 *a*).

Les différences entre l'enseignement universitaire classique et l'enseignement professionnalisant de la traduction sont importantes. Sans vouloir caricaturer, et sans aller jusqu'à affirmer (abusivement) que les enseignants de thème et de version ne font pas de bonnes traductions, il est possible de dégager certaines tendances dans cet enseignement universitaire (voir aussi Lavault, 1985, 1993) :

a) Dans l'enseignement universitaire de la traduction, l'attention est focalisée sur la correction linguistique du texte produit par les étudiants et sur les correspondances linguistiques entre texte de départ et texte d'arrivée, et non pas sur l'information ou sur les objectifs du texte d'arrivée, comme l'est la traduction enseignée à titre professionnel.

b) Dans l'enseignement universitaire de la traduction, l'attention des enseignants (et donc des étudiants) tend à se porter sur des phénomènes locaux, au niveau du mot, du syntagme ou de la phrase, et non pas au niveau du texte dans son ensemble comme c'est (théoriquement) le cas dans la traduction professionnelle.

c) L'enseignement universitaire classique de la traduction est plutôt orienté produit qu'orienté processus, en ce sens que les enseignants se concentrent sur les textes produits par les étudiants, dont ils évaluent les mérites et les faiblesses, plutôt que sur le processus de traduction qui aboutit à ces textes. Pendant longtemps, l'enseignement de la traduction professionnelle a suivi la même voie, qui reste encore présente dans de nombreux programmes, mais l'enseignement orienté processus prend depuis le début des années 1990 une importance grandissante (voir plus loin et chap. VII).

d) Dans une partie du monde de l'enseignement universitaire de la traduction, plus précisément dans les départements de langues étrangères, on insiste sur la connaissance des langues, y compris, parfois, dans leur dimension terminologique, plutôt que sur la connaissance des domaines et des thèmes des textes à traduire. Dans les départements de langues étrangères appliquées, on enseigne également les domaines et les langues de spécialité. Dans les programmes professionnalisants, on consacre une grande attention aux compétences méthodologiques et techniques du traducteur.

e) En corollaire au point précédent, la traduction universitaire tend à négliger la dimension de recherche d'informations *ad hoc,* qui est une partie importante de la traduction professionnelle (voir chap. IV et V), en se contentant d'indiquer des sources lexicographiques, généralement des dictionnaires bilingues, alors que les enseignants de la traduction professionnelle accordent une grande importance à cette dimension.

Ces divergences fondamentales font dire aux enseignants de l'orientation professionnalisante que la formation universitaire classique n'est pas adaptée aux besoins du futur traducteur professionnel (voir par exemple Larose, 1989 : 152), parfois en des termes assez violents tels que « La traduction professionnelle n'a absolument aucun rapport avec le thème et la version » (Gouadec, 2002 : 2). Cette opinion se retrouve aussi parmi les employeurs de traducteurs professionnels ainsi que parmi ces traducteurs eux-mêmes, comme l'illustre une enquête récente de K. Bouderradji (2004). Ces divergences engendrent des problèmes quand des enseignants issus de la filière universitaire classique se retrouvent dans le même programme de formation que des formateurs exerçant le métier de traducteur, et les étudiants se trouvent écartelés entre des exigences et des méthodes d'évaluation différentes.

Hors de France, le tableau est assez contrasté. Dans certains pays, il ressemble à la situation française. Dans d'autres, des enseignants de la traduction universitaire classique relativement nombreux s'intéressent à la traduction professionnelle, après avoir suivi un cheminement indirect par le biais de la traductologie (paradoxalement, la recherche, activité universitaire, est ce qui les rapproche des préoccupations des professionnels). Dans ce cas, ils adoptent souvent des méthodes inspirées des formations professionnalisantes. Enfin, dans certains pays tels que l'Allemagne, l'Autriche, le Danemark, l'Espagne, la Finlande, il existe des départements de traduction et d'interprétation, voire des facultés de traduction et d'interprétation qui ont une vocation professionnalisante à l'intérieur de l'université, et qui sont structurés en sections linguistiques (allemande, anglaise, espagnole, française, etc.) dans une architecture inverse de celle des départements LEA et LCE français (voir par exemple Harris, 1997 ; Caminade et Pym, 1995).

On se gardera de dénier toute valeur à l'enseignement universitaire de la traduction. Bien des diplômés des départements de langues modernes n'ayant pas suivi de formation professionnalisante ont su trouver leur place dans le monde de la traduction en valorisant des éléments linguistiques qu'ils avaient acquis et en complétant au fil du temps les éléments de savoir et de savoir-faire qui leur manquaient. Cependant, tout enseignant professionnalisant qui accueille des étudiants n'ayant connu que la traduction universitaire classique se rend vite compte de la nécessité de leur faire quitter certains réflexes avant d'en acquérir de nouveaux. Les enseignants traducteurs parlent d'un « désapprentissage » pour éliminer les habitudes prises en cours de langue, car les étudiants qui arrivent ont été « rigidifiés par un enseignement qui leur a appris des mots et des équivalences » (Lavault, 1998 *b* : 81 ; voir aussi Ammour, 2002 : 79). Ne pourrait-on pas faire l'économie de ce désapprentissage ? N'est-il pas possible d'intégrer à l'enseignement universitaire des éléments professionnalisants relativement tôt, peut-être dès la deuxième année d'étude, sans porter atteinte aux objectifs de perfectionnement linguistique que vise cet enseignement ? Les arguments et explications présentés dans ce chapitre, et surtout dans les chapitres suivants, apporteront peut-être des éléments convaincants dans ce sens.

3. Le savoir-faire du traducteur

Quels sont les éléments de base de la compétence traductionnelle dans un contexte professionnel ? Dans une optique de formation, il est proposé ici de les diviser en cinq composantes. D'autres chercheurs les ont articulées autrement (Roberts, 1984 ; Nord, 1991 : 235 ; Hansen, 1997 ; Neubert, 2000), mais toujours sur une même base qui distingue le linguistique du thématique et le savoir du savoir-faire.

3.1. Une compréhension suffisante de la langue de départ sous sa forme écrite

La connaissance d'une langue étrangère est généralement l'élément premier auquel on pense à propos de la qualification du traducteur. Comme le déplorent régulièrement les traducteurs professionnels, certains considèrent même qu'il s'agit d'une condition nécessaire et suffisante pour la traduction, dès lors que celle-ci porte sur des textes non spécialisés.

Cette perception erronée de la traduction devrait être dissipée naturellement à travers des explications et illustrations assez simples (dont certaines sont présentées dans ce livre), et chez les étudiants, par les exercices de traduction en classe. On se bornera à rappeler ici quatre points, expliqués plus en détail au chapitre VI :

1 / La maîtrise de la langue de départ requise pour la traduction est une connaissance *passive*, et non pas active. Il s'agit d'être capable de *comprendre* ce qu'écrit un auteur, et non pas d'être capable de bien écrire soi-même dans cette langue.

2 / La connaissance passive requise est celle de l'écrit, et non pas de l'oral.

3 / Le niveau de compréhension requis varie en fonction du texte concerné. Il ne s'agit nullement de connaître la langue étrangère « à fond » et de manière aussi homogène (ou aussi peu hétérogène) que les locuteurs natifs, mais il ne suffit pas d'en connaître les bases et de combler les lacunes avec un dictionnaire comme béquille *ad hoc*.

4 / Connaître une langue, c'est également connaître une ou plusieurs cultures qui y sont intimement associées. Certains termes et expressions, notamment les termes culturels, sont indissociables d'un fait historique, d'un environnement social, d'une affectivité propre à une communauté linguistique, qui ont des incidences textuelles à travers des nuances dans des emplois et des sens.

Là aussi, les besoins du traducteur sont très variables : vastes pour le traducteur littéraire et pour le traducteur de publicité, ils sont importants pour le traducteur de la presse et de textes politiques, mais limités pour le traducteur spécialisé dans un domaine scientifique ou technique international où la culture de spécialité fait disparaître l'essentiel des manifestations culturo-linguistiques locales : la physique, les mathématiques, l'électronique, les sciences cognitives, l'informatique, l'économie en sont de bons exemples.

3.2. Des connaissances extralinguistiques générales (la culture générale) ou spécialisées

L'importance de la culture générale dans la traduction est généralement sous-estimée. Et pourtant, il suffit de lire les traductions de certains étudiants, voire de certains traducteurs professionnels, pour se rendre compte que même une bonne connaissance linguistique non accompagnée de connaissances générales suffisantes les rend vulnérables à des erreurs d'interprétation graves dans l'analyse du texte original, et de mauvais choix d'expression dans la langue d'arrivée.

Quant aux connaissances spécialisées, auxquelles on a tendance à penser spontanément dans le contexte de la traduction technique et scientifique, elles sont souvent surestimées, à tel point que certains clients ne veulent que des médecins pour traduire des textes médicaux, que des juristes pour traduire des textes juridiques, que des mathématiciens pour traduire des textes de mathématiques. Et pourtant, le degré de spécialisation du domaine du texte à traduire n'est pas nécessairement en forte corrélation avec le niveau des connaissances spécialisées requises. Certaines listes, par exemple des catalogues, ou encore des listes de produits chimiques classés par catégories de risque dans le contexte du transport routier, peuvent être très spécialisées, mais ne comporter au regard de leur interprétation et leur ré-expression que des difficultés terminologiques que l'on résout aisément à l'aide de sources de documentation appropriées. D'un autre côté, certains textes juridiques peu spécialisés peuvent comporter un petit nombre de références à des concepts que l'on ne saurait comprendre ou ré-exprimer en langue d'arrivée sans connaissances spécialisées poussées.

En tout état de cause, au-delà d'un bagage minimum de culture générale, la traduction appelle une acquisition de connaissances, que ce soit dans le cadre d'une formation complémentaire avant d'aborder un domaine de spécialité, ou au fil du travail sur un texte à traduire à mesure que des problèmes se posent et que le traducteur recherche des informations qui lui permettront de les résoudre.

3.3. Une bonne capacité rédactionnelle en langue d'arrivée

Le traducteur est lui-même rédacteur. Traduire, c'est non seulement comprendre le texte de départ de manière à pouvoir choisir des mots correspondants en langue d'arrivée, mais aussi rédiger en langue d'arrivée un texte qui remplisse le rôle qui lui est affecté, c'est-à-dire, s'agissant d'un texte à vocation informative, informer, expliquer ou convaincre ses lecteurs dans les meilleures conditions. Rédiger un texte de qualité exige un certain sens de la langue et de l'expression écrite, comme on le reconnaît dans le journalisme, chez les éditeurs et dans d'autres milieux où la rédaction est centrale. Dans la traduction, contrairement à ce que l'on pourrait penser, on ne peut se reposer sur les choix rédactionnels de l'auteur du texte de départ pour réaliser un texte d'arrivée optimal.

Au niveau moléculaire de la phrase (par opposition au niveau du texte complet, dont les orientations de base, et notamment la progression logique et informationnelle, peuvent et doivent généralement être suivies par le traducteur lors de la reformulation), la rédaction de la traduction est dans l'ensemble au moins aussi difficile et bien souvent plus difficile que la rédaction spontanée. De ce fait, la traduction de haut niveau exige une compétence rédactionnelle certaine. À l'évidence, le niveau d'exigence dans ce domaine est lui aussi variable : la traduction littéraire appelle un véritable talent littéraire, la traduction journalistique demande une certaine sensibilité au style journalistique, la traduction scientifique demande une bonne maîtrise des styles rédactionnels correspondants, et la traduction d'un catalogue peut se faire avec une maîtrise rédactionnelle moindre.

3.4. Une maîtrise des principes et de la démarche du traducteur

Cette composante de la traduction, *transfer competence* comme l'appelle Neubert (2000), est généralement ignorée par le grand public, peut-être parce qu'on croit la traduction fondée sur des connaissances et non pas sur un savoir-faire (qui est pourtant reconnu aux interprètes, capables d'« écouter et de parler en même temps » en simultanée, et maîtres d'un système de prise de notes « magiques » qui leur permet de restituer la totalité d'un discours après une seule écoute en consécutive). Et pourtant, à partir du moment où la correspondance linguistique fait défaut, à partir du moment où le traducteur est confronté à un texte ambigu à une difficulté de compréhension, à une difficulté de reformulation, les solutions à rechercher et à mettre en œuvre appellent des connaissances et des techniques ou stratégies adaptées, ainsi que l'aptitude à faire de bons choix.

Cette composante de la compétence traductionnelle repose donc tant sur un savoir que sur un savoir-faire. Dans le premier figurent la connaissance des normes professionnelles applicables, s'agissant des principes de fidélité ou du comportement professionnel à l'égard des clients et des collègues, de même que la connaissance du marché de la traduction, des sources d'information disponibles, des outils, informatiques et autres, etc. Dans la catégorie du savoir-faire figurent les techniques de la recherche documentaire, la prise de décisions informationnelles et linguistiques dans la rédaction du texte d'arrivée, l'évaluation des sources d'information, l'utilisation des différents outils, etc.

On notera que parmi ces quatre composantes globales de la compétence du traducteur, seule la dernière, la maîtrise des principes et d'une démarche, est spécifique à la traduction. En effet, la compréhension d'une ou plusieurs langues étrangères, la culture générale, les connaissances spécialisées, l'aptitude à la rédaction se retrouvent dans d'autres professions, de même d'ailleurs que dans des environnements non professionnels. Par exemple, de nombreux journalistes qui ont été correspondants à l'étranger comprennent très bien une langue étrangère et la culture dans laquelle elle s'inscrit, ont une solide culture générale et savent bien rédiger dans leur langue maternelle. De nombreux fonctionnaires internationaux travaillant dans des organisations telles que l'ONU, l'UNESCO, l'OCDE ou la Commission européenne ont les mêmes compétences. Les juristes internationaux sont dans le même cas, avec en plus des connaissances thématiques et linguistiques approfondies dans leur domaine de spécialité.

Et pourtant, les détenteurs de ces trois composantes de la compétence traductionnelle ne sont pas pour autant automatiquement qualifiés pour la traduction. Non pas qu'ils soient nécessairement incapables de produire de bonnes traductions dans leurs domaines respectifs : il existe de nombreuses traductions de bonne qualité de livres universitaires réalisées par des universitaires spécialistes des disciplines concernées, qui n'ont pas été formés à la traduction et ne sont pas traducteurs professionnels. Mais comme c'est le cas dans de nombreux autres domaines, certaines différences distinguent un amateur, même talentueux, d'un professionnel. Ces différences ne sont pas nécessairement détectables lors de la comparaison d'un produit particulier réalisé par l'amateur et d'un produit particulier réalisé par le professionnel. Il n'est pas exclu qu'un musicien amateur interprète une œuvre plus brillamment qu'un musicien professionnel, qu'un menuisier amateur réalise un meuble de meilleure facture que celui fabriqué par un professionnel. La différence entre le bon professionnel et l'amateur éclairé se situe davantage dans la régularité du travail et dans une certaine qualité, dans une gamme plus large de compétences, dans une plus grande efficacité dans les processus. Ainsi, un bon traducteur professionnel ne réalisera pas nécessairement une traduction aussi brillante que celle d'un amateur talentueux à partir d'une œuvre particulière que celui-ci aura choisie dans son domaine de spécialité et à laquelle il aura consacré de nombreux efforts et un temps considérable. Toutefois, en principe, le bon traducteur professionnel est capable de travailler dans des domaines de spécialité plus variés, d'assurer à toutes ses traductions une qualité minimum, de les réaliser plus rapidement, de franchir les différents obstacles plus facilement et à un coût moindre. Cette compétence peut s'acquérir naturellement, au fil du temps, avec la pratique de la traduction en milieu professionnel. Mais elle peut également s'acquérir en grande partie par une formation encadrée.

3.5. Une connaissance des aspects pratiques et commerciaux du métier

Un élément de la compétence professionnelle du traducteur souvent évoqué par les formateurs préconisant une optique très professionnalisante tels que D. Gouadec est la connaissance du marché de la traduction et de tout un ensemble d'éléments techniques associés à la pratique de la traduction dans ce contexte économique. Il s'agit notamment de la connaissance des clients potentiels, des domaines de spécialité « porteurs », de la réglementation applicable aux modalités d'exercice de la profession, des méthodes et techniques de gestion de projets, des outils informatiques et autres. Une doléance qui revient souvent dans l'évaluation des formations à la traduction, par exemple dans l'enquête de K. Bouderradji (2004) auprès des traducteurs et des entreprises qui les emploient, porte sur l'absence de cette composante dans l'enseignement, et sur la méconnaissance du marché chez les professeurs de traduction.

Le présent ouvrage s'intéresse à des aspects plus fondamentaux de la traduction, et ne traite donc pas ces questions pratiques. Il ne fait toutefois aucun doute que dans une formation professionnalisante qui se veut complète, elles ne sauraient être ignorées.

4. La formation du traducteur professionnel : quelle formule ?

Cet ouvrage formule des principes et propose des techniques et autres outils pour une formation à la traduction axée sur la démarche du traducteur de textes à vocation informationnelle. Il n'aborde pas les aspects spécifiques à la traduction littéraire. En revanche, destiné tant aux départements de langues appliquées et de langues et civilisations étrangères qu'aux écoles de traduction, aux DESS de traduction spécialisée et aux stages de reconversion professionnelle ou de formation continue à vocation professionnelle, il englobe, dans la discussion des besoins des apprenants, une grande variété de cas d'espèce.

4.1. La variété des besoins

L'harmonisation, voire la normalisation, sont utiles dans de nombreux cadres homogènes. Toutefois, en matière de formation à la traduction professionnelle, les points de départ et les besoins en compléments sont parfois très différents, de même que l'environnement personnel et professionnel des candidats à la formation. Il apparaît donc intéressant d'éviter une normalisation excessive des programmes et de distinguer au moins trois cas d'espèce.

4.1.1. La formation initiale en début d'études

Le cas le plus simple, *a priori*, est celui du débutant complet, jeune étudiant sorti de l'enseignement secondaire et entamant ses études universitaires. S'il souhaite devenir traducteur, il lui faut acquérir l'ensemble des compétences requises pour la traduction, y compris la culture générale, une bonne compréhension de la langue de départ, une bonne capacité rédactionnelle en langue d'arrivée, et la compétence traductionnelle proprement dite telle qu'évoquée plus haut. En principe, il est disposé à investir tout son temps et des efforts considérables dans ses études, et tout élément de connaissance et de savoir-faire qui lui sera proposé constituera pour lui un véritable apport. On dispose dans ce cas de plusieurs années d'études à temps complet qui permettent entre autres d'envisager un travail de fond sur les langues.

4.1.2. La formation des étudiants avancés

Ce deuxième cas de figure, sous sa forme la plus classique, correspond à celui d'un étudiant ayant déjà un premier bagage linguistique, et peut-être des connaissances générales, acquises en deux, trois ou quatre années d'études de premier et éventuellement de deuxième cycle. Le plus souvent, quand il s'inscrit dans un programme de formation à la traduction, que ce soit dans le cadre d'une « grande » école de traduction ou d'un DESS de traduction spécialisée, il est supposé avoir une culture générale et une bonne base linguistique. Lui aussi se prépare à passer une ou deux années supplémentaires à l'université pour acquérir les compléments de savoir et de savoir-faire qui lui manquent, essentiellement en matière de compétence traductionnelle, mais aussi en matière linguistique, notamment en langues de spécialité, et en matière de connaissances thématiques, notamment spécialisées. Sa situation diffère du cas précédent par deux aspects : d'un côté, il dispose de moins de temps (le DESS se fait en principe en un an seulement), ce qui appelle des efforts d'optimisation de la formation, surtout s'il faut désapprendre de mauvaises habitudes de thème et de version ; d'un autre côté, il a déjà un certain bagage général, et surtout, il a été sélectionné, et se retrouve en principe dans un groupe plus homogène et intellectuellement mieux préparé que l'étudiant de première année.

4.1.3. Le recyclage et la reconversion

Le troisième cas le plus fréquent est celui d'une personne déjà engagée dans la vie professionnelle qui souhaite se reconvertir dans la traduction, ou améliorer son niveau de compétence dans la traduction s'il l'exerce déjà à titre occasionnel ou accessoire ou si, traducteur autodidacte, il ressent le besoin d'acquérir des bases plus solides.

Le problème qui se pose dans la formation de candidats de cette catégorie est double. D'une part, leur position au départ est très variable, car leurs connaissances linguistiques et extralinguistiques et leur maîtrise de la compétence traductionnelle proprement dite dépendent grandement de leur passé personnel, universitaire et professionnel. Sur le terrain, on observe de nombreuses configurations : celle d'un ingénieur propulsé dans un pays étranger dont il comprend la langue et qui souhaite devenir traducteur sans avoir la moindre expérience de la traduction ou de la rédaction technique, celle du journaliste et traducteur occasionnel qui veut arrondir ses revenus avec une activité accessoire de traduction professionnelle spécialisée, celle du médecin qui souhaite diversifier ses activités et compléter ses revenus avec la traduction médicale, celle de la secrétaire bilingue qui a déjà traduit la correspondance de son patron et qui souhaite passer à un niveau supérieur. Chacun de ces candidats peut être plus ou moins jeune, marié ou non, père ou mère de famille ou non, disponible le soir seulement ou toute la journée, sur plusieurs mois ou plusieurs années, et disposer ou non de ressources financières suffisantes pour se passer de ses revenus habituels pendant la durée de la formation.

De toute évidence, tant les besoins que les possibilités des uns et des autres diffèrent grandement. S'il apparaît normal de demander à l'étudiant, débutant ou avancé, de consacrer tout son temps à la formation, la chose n'est pas toujours possible pour un adulte chargé de famille et engagé dans la vie professionnelle. S'il est raisonnable de demander à un débutant de consacrer plusieurs années à l'acquisition d'une compétence dont il n'a pas encore les bases, on ne saurait justifier le même investissement s'agissant d'un adulte à qui il ne manque qu'une petite partie de la compétence traductionnelle requise. Une certaine souplesse semble donc souhaitable, sinon nécessaire.

4.2. Les options

Pour se former à la traduction professionnelle, trois options fondamentales se présentent, qui seront appelées ici l'auto-apprentissage, la formation en entreprise en mode « apprenti » et la formation universitaire (il est également possible de combiner ces deux dernières options, par exemple avec des stages en entreprise pour les étudiants).

4.2.1. L'auto-apprentissage

Il existe des traducteurs qui, sans formation aucune et munis de leurs seules connaissances linguistiques et extralinguistiques, ont entamé une activité professionnelle dans la traduction, à titre accessoire ou principal. Il est difficile d'estimer leur nombre, car tous n'ont pas adhéré à des associations de traducteurs, et tous ne sont pas inscrits sur les registres professionnels en tant que traducteurs. Toutefois, il ne s'agit pas d'un phénomène rare ; les autodidactes sont nombreux dans la profession.

L'avantage de l'auto-apprentissage se situe dans le fait qu'il ne comporte pas de passage obligé par un temps de formation non rémunéré. Le traducteur commence son activité sans préparation, et acquiert le savoir et le savoir-faire qui lui manquent au fil de son travail.

Les principaux inconvénients de cette option sont les suivants :

— La durée de l'apprentissage, qui est guidé par les seuls problèmes que l'apprenant rencontrera au fil des traductions, les solutions qu'il y trouvera, et les éventuelles réactions des lecteurs ou clients. L'apprentissage par tâtonnements sans orientation méthodologique par la formation ou les conseils d'un collègue expérimenté risque d'être long.

— Le risque d'un plafonnement des compétences, en raison de l'absence de ces conseils et d'une orientation de la part de formateurs. Certains traducteurs pourtant expérimentés n'ont pas des compétences, techniques ou autres, que des traducteurs plus jeunes ont acquis en cours de formation.

— Un accès parfois restreint au marché du travail, ainsi qu'une évolution de carrière souvent lente, quand on n'a pas de qualification universitaire ou professionnelle élevée. Ce risque est plutôt faible quand on ne vise qu'une activité de traduction spécialisée dans un domaine que l'on connaît bien ; il est plus fort quand on se veut traducteur généraliste et qu'on n'est pas passé par une formation reconnue susceptible de permettre un démarrage dans de bonnes conditions auprès d'un client. D'après une récente étude (Bouderradji, 2004), en France, les entreprises auraient maintenant tendance à exiger des candidats traducteurs un diplôme de troisième cycle.

4.2.2. La formation en entreprise en mode apprenti

Une deuxième option est celle de la formation au travail, dans une entreprise de traduction ou dans un service de traduction, sous la responsabilité d'un traducteur expérimenté.

Les principaux avantages de cette option sont les suivants :

— comme dans l'auto-apprentissage, il n'y a pas de passage par une période d'investissement non rémunérée. L'apprenant se forme tout en travaillant et en gagnant sa vie ;

— l'apprentissage se fait avec une orientation professionnelle, en situation réelle, dans une pertinence maximale du temps et des efforts de l'apprenti traducteur.

Ces avantages rendent en principe l'option attrayante pour des candidats à la traduction qui ne peuvent se permettre une absence de revenus pendant une période prolongée.

Ses principaux inconvénients sont les suivants :

— Un accès souvent limité, en ce sens qu'il n'est ouvert qu'à des candidats déjà possesseurs d'un minimum de compétence opérationnelle. Les entreprises ne recrutent pas en général de candidats sans diplôme universitaire, formation préalable à la traduction ou expérience professionnelle.

— Une disponibilité et une compétence pédagogique aléatoires chez les collègues chargés d'initier le débutant. Leur temps est partagé entre l'activité de traduction proprement dite et la formation de l'apprenti dont ils ont la charge ; en outre, ils n'ont pas été formés pour être formateurs, et n'ont généralement pas une vocation de formateurs, d'autant plus que leur charge de travail n'est pas nécessairement allégée par leur employeur pour qu'ils puissent s'occuper de la nouvelle recrue. Il y a donc risque de dérive et de transformation du mode apprenti en mode d'auto-apprentissage, avec les inconvénients de ce mode tels qu'évoqués plus haut.

4.2.3. La formation en milieu universitaire

La dernière option est la formation à la traduction en milieu universitaire, qui est peut-être en passe de devenir la voie royale pour la préparation à la profession de traducteur (Bouderradji, 2004). Ses avantages sont ceux de toute formation universitaire : un environnement consacré à l'apprenant avec peu d'interférence du monde extérieur, un programme de formation spécialement conçu pour l'apprentissage, une équipe de formateurs qui se consacrent à l'enseignement, un diplôme universitaire ayant une valeur institutionnelle et éventuellement économique (dans le cadre de conventions collectives, par exemple), un accès au marché du travail plus facile du fait de la possession d'un diplôme reconnu et d'une éventuelle aide de la part des enseignants.

Les inconvénients de cette option sont en partie le revers des avantages :

— Des traditions et pesanteurs institutionnelles, ainsi que des facteurs sociologiques, font que les connaissances et le savoir-faire enseignés à l'université sont souvent en retard par rapport à l'évolution du marché.

— Ces mêmes traditions et pesanteurs font que les programmes comportent souvent des enseignements qui ne sont pas directement pertinents aux besoins des futurs traducteurs (cours de culture générale, cours d'économie quand les étudiants se destinent à la traduction technique, cours techniques quand les traducteurs se destinent à la traduction littéraire, cours de théorie trop abstraits, etc.).

— Les enseignants eux-mêmes ne sont pas nécessairement traducteurs professionnels et n'ont pas toujours les compétences qu'ils doivent enseigner à leur étudiants (c'est essentiellement le cas dans les départements de langues modernes, par opposition aux grandes écoles de traduction).

— Enfin, pendant la durée du programme de formation, dans la plupart des cas, les étudiants sont supposés y consacrer tout leur temps et ils ne peuvent travailler, si ce n'est à temps partiel.

4.3. L'optimisation dans la formation en milieu universitaire

Aucun des inconvénients de la formation universitaire tels qu'énumérés ci-dessus n'est rédhibitoire en soi. Un jeune bachelier sorti de l'enseignement secondaire a souvent, non seulement dans les pays riches, mais aussi dans des pays moins nantis, la possibilité matérielle et la disponibilité d'esprit pour passer quelques années en milieu universitaire à acquérir des connaissances et compétences avant de commencer à travailler à plein temps. Même si celles-ci ne sont pas suffisantes pour le rendre opérationnel et rentable sur le marché pour un employeur dès la fin de sa formation et doivent être complétées par la suite, elles constituent un premier bagage, de même d'ailleurs que les connaissances et compétences enseignées à l'université en dehors de la traduction.

Néanmoins, une optimisation de la formation universitaire paraît naturellement souhaitable. Elle devient plus importante, voire critique, dans les cas suivants :

— Quand le programme universitaire concerné est supposé former les étudiants de manière à ce qu'ils soient opérationnels dès l'obtention de leur diplôme. C'est le cas des programmes de formation des grandes écoles de traduction, mais aussi des DESS de traduction spécialisée. Un véritable niveau opérationnel à la sortie du programme a une grande valeur pour les entreprises qui recruteront les jeunes diplômés, en leur permettant de faire une économie de plusieurs mois, voire de plus d'un an de salaire versé et peu rentabilisé. Quand ces formations ne durent qu'une année universitaire, voire deux ans (c'est le cas du CUTS, certificat universitaire de traduction spécialisée créé à l'Université Lyon 2 au sein du département de formation continue de la Faculté des langues en 2002), il n'y a pas de temps à perdre, surtout si les étudiants ont des lacunes importantes à combler.

— Quand les étudiants possèdent déjà une grande partie des compétences requises, que ce soit en matière de maîtrise linguistique, de connaissances générales et spécialisées ou de compétence traductionnelle au sens strict, on peut considérer qu'à moins d'être optimisé, le temps passé à l'université n'est pas rentable, et que la formation en entreprise pourrait l'être davantage.

— Enfin, quand la situation économique, professionnelle ou personnelle du candidat à la traduction ne lui permet pas de consacrer plusieurs années à la formation sans gagner sa vie, la formation en mode apprenti peut s'avérer plus rentable.

L'optimisation de la formation à la traduction est donc non seulement souhaitable, mais parfois nécessaire pour justifier l'option de formation en milieu universitaire par opposition aux autres options.

4.3.1. Principes généraux d'optimisation de la formation à la traduction en milieu universitaire

Comme pour toute optimisation de processus, dans la formation à la traduction professionnelle, il s'agit de maximiser les avantages, de minimiser les inconvénients, et en cas d'incompatibilité entre les choix que déterminent ces deux objectifs stratégiques, de chercher le meilleur équilibre entre eux. En l'occurrence, cette optimisation implique, en premier lieu .

— la sélection d'enseignants ayant une compétence pédagogique et traductionnelle et/ou la formation des enseignants chez qui l'une ou l'autre de ces compétences doit être développée. Cette importante question est reprise au chapitre VII ;

— la réduction du temps passé à l'enseignement d'éléments déjà connus des étudiants ou non pertinents. Comme il est expliqué ci-dessous, la modularisation de l'enseignement est une option intéressante à cet égard ;

— l'optimisation de la démarche pédagogique proprement dite. La suite de ce chapitre ainsi que le chapitre VII proposent des éléments concrets dans ce sens.

4.3.2. Intégration et modularité

Dans les programmes professionnels existants et dans les formations inscrites dans l'enseignement des langues modernes, des changements importants sont parfois difficiles à apporter, tant du fait de la lourdeur des structures en place que des réglementations (habilitation de maquettes sur plusieurs années sans possibilité de changer) et des problèmes de gestion des ressources humaines (titulaires et non titulaires, spécialistes et non spécialistes, problèmes d'ancienneté, de territoire, de pouvoir). Les programmes nouveaux offrent davantage de possibilités. Les contraintes essentielles restent les mêmes, mais on échappe à l'inertie créée par les structures existantes.

Sur le plan organisationnel, à première vue, une forte intégration des composantes avec une bonne coordination entre les cours de langue, les cours thématiques et les cours techniques permet d'augmenter l'efficacité de la structure d'ensemble en favorisant les synergies et en réduisant les doubles emplois. Cependant, une forte intégration introduit aussi une certaine rigidité, car on ne peut modifier une composante sans affecter les autres. Étant donné la diversité des besoins expliquée plus haut ainsi que la rapide évolution du marché, de la demande et des outils, il semble intéressant de favoriser une approche modulaire, quitte à réintégrer les modules dans un ensemble quand des conditions d'homogénéité et de stabilité des besoins sont remplies. Selon la demande, les ressources et l'environnement, la modularisation peut se concevoir par niveaux, par matières thématiques, par composantes de savoir-faire traductionnel, par éléments théoriques, ou encore par langues. Ce livre se concentre sur les principes de la traduction et de son enseignement. Il n'aborde pas les questions de gestion administrative des programmes, et ne traite pas en détail de leur modularisation. On notera toutefois que sur le plan pédagogique, les éléments théorico-méthodologiques présentés plus loin et développés dans les chapitres suivants constituent potentiellement autant de modules de contenu, et ont été enseignés comme tels dans différents programmes.

4.3.3. *Enseignement orienté processus et enseignement orienté produit*

Dans la formation traditionnelle à la traduction, qu'elle soit en mode apprenti ou en milieu universitaire, dans un département de langues modernes ou dans une école de traduction, la démarche fondamentale est généralement orientée produit : l'enseignement prend essentiellement la forme d'exercices de traduction qui sont faits par des étudiants, puis corrigés avec une évaluation du produit de l'exercice que sont les textes d'arrivée. Ce produit est jugé en fonction du nombre et de la gravité des fautes de sens et des fautes et maladresses de langue qu'il contient, et en fonction de la qualité des choix terminologiques, stylistiques et autres faits par les étudiants. À partir des notes attribuées et des commentaires approbateurs ou désapprobateurs de l'enseignant, l'étudiant corrige son tir et améliore ses traductions.

Cette démarche présente trois inconvénients :

— Premièrement, la généralisation à partir des exemples vers des règles déterminant les meilleurs choix et stratégies est en grande partie laissée à l'étudiant, qui les construit sur la base d'une accumulation de corrections et de commentaires isolés. Un tel apprentissage est long et soumis à des aléas : d'une part, la capacité et la volonté de chacun de généraliser à partir de son expérience sont variables ; d'autre part, la suite de corrections et commentaires que chacun trouvera sur son chemin en fonction des exercices de traduction réalisés et des solutions trouvées est quelque peu aléatoire.

— Deuxièmement, selon le niveau de l'apprenant et les problèmes qu'il rencontrera, les éléments de correction arriveront dans un ordre qui n'est pas nécessairement optimal. Ainsi, un étudiant est susceptible de se heurter à des problèmes complexes avant d'avoir eu le temps de maîtriser des difficultés plus simples, ou d'avoir à affronter en même temps des problèmes de mauvaise formulation du texte de départ, de terminologie spécialisée, de décisions stratégiques. Devoir résoudre tous ces problèmes à la fois n'est pas nécessairement le meilleur moyen d'avancer rapidement et avec efficacité dans l'apprentissage.

— Troisièmement, dans la formation orientée produit se pose parfois un problème du fait des divergences entre les normes linguistiques des uns et des autres. Il arrive que l'enseignant n'aime pas une formulation choisie par l'étudiant, et qu'il la corrige par une formulation qu'il préfère, mais que l'étudiant rejette. Quand il s'agit d'une faute de grammaire ou d'orthographe, le problème peut être réglé sur la base de règles consensuelles et formalisées dans des références connues et acceptées par tous : dictionnaires, manuels de grammaire, etc. En revanche, sur le plan stylistique, que ce soit dans les choix lexicaux ou syntaxiques, les divergences entre locuteurs natifs sont très fréquentes. Si l'étudiant est convaincu d'avoir raison et n'accepte pas les corrections de l'enseignant, celui-ci peut perdre de sa crédibilité, et donc de son efficacité en tant qu'enseignant.

Le problème est plutôt discret dans les premières années d'université, quand les étudiants ont (encore) tendance à accepter l'autorité des enseignants en la matière, mais il peut s'aggraver en fin de deuxième cycle et en troisième cycle, s'ils ont acquis une certaine confiance dans leur propre jugement linguistique. Notons que le problème se pose aussi dans la traduction professionnelle, quand le réviseur corrige le texte d'un traducteur selon des normes linguistiques (ou des préférences personnelles) différentes des siennes. Toutefois, dans le milieu professionnel, les enjeux ne sont pas ceux de la formation, mais ceux de la forme du produit fini qui sera livré au client ; le traducteur peut être en désaccord avec le collègue qui révise sa traduction et manifester une certaine irritation à l'encontre de ses corrections, mais ne sera pas pour autant freiné dans son perfectionnement professionnel.

Dans l'enseignement orienté processus, l'attention se porte moins sur le texte d'arrivée en tant que tel que sur la démarche, les techniques, le processus suivi par l'apprenant, ce qui permet de contourner certains des obstacles que l'on trouve dans l'enseignement orienté produit :

— D'emblée, l'accent est mis sur les règles opérationnelles, que l'enseignant tente d'expliquer et d'expliciter. Les exercices de traduction ne sont pas des opérations destinées à produire un texte ayant certaines caractéristiques déterminées de manière normative, mais servent d'exemples pour l'entraînement à l'application des principes méthodologiques appris. De ce fait, une éventuelle déviation par rapport à des normes linguistiques ou autres fait l'objet de discussions et non pas de sanctions. Ainsi, des différences entre les sociolectes et idiolectes des étudiants et de l'enseignant ne conduisent plus à des oppositions.

— Dans la mesure où il est entendu que l'enseignant se concentre sur le processus et non pas sur le produit, il peut, à chaque étape, se permettre de se focaliser dans ses interventions correctrices sur l'aspect qu'il veut mettre au centre des efforts au moment concerné et ne pas se préoccuper du reste. Ainsi, il peut décider dans une première étape d'insister sur la compréhension du texte de départ et ne pas corriger les maladresses de reformulation ou les mauvais choix terminologiques, puis, dans une deuxième étape, insister sur une reformulation libre de toute interférence linguistique et ne pas s'appesantir sur la compréhension du texte de départ, etc. En principe, cela lui permet de guider la progression de l'étudiant de plus près.

En revanche, du fait même que l'enseignement orienté processus ne se concentre pas sur le produit, il ne permet pas d'optimiser celui-ci avec la même efficacité que l'enseignement orienté produit. Si l'enseignant se contente de juger la démarche de l'étudiant sans corriger les erreurs et maladresses, comment l'apprenant pourra-t-il se sensibiliser à ses lacunes, notamment linguistiques, et acquérir les éléments qui lui manquent pour bien comprendre les textes en langue de départ et pour écrire des textes de qualité en langue d'arrivée ? L'enseignement orienté processus ne peut assurer à lui seul une formation complète aboutissant à une compétence opérationnelle permettant de s'intégrer au marché du travail dans les meilleures conditions. C'est pourquoi il apparaît judicieux de préconiser, au fil de la formation, un début orienté processus et un déplacement progressif de l'attention sur le produit, à mesure que les étudiants acquièrent la démarche et les techniques requises.

4.4. La théorie dans l'enseignement orienté processus

4.4.1. État des lieux

Pendant longtemps, dans les départements de langues étrangères français, la théorie de la traduction (par opposition à des éléments de linguistique formelle) n'a eu aucune place dans l'enseignement de la traduction. Les problèmes et solutions étaient traités au cas par cas, avec, tout au plus, l'aide d'une classification générique des stratégies traductionnelles telles que celle proposée par Vinay et Darbelnet (1958). Dans les écoles de traduction, la situation n'était guère différente à cet égard, avec des enseignants qui guidaient les étudiants en fonction de leur seule expérience de traducteurs professionnels et qui étaient indifférents, voire hostiles à la théorie. Celle-ci, disaient-ils, ne leur avait rien apporté de concret. Certains traductologues enseignants reconnaissaient que « l'enseignement de la traduction ne semble pas encore avoir pleinement profité des retombées des recherches théoriques » (Dancette, 1992 : 163), ou que « rares sont les auteurs qui font reposer leurs méthodes sur des présupposés clairement énoncés » (Delisle, 1992 : 22 – voir aussi chap. VIII).

La situation a quelque peu évolué. Depuis deux décennies environ, dans certaines universités, notamment en Grande-Bretagne, au Danemark, en Espagne et dans les pays germanophones, des traductologues enseignent des éléments théoriques dans les cursus de traduction. Ces enseignements portent sur l'histoire de la traduction, sur des théories traductologiques contemporaines, sur des éléments de linguistique, textuelle ou autre. Deux théories de la traduction (bien que ce statut leur soit contesté en raison de leur caractère prescriptif et conceptuellement peu développé – voir par exemple García Landa, 1995) qui ont acquis une assez grande popularité dans les milieux d'enseignement de la traduction sont la « théorie du sens » de D. Seleskovitch et la théorie du *skopos* de H. Vermeer et K. Reiss (voir chap. VIII). La théorie du sens postule essentiellement que l'on traduit à partir du sens et non pas des mots de l'original. La théorie du *skopos* affirme que la fonction ou *skopos* de la traduction détermine en très grande partie la manière dont elle sera faite. Les éléments méthodologico-théoriques proposés ici sont compatibles avec ces principes et les intègrent dans un cadre plus large comportant un important volet cognitif.

4.4.2. De l'utilité de la théorie dans l'enseignement de la traduction

Les théories traductologiques générales ont une place légitime dans l'enseignement en tant que matière universitaire, mais leur utilité pratique dans l'apprentissage du savoir-faire traductionnel au regard de leur coût en temps et en efforts est plus difficile à apprécier. Le principe de la démarche dite « interprétative » de la théorie du sens peut être présenté en une petite heure. Il représente un investissement minime en temps et en effort qui ne pose pas de problème pratique. La théorie du *skopos* est articulée de manière un peu plus précise et demande peut-être un investissement légèrement plus important, qui reste tout de même acceptable étant donné l'apport positif que l'on peut en attendre. La question est tout autre quand on passe à l'histoire de la traduction, à des théories linguistiques, sociologiques, culturelles, psychologiques. Leur étude demande en effet un effort important de la part des apprentis-traducteurs, qui peut être disproportionné dans le cadre de formations professionnalisantes courtes. En outre, s'il est indéniable que ces éléments de connaissance peuvent enrichir la compréhension qu'a le traducteur du phénomène de traduction dans un sens très large, on peut s'interroger sur leur utilité dans l'apprentissage initial de la traduction non littéraire (dans la traduction littéraire, le cas est peut-être différent) ; ce n'est pas un hasard si pour l'admission au DEA de traductologie de l'ESIT, l'on privilégie les traducteurs et interprètes riches d'une certaine expérience professionnelle, dont on peut penser qu'ils sont plus à même de comprendre les éventuels apports théoriques grâce à leur maturité et à leurs acquis sur le terrain.

La problématique de l'enseignement théorique dans la formation professionnalisante est essentiellement celle du rapport entre leur apport et l'investissement qu'elles nécessitent. La théorie du sens et les théories fonctionnalistes allemandes présentent sur ce plan le double avantage de demander un investissement minime et de fournir des références conceptuelles directement applicables à la démarche traductive. D'autres éléments théoriques enseignés se composent en grande partie de classifications de textes et de descriptions d'entités linguistiques. Ils nécessitent un certain nombre d'heures de cours et un apprentissage conceptuel et terminologique relativement important, et leur apport pratique en termes d'aide à la compréhension du texte de départ, aux décisions de reformulation, et à l'évaluation des solutions est moins clair. Pour comprendre le texte qu'il a à traduire et rédiger sa traduction, le traducteur a-t-il besoin de connaître en détail les noms et caractéristiques grammaticales des structures linguistiques qu'il voit dans le texte de départ ou qu'il va employer dans le texte d'arrivée, ou des éléments linguistiques qui donnent de la cohérence à un texte ? Des éléments théoriques enseignés dans des programmes universitaires par tradition ou du fait des préférences personnelles d'un enseignant apparaissent à de nombreux collègues trop éloignés de la pratique.

Dans une optique d'optimisation dans un programme où le temps est souvent précieux, l'idéal serait une théorie de la traduction susceptible de guider le traducteur dans sa démarche de routine ainsi que dans ses décisions face à des problèmes, avec un support conceptuel et terminologique aussi léger que possible. Pour Peter Newmark (1981 : 36), par exemple, « ce que la traductologie peut faire, c'est montrer à l'étudiant tout ce que comporte ou peut comporter le processus de la traduction (certainement bien plus que ce dont il est conscient d'habitude), et proposer des principes et des orientations ; après les avoir examinés, il fait des choix et prend ses décisions » (traduction de D. Gile). À un stade plus avancé des études, notamment dans un troisième cycle à vocation de recherche, des théories plus abstraites revêtent une autre légitimité.

Sous sa forme la plus extrême, une théorie à vocation pratique peut se limiter à un ensemble de règles opérationnelles, que l'on peut réunir à partir de l'introspection et de l'observation de la traduction sur le terrain. Les conseils d'un traducteur expérimenté qui s'est livré à une telle réflexion sur son expérience, même donnés en vrac, constituent la base d'un enseignement en mode apprentissage (sur le modèle de l'apprenti artisan), et sont d'une grande utilité locale (propre à un genre de traduction, à un environnement professionnel, à une paire de langues donnés). Cependant, il apparaît intéressant d'aller un peu plus loin, pour vérifier et développer les règles dérivées intuitivement sur la base d'une expérience personnelle peut-être insuffisamment généralisable. D'autre part, l'intégration de ces règles dans un ensemble théorique peut donner une certaine cohérence à la base méthodologique proposée et en faciliter l'assimilation par les étudiants.

5. Modèles et autres éléments conceptuels

Plutôt que des théories scientifiques au sens classique du terme, ayant vocation à décrire et à prédire la réalité aussi complètement que possible, qui sont par définition évolutives et par nature complexes, on peut privilégier des modèles. Ces représentations simplifiées de la réalité n'ont pas la même vocation que les théories et peuvent être construites au niveau de détail et de précision souhaité en fonction des objectifs. Pour la formation initiale à la traduction, est proposé ici un ensemble de concepts et de modèles qui ont trois objectifs :

a) Sensibiliser les étudiants à l'existence de facteurs dans l'environnement de la traduction dont ils ne sont pas nécessairement conscients au départ, mais dont la pertinence pour eux est réelle, car ils déterminent des besoins et expliquent des phénomènes qu'ils rencontreront lors de leur formation et au-delà.

b) Leur expliquer certains phénomènes qui affectent les processus de la traduction et de son apprentissage, ainsi que certaines normes et recommandations proposées par les enseignants.

c) Les orienter dans l'apprentissage et dans leurs décisions concrètes en cours de traduction.

5.1. Modèle de communication autour de la traduction professionnelle (chap. II)

Il s'agit d'un modèle très simple représentant la configuration des acteurs concernés (l'auteur, ses destinataires, le client, le traducteur, les destinataires de ce dernier). Il explique les intérêts des uns et des autres et la position du traducteur en tant que prestataire de service vis-à-vis des autres acteurs. Son intérêt fondamental est de sensibiliser l'apprenant au fait que le texte à traduire et sa version en langue d'arrivée ont des fonctions et présentent des enjeux pour chaque partie prenante et que le traducteur s'inscrit dans ce cadre fonctionnel, par opposition à l'idée d'une opération linguistique indépendante du contexte. À partir de cette prise de conscience, on peut analyser les concepts de fidélité et de qualité de manière plus complète et plus réaliste qu'à partir des seules correspondances linguistiques et informationnelles entre texte de départ et texte d'arrivée.

5.2. Modèle de la composition informationnelle de l'énoncé informatif (chap. III)

Les différences dans le lexique, la syntaxe et d'autres caractéristiques entre la langue (et la culture) de départ et la langue (et la culture) d'arrivée obligent le traducteur à prendre certaines décisions, qui peuvent le conduire à omettre dans le texte d'arrivée des informations figurant dans le texte de départ, ou au contraire à y ajouter des informations qui ne figurent pas dans l'original. Des modifications de ce type sont souvent la seule manière d'éviter des phrases lourdes ou ambiguës, voire incompréhensibles, dans le texte d'arrivée. Et pourtant, les traducteurs qui se plient à cette nécessité se sentent souvent coupables d'infidélité. Il est facile de montrer, à travers une expérience simple, qu'un énoncé informatif se compose de catégories d'informations se différenciant par leur origine, leur fonction, leur position dans l'esprit de l'auteur et leur utilité dans le texte d'arrivée. Sur cette base, on peut proposer à l'apprenant des stratégies de fidélité raisonnées et justifiables.

5.3. Modèle séquentiel de la traduction (chap. IV)

L'observation sur le terrain permet d'identifier différents types d'erreurs et de faiblesses récurrentes, de les situer dans des étapes précises du travail de traduction, et de proposer des stratégies de prévention et d'optimisation s'articulant dans un modèle de la traduction. Le modèle séquentiel de la traduction intègre différentes composantes opérationnelles du processus : analyse du texte original, recherche d'informations manquantes, reformulation, vérifications. Il permet également de sensibiliser l'apprenant aux responsabilités qui incombent au traducteur et à l'importance de la base des connaissances préexistantes et des connaissances acquises en cours de traduction pour la qualité et l'efficacité de celle-ci.

Ce modèle peut servir de référence tout au long du programme de formation, notamment pour indiquer à l'apprenant les éléments du processus où persistent des faiblesses et sur lesquels il lui appartient de focaliser des efforts complémentaires.

5.4. Modèle de la disponibilité linguistique (chap. VI)

Les besoins spécifiques du traducteur en matière de maîtrise des langues diffèrent de ceux de la plupart des autres types de « bilingues ». Bien des apprenants, de même que des professeurs de langues, ne sont pas conscients de ces différences et de leurs incidences pratiques. Parmi celles-ci figurent des stratégies de perfectionnement et d'entretien linguistique qui diffèrent quelque peu des stratégies préconisées traditionnellement dans l'apprentissage des langues étrangères. Le modèle de la disponibilité linguistique, axé sur la disponibilité cognitive des éléments du langage en production et en réception et distinguant l'écrit de l'oral, constitue un outil pour expliquer et justifier ces stratégies, de même que certaines différences dans la maîtrise requise pour la traduction d'une part et l'interprétation de l'autre.

5.5. Caractérisation des sources d'information

L'importance de l'acquisition de connaissances *ad hoc* dans le cadre de la traduction spécialisée se reflète dans le temps qu'y passent les traducteurs, ainsi que dans leurs besoins d'informations thématiques, terminologiques et phraséologiques qui, s'ils ne sont pas satisfaits, conduisent à de mauvais textes d'arrivée. Aussi, l'intérêt d'une optimisation des procédures de recherche s'impose rapidement. Une caractérisation des sources d'information et de leurs avantages et inconvénients relatifs permet d'y sensibiliser les étudiants, notamment en ce qui concerne les dictionnaires, et de les orienter vers des stratégies plus fiables et plus efficaces.

On peut supposer que ces modèles et concepts théorico-méthodologiques gagnent en efficacité s'ils sont intégrés dans l'enseignement de la *pratique* de la traduction. La chose est d'autant plus aisée pour la plupart d'entre eux qu'ils auront été présentés sous une forme adaptée à l'enseignement, de manière à ce qu'une majorité de commentaires et suggestions de l'enseignant sur les traductions rendues par les étudiants puissent y renvoyer. Par exemple, une évaluation de chacune des options se présentant pour résoudre un problème de traduction prendra appui sur un rappel des intentions et intérêts de l'auteur ou du client et sur les contraintes imposées par ce dernier ; un commentaire sur une faute de compréhension détectée dans la traduction d'un étudiant pourra renvoyer celui-ci aux tests intégrés dans le modèle séquentiel ; un mauvais choix terminologique pourra être l'occasion d'un rappel des caractéristiques des sources d'information et de leur fiabilité respective (voir chap. VII).

6. Conclusion

Ce chapitre commence par une analyse des différences entre la traduction professionnelle et la traduction universitaire. Il apporte des éléments montrant que cette dernière n'est pas une préparation optimale à la traduction comme profession. Or, la maîtrise linguistique requise pour la traduction universitaire fait partie des compétences fondamentales du traducteur professionnel. En outre, ce dernier doit raisonner et prendre des décisions en fonction d'une situation de communication qui se laisse imaginer ou simuler en classe. Cet élément complémentaire ne devrait pas interférer avec les composantes linguistiques de la traduction. En revanche, il peut enrichir l'expérience de l'apprenant et par la même occasion mieux le préparer à une éventuelle activité professionnelle de traducteur, et ce à un coût très faible en temps et en efforts supplémentaires. C'est pourquoi on peut penser qu'il est intéressant d'envisager l'introduction d'éléments de la démarche traductive professionnelle même dans les formations non professionnalisantes.

Chapitre II

LA QUALITÉ DANS LA TRADUCTION PROFESSIONNELLE. LES FONDEMENTS

1. La fonction de la traduction – premiers éléments

Comme le remarque D. Robinson (1997 *a* : 162), jusqu'à une période très récente, la quasi-totalité du discours sur la traduction, que ce soit dans les cours universitaires ou dans la littérature, portait essentiellement ou exclusivement sur des questions de langue. La traduction était considérée comme une activité linguistique réalisée sur des textes, et les principaux facteurs déterminant la traduction étaient des structures d'équivalence abstraites, définies syntaxiquement et sémantiquement (Robinson, 1997 *a* : 192). Ce commentaire s'applique notamment à la *Stylistique comparée du français et de l'anglais* de J.-P. Vinay et J. Darbelnet (1958), dont la carrière se poursuit dans certains programmes francophones de langues modernes (voire de traduction), aux écrits de Roman Jakobson (voir son très connu *On Linguistic Aspects of Translation* (1959)), de G. Mounin, notamment ses *Problèmes théoriques de la traduction* (1963), de J. C. Catford (*A Linguistic Theory of Translation,* 1965). En fait, dit Robinson (1997 *a* : 192-193), jusqu'à la fin des années 1970, avec la théorie des polysystèmes (Even Zohar, 1978), la théorie du *skopos* (Reiss et Vermeer, 1984) et les théories post-coloniales (voir par exemple Jacquemond, 1992), personne ne pensait à la traduction comme à une activité de nature essentiellement sociale.

Et pourtant, pour les traducteurs professionnels, l'activité de traduction est déterminée en très grande partie par des intentions, des intérêts et des rapports de pouvoir, qui dépassent largement les seules questions linguistiques. Des individus, des entreprises et d'autres organismes demandent à des traducteurs d'effectuer sur un texte un travail qui aboutit à un autre texte dans une langue différente. Leurs instructions et leurs attentes en matière de correspondances sémantiques et textuelles entre le texte de départ et le texte d'arrivée, en matière de présentation, de normes rédactionnelles, etc. sont fonction de certains besoins, et le travail est réalisé dans certaines conditions de temps, de rémunération, avec certaines ressources documentaires et techniques. Tous ces facteurs influent sur la forme que va prendre le texte d'arrivée autant, et parfois bien plus, que des facteurs linguistiques tels que dégagés par la linguistique contrastive.

Pour ne prendre que quelques exemples concrets au regard d'un facteur considéré par de nombreux traductologues comme central, à savoir la fonction ou *skopos* du texte d'arrivée (ce terme grec choisi par Hans Vermeer et Katarina Reiss, surprenant au premier abord, a acquis droit de cité parmi les traductologues depuis les années 1980), on peut considérer les contrastes suivants :

— Une traduction destinée à la publication, qui demande un grand soin rédactionnel à tous les niveaux et qui coûte donc relativement cher, contraste avec une traduction seulement destinée à permettre à un ingénieur de comprendre un procédé de fabrication utilisé dans un autre pays avant une négociation. Dans cette situation, des considérations budgétaires et un besoin de rapidité feront souvent préférer une traduction sémantiquement exacte, mais à la rédaction moins finie.

— La traduction d'un texte juridique à vocation internationale, où la précision sémantique et la clarté du discours sont capitales pour l'emploi qui en sera fait par les juristes, contraste avec la traduction d'une publicité focalisée sur une image sollicitant l'imaginaire pour faire vendre un produit ; dans celle-ci, l'adaptation à la culture de la population cible est de mise, sous peine de rendre le texte inopérant.

— La traduction d'un texte économique, dont le but est de faire passer des informations et des idées, contraste avec la traduction d'un conte du folklore traditionnel d'un groupe ethnique pour des chercheurs en ethnolinguistique, qui souhaitent voir comment s'expriment les membres de cette ethnie.

Daniel Gouadec (2002) va plus loin : il définit toute une gamme de traductions, allant d'une « traduction signalétique », qui ne restitue que des éléments descriptifs sommaires du texte original, à une « traduction absolue », en passant par différentes autres formules de transmission d'une partie ou de la totalité du contenu de l'original en fonction des besoins du client.

Dans la vie quotidienne du traducteur, cette situation de communication et les instructions explicites (le « cahier des charges ») ou implicites qui l'accompagnent déterminent des choix concrets obligatoires, et méritent donc une préparation dans la formation des traducteurs. Depuis les années 1980, les traductologues se sont beaucoup penchés sur cette question et y ont consacré maints écrits. Toutefois, dans une formation initiale à la traduction, il est plus important de sensibiliser les étudiants au principe que de leur enseigner les classifications, nomenclatures et systèmes conceptuels débattus dans les milieux traductologiques. Ce chapitre correspond à une sensibilisation simple, mais essentielle pour que soient compris la démarche et les choix proposés par la suite.

2. Les acteurs de la traduction professionnelle et la fonction du texte

2.1. Les acteurs

Les traducteurs professionnels sont indépendants ou salariés. Indépendants, ils traduisent à la demande d'un client (ou donneur d'ouvrage), qui peut être un intermédiaire, tel qu'une agence de traduction ou de communication, ou un client direct, en général une entreprise qui leur demande une traduction pour son propre compte. Ce client peut être éditeur, laboratoire pharmaceutique, service hospitalier, organisation internationale, cabinet d'avocats, ministère ou autre organisme gouvernemental, usine, entreprise de télécommunications, compagnie d'assurance, etc., et plus rarement, simple particulier (par exemple pour la traduction d'un acte de naissance, d'un certificat de mariage, d'un diplôme universitaire étranger, d'une lettre, d'un article scientifique, etc.).

Même dans le cas d'un client direct, les contacts du traducteur ne se font que rarement avec l'auteur du texte à traduire ou son destinataire. En général, il s'agit d'un intermédiaire : organisateur d'une manifestation scientifique, chef de service, assistante de direction, etc.

Sur le plan de la communication, dans le cas le plus général et le plus fréquent, on se trouve dans la configuration ci-dessous (fig. 2.1). Dans ses ouvrages, Daniel Gouadec (1998, 2002) propose une configuration bien plus fournie, avec différents partenaires au sein de l'entreprise, mais cette configuration ne se concrétise au complet que dans certains cas, plutôt rares, où la traduction est bien organisée dans une entreprise de taille suffisante. Par ailleurs, sa richesse même la rend lourde à assimiler pour un étudiant qui en est à son premier contact avec la traduction, et les intervenants qui y figurent en plus des personnages représentés ci-dessous ont un rôle marginal, voir négligeable, dans les décisions du traducteur.

Auteur → Destinataire A

Traducteur → Destinataire T

Client

Fig. 2.1. — Les acteurs principaux de la traduction professionnelle

Dans cette configuration, les principaux personnages dans l'environnement direct du traducteur sont l'auteur, le client et les destinataires de la traduction, et parmi eux, le plus souvent, seul le client a une réalité un tant soit peu physique pour lui (cette réalité est d'ailleurs souvent limitée à une correspondance et à des appels téléphoniques). Les autres personnages prennent l'identité de l'image mentale qu'il s'en fait, en fonction des informations dont il dispose :

1 / L'auteur, qui est, sauf exception, une personne physique (par opposition à une entreprise ou une autre organisation), n'est pas souvent l'initiateur de la demande, ne serait-ce que pour des raisons financières, étant donné le coût relativement élevé de la traduction professionnelle. Dans la traduction scientifique et technique, le traducteur indépendant négocie avec une personne chargée de la gestion de la traduction au sein de l'entreprise client, et n'est que rare-

ment en contact avec l'auteur. Quand l'auteur et le traducteur sont salariés dans la même entreprise, organisation internationale, etc., il est plus facile au traducteur de prendre contact avec lui pour lui demander des éclaircissements sur son texte. Le contact direct avec l'auteur est moins rare dans la traduction littéraire (les relations entre les écrivains et leurs traducteurs « attitrés » sont un côté attrayant du métier de traducteur littéraire et méritent une réflexion à part qui dépasse le cadre de ce livre).

2 / Le destinataire du texte original n'a pas besoin du traducteur, n'est pas en contact avec lui, et n'entre pas en ligne de compte dans ses décisions.

3 / En revanche, le destinataire de la traduction est un personnage important pour le traducteur, qui s'oriente dans son travail en fonction de ce qu'il sait de ce destinataire et de ce qu'il en imagine.

4 / Un éventuel client du client (dans la fréquente configuration où le client du traducteur est une entreprise de traduction, et son client à elle une entreprise industrielle) peut lui aussi être un personnage important, dans la mesure où il détermine en grande partie le cahier des charges qui sera transmis au traducteur.

5 / Enfin, d'autres acteurs interviennent parfois dans la traduction en deuxième ligne : le réviseur, traducteur expérimenté qui relit et corrige le travail du traducteur, mais aussi la personne-ressource ou informateur, spécialiste du domaine ou locuteur natif de la langue de départ ou d'arrivée, qui lui fournit des indications terminologiques, phraséologiques et d'autres informations. Dans certaines organisations, il existe d'ailleurs une fonction spéciale de documentation et de recherche terminologique au service du traducteur. Un carnet d'adresses d'informateurs compétents et disponibles peut constituer un élément important des « actifs » du traducteur.

2.2. Les intérêts des acteurs

Pour mieux comprendre les déterminants socioprofessionnels de la traduction, donc les demandes, pressions et contraintes que subit le traducteur, il est intéressant de regarder de plus près la position de chacun des acteurs principaux dont il dépend et qu'il sert.

2.2.1. L'auteur et la fonction du texte

L'auteur du texte original écrit à l'intention de certains destinataires (le destinataire A de la fig. 2.1), dont il connaît ou imagine les connaissances dans le domaine concerné, le système de valeurs, les souhaits, les intérêts, des caractéristiques culturelles. Dans le cas le plus général, ces destinataires partagent sa langue d'expression. Il arrive aussi qu'il s'adresse également ou exclusivement à des destinataires de langues différentes de la langue de l'énoncé, auquel cas il sait que son texte sera traduit (c'est le cas du président d'une société multinationale, du rédacteur d'une notice d'emploi d'un produit destiné à l'exportation, du journaliste rédigeant une dépêche pour une agence de presse internationale).

Pour chaque texte, on peut parler d'une fonction communicationnelle centrale (son *skopos*), qui est plus ou moins modulée par des fonctions personnelles (voir plus loin).

La fonction communicationnelle centrale du texte consiste souvent à transmettre une information dans le seul but d'informer. Ce peut être le cas d'un catalogue, d'un menu, d'une liste électorale, d'un compte rendu de réunion, d'un bulletin d'information lu à la radio, d'un rapport d'activité, du texte d'une loi, d'une affiche précisant les heures d'ouverture d'un service administratif.

Parfois, le texte vise plutôt à expliquer. Il s'agit alors moins de fournir de nouvelles informations que d'analyser des informations existantes pour aider le destinataire à mieux appréhender la réalité à laquelle elles se rapportent. Ce peut être le cas d'une analyse politique ou financière, d'un article commentant une situation économique ou un cas de jurisprudence, d'une décision judiciaire dans laquelle les juges expliquent pourquoi ils rendent une décision donnée, d'une théorie mathématique, astronomique, psychologique, sociologique, où l'auteur se penche sur la nature des relations entre des entités (physiques, conceptuelles, organisationnelles, humaines).

Au-delà de l'explication, il peut s'agir, dans les textes informatifs, de persuader le lecteur de l'importance d'un fait, du bien-fondé d'une idée, des qualités d'une personne, etc. Les éditoriaux des journaux illustrent bien ce type de démarche, de même que les publicités comparatives, les communiqués des partis politiques, les plaidoiries d'avocat, mais aussi les débats scientifiques sur des théories ou sur l'interprétation de certains résultats d'expériences.

Ces trois types de fonctions communicationnelles centrales se retrouvent dans un grand nombre de textes informatifs, mais ne constituent pas une liste complète et exclusive. On pourrait par exemple parler de textes visant à obtenir des lecteurs une action précise : voter pour tel candidat, acheter tel produit, se vêtir selon certaines normes, donner de l'argent à une cause humanitaire, etc. De même, certains textes, tels les contrats, peuvent avoir une fonction conservatoire (de garantie) bien plus qu'une fonction d'information en tant que telle, car les informations qu'ils contiennent et leurs incidences sont déjà connues des parties concernées. D'autres textes ont une fonction de remerciement, ou une fonction honorifique, d'autres visent à faire rire. La grande majorité des textes ont plusieurs de ces fonctions à la fois, ne serait-ce que parce que l'explication et la persuasion passent le plus souvent par la présentation d'informations.

Derrière ces fonctions plus ou moins ouvertes se cachent aussi des fonctions ou motivations plus personnelles, parfois peu avouables. Tel auteur peut écrire un texte moins pour informer que pour asseoir son autorité au sein du groupe de lecteurs concerné, moins pour défendre une thèse que pour critiquer celle d'un concurrent, pour mettre en valeur son savoir, pour se prémunir contre une éventuelle attaque.

Le traducteur n'a pas à classer un texte sous telle catégorie communicationnelle définie par des théoriciens (d'ailleurs, l'analyse faite plus haut n'a ni la même fonction, ni la même ambition que les classements scientifiques des linguistes fonctionnalistes de l'école de Prague et leurs successeurs – voir Malmkjær, 1991), ni à y déterminer la part d'information, d'explication, de mise en valeur de l'auteur, etc. Il lui faut toutefois être sensible à l'existence de différentes motivations et de différents intérêts que place l'auteur dans son texte, afin de pouvoir mieux les comprendre et mieux les servir en prenant les décisions idoines.

2.2.2. *Critères de réussite communicationnelle pour l'auteur*

Du point de vue de l'auteur, la version traduite d'un texte remplit bien son rôle si les deux conditions suivantes sont remplies :

1 / Si le texte l'aide à atteindre ses objectifs (plus précisément, si l'apport du texte à la réalisation de ces objectifs est au moins égal à ses attentes), par exemple si l'information passe, si les destinataires sont convaincus du bien-fondé de son idée, s'ils comprennent l'information qu'il explique, s'ils réagissent comme il le souhaite.

2 / Pour l'auteur, il est également important que son image aux yeux des destinataires ne soit pas dégradée du fait de la traduction. Par exemple, un texte traduit dans un langage incorrect ou maladroit peut transmettre l'information voulue au lecteur, mais donner en même temps l'image négative d'un auteur peu cultivé ou peu méticuleux ; de même, un texte qui n'obéit pas à certaines normes culturelles prévalentes dans le groupe de lecteurs peut donner une image négative de son auteur au sein de ce groupe. Dans un tel cas, l'intention première de l'auteur aura peut-être été réalisée, mais avec des effets secondaires néfastes. On peut supposer que l'auteur préférera les éviter. Cette deuxième condition de la réussite opérationnelle d'un texte, qui porte sur les intérêts de l'auteur plutôt que sur ses objectifs, n'est que rarement explicitée dans la littérature. Gouadec (1989, 2002) est l'un des rares auteurs qui insistent sur l'importance de la sauvegarde des intérêts de l'un des acteurs de la configuration de traduction, en l'occurrence le donneur d'ouvrage (voir plus loin). En tout état de cause, cette deuxième condition appelle souvent des décisions spécifiques de la part du traducteur, d'où son importance.

Dans quelle mesure ces considérations sont-elles pertinentes quand l'auteur est décédé, quand il n'est pas au courant de l'existence de la traduction, ou quand il est complètement coupé de l'univers où vivent les destinataires de la traduction ? Cette question est d'ordre déontologique, voire moral (la morale étant en grande partie déterminée par des normes sociales). On y reviendra plus loin, lors de la discussion sur le concept de loyauté professionnelle.

2.2.3. *Les destinataires de la traduction*

On entend souvent les enseignants et certains théoriciens de la traduction dire que le traducteur travaille « pour l'auteur *et* pour les destinataires », sous-entendant ainsi que leurs objectifs et intérêts au regard du texte sont identiques, ou au moins compatibles, c'est-à-dire que l'auteur souhaite informer et que les destinataires souhaitent être informés, ou que l'auteur souhaite expliquer et les destinataires comprendre. C'est souvent le cas, mais il n'est pas rare qu'un lecteur lise un texte non pas dans le but d'avoir accès aux informations qu'il contient, mais pour vérifier que l'auteur a présenté toute l'information, ou pour voir quelles informations il a sélectionnées et pourquoi, ou encore pour s'informer sur la manière dont l'auteur présente l'information (on évoquera l'exemple des diplomates lisant la presse dans leur pays d'affectation pour en faire rapport à leurs correspondants dans leur pays d'origine). Bien plus fréquent encore est le cas de l'auteur qui cherche à convaincre face à un lecteur qui ne souhaite pas être convaincu, dans le cadre d'une discussion entre des camps ne partageant pas le même point de vue sur une question. Il arrive d'ailleurs, dans des situations de polémique, que la seule motivation du lecteur soit la recherche d'éléments lui permettant de mieux combattre les positions de l'auteur. Il apparaît donc que l'idée de « servir l'auteur et les destinataires » n'est pas sans problèmes.

2.2.4. *Le client*

Comme il est expliqué plus haut, le client n'est que rarement l'auteur ou le destinataire de la traduction. En général, il s'agit d'un intermédiaire, par exemple une entreprise de traduction, avec laquelle le traducteur signe des contrats en travailleur indépendant. La traduction est un service qu'elle propose à ses propres clients moyennant rémunération. Ses intérêts fondamentaux sont donc commerciaux, quelle que soit la fonction communicative du texte en question pour son auteur ou pour ses destinataires. Parfois, le client est un service interne dans une entreprise ou organisation, ou une personne chargée de gérer les prestations de traduction. Ses intérêts sont alors essentiellement organisationnels ou administratifs : ce qui lui importe, c'est que l'opération se déroule sans heurts. Certes, d'autres clients ont des préoccupations plus communicationnelles. Ainsi, un magazine qui commande la traduction d'un texte écrit en langue étrangère pour la publier peut chercher à travers lui à communiquer une information, à expliquer une situation, à convaincre les lecteurs du bien-fondé d'une thèse, ou encore à nuire à la crédibilité de l'auteur en attaquant son texte. Néanmoins, il convient de garder à l'esprit que ces préoccupations communicationnelles correspondent à un cas particulier, et non pas au cas général.

2.2.5. *Le traducteur*

Déontologiquement, le traducteur est au service des autres acteurs. Dans la pratique, c'est un professionnel, dont l'intérêt fondamental est de gagner de l'argent, de garder son travail, et le cas échéant être promu s'il est salarié, ou développer sa clientèle s'il est indépendant. En tant que professionnel, il dépend donc avant tout du client et de la satisfaction de celui-ci.

2.3. La fonction principale du texte : quatre cas d'espèce

Au-delà des intérêts des acteurs individuels, la rédaction d'un texte par son auteur dans un but particulier est un préalable à sa traduction, mais ne la détermine pas entièrement. Quand une traduction est demandée par un client, elle appelle la production d'un deuxième texte, distinct de l'original, qui peut avoir soit la même fonction que celle affectée par l'auteur à son texte original (informer, expliquer, convaincre, etc.), soit une autre fonction. Les théoriciens du *skopos* vont parfois jusqu'à dire que l'équivalence fonctionnelle du texte de départ et du texte d'arrivée est exceptionnelle (Nord, 1991 : 23). À titre d'illustration, quatre cas où les différences fonctionnelles peuvent être importantes sont présentés ici. Dans la suite de l'analyse, on prendra toutefois comme hypothèse de travail le scénario très fréquent où ces différences sont faibles, à tel point que l'on peut considérer que le client souhaite que la traduction aille dans le sens voulu par l'auteur. L'extrapolation des incidences des autres cas sur les décisions du traducteur sera laissée au lecteur. La discussion ci-dessous devrait apporter la démonstration du fait que, explicitée ou devinée, la fonction du textc peut constituer une importante base pour ces décisions, et peut éloigner sensiblement le traducteur d'une stratégie de correspondances linguistiques.

2.3.1. *Le cas de la « traduction judiciaire antagoniste »*

Dans une procédure judiciaire avec deux adversaires, si le traducteur est recruté par l'avocat de l'un d'eux pour traduire une lettre ou un autre document écrit par l'autre, la fonction de la traduction peut consister à fournir des armes contre ce dernier, par exemple en démontrant qu'il s'est rendu coupable d'une action répréhensible, ou en le décrédibilisant d'une autre manière, sans rapport avec la fonction du texte de départ.

2.3.2. *Le cas de la « traduction ethnologique »*

On peut appeler ainsi la traduction d'un texte réalisée pour un anthropologue qui désire se familiariser avec le mode d'expression, le mode d'argumentation, les images employées dans un groupe ethnolinguistique qu'il étudie. Par extension, cette étiquette peut désigner d'autres cas où la fonction de la traduction est de renseigner le lecteur sur *la forme* du texte d'original (en même temps que sur le fond, le cas échéant). Dans ce cas, la traduction est destinée avant tout à informer sur les caractéristiques de l'expression dans le groupe en question, et non pas à répondre à la fonction première et aux intérêts de l'auteur du texte de départ. Les fonctionnalistes allemands envisagent eux aussi le cas d'une traduction destinée à informer le lecteur sur le texte de départ en tant que tel, et l'appellent « traduction documentaire » (Nord, 1997).

2.3.3. *Le cas de la « traduction de presse d'opposition »*

Ce cas, moins tranché que les deux précédents, est celui d'un organe de presse qui fait traduire les propos d'une personnalité à laquelle il s'oppose sur le plan politique ou idéologique. Ici, sous réserve de l'honnêteté des responsables de l'organe en question, il ne s'agit pas essentiellement de décrédibiliser la personnalité concernée, mais il ne s'agit pas non plus de servir ses intérêts. Si un arbitrage est nécessaire, la décision risque de lui être défavorable plutôt que favorable.

2.3.4. *Le cas de la « traduction pour comprendre »*

Enfin, il peut arriver qu'une traduction soit commandée à titre exploratoire, pour qu'un spécialiste puisse la lire et connaître « en gros » le contenu du texte original, quitte à en faire retraduire une partie plus méticuleusement par la suite (ce cas correspond aux premières catégories de traduction dans la classification de Gouadec, 1989). Dans une telle situation, bien qu'il n'y ait pas de véritable incompatibilité entre la fonction du texte original et celle de la traduction, l'usage de cette dernière est plus limité, ce qui, sur le plan financier, peut justifier qu'elle soit confiée à un étudiant ou à un amateur, moins chers qu'un traducteur professionnel (étant entendu que le prix plus bas peut être associé à un risque plus grand de perte ou de déformation de l'information).

2.4. Incidences de la fonction principale de la traduction

La fonction principale de la traduction, qui est distincte des intérêts de chacun des acteurs en présence, peut donc avoir une grande importance pratique. Comme tout texte, la traduction sera jugée en fonction de la mesure dans laquelle elle remplira cette fonction dans la situation communicative dans laquelle elle s'inscrira. Pour remplir au mieux une fonction donnée auprès de ses destinataires, il faut que ses caractéristiques informationnelles, linguistiques et culturelles correspondent au mieux aux paramètres de communication optimaux dans la société à laquelle ils appartiennent. À titre d'exemple, si la traduction doit aider l'auteur à informer, expliquer et convaincre, il semble raisonnable d'y corriger d'éventuelles erreurs techniques. Dans un texte où l'on parle de distances, si une faute d'inattention de l'auteur lui fait écrire « kg » à la place de « km », le traducteur aura tendance à corriger. De même, pour aider les lecteurs destinataires à comprendre, il aura tendance à convertir des unités de mesure étrangères et des unités monétaires pour les ré-exprimer dans des unités de mesure et des unités monétaires plus accessibles, ou à indiquer les équivalents dans les unités appropriées entre parenthèses (voir par exemple Tricás Preckler, 1995 : 167-168). Dans une « traduction judiciaire antagoniste » ayant pour but de nuire à l'auteur, les erreurs ne seront pas corrigées. Dans une traduction au but « ethnologique », les unités de mesure ne seront pas modifiées (le lecteur se rappellera sans peine des romans où le temps se mesure en lunes, la distance en jours de marche, etc.). De même, certaines caractéristiques linguistico-culturelles du texte de départ seront ou ne seront pas reprises ou adaptées dans le texte d'arrivée selon son *skopos*. Enfin, le client, un éditeur, par exemple, peut même décider de couper certaines parties du texte, s'il les juge moins pertinentes que les autres et ne dispose que peu d'espace (ces *manipulations* du texte obéissent d'ailleurs en partie à des normes sociales et à des idéologies, et sont analysées par les traductologues en termes sociologiques, politiques, religieux, voire féministes – voir chap. VIII).

3. Convergences et divergences d'intérêts : la loyauté professionnelle

De la présentation et l'analyse de la configuration des acteurs dans la traduction professionnelle, il apparaît que les objectifs et intérêts des uns et des autres ne sont ni automatiquement superposables, ni nécessairement convergents ou même compatibles. Comment ces différences se manifestent-elles dans la pratique ? Il importe en premier lieu de préciser la position du traducteur par rapport à chacun des acteurs.

3.1. La loyauté au client

Un fait central sur lequel on a longtemps fait l'impasse dans la réflexion théorique sur la traduction, mais qui a des conséquences pratiques considérables, est le lien de subordination qui engage le traducteur professionnel vis-à-vis de son client. En tant qu'employeur dans le cas d'un traducteur salarié, ou donneur d'ouvrage dans le cas d'un traducteur indépendant, le client détermine un cahier des charges que le traducteur a une obligation déontologique et juridique de respecter. Cette obligation figure au tout premier plan des considérations que consacre à la déontologie du traducteur Daniel Gouadec, l'auteur français qui s'est le plus penché sur les aspects professionnels de la traduction (Gouadec, 1989, 2002). Au-delà du respect de ce cahier des charges, Gouadec insiste sur l'obligation déontologique de défendre la crédibilité du client, et de ne rien faire qui puisse lui nuire (Gouadec, 1989 : 98-99, dans « les dix commandements du traducteur »). Robinson (1997 *a* : 32) renchérit en disant que pour de nombreux traducteurs, il n'est pas pensable de faire quoi que ce soit qui puisse nuire aux intérêts de la personne ou de l'organisme qui paie la traduction. Or, c'est le client qui indique au traducteur la fonction principale de la traduction, c'est lui qui détermine les conditions de travail du traducteur (qui peut néanmoins les refuser quand il est indépendant), en lui accordant un temps donné, une rémunération donnée, en exigeant éventuellement un formatage donné du texte d'arrivée, un type de style d'écriture, une atténuation de certains aspects du texte qui ne lui conviennent pas, une élimination pure et simple de certains passages, une adaptation à la culture d'arrivée ou au contraire le maintien des traits culturels du texte de départ, etc. Dans tous ces cas, les intérêts du client passent devant ceux de l'auteur et du destinataire, même quand ils leur sont opposés.

3.2. La loyauté à l'auteur

Si la loyauté du traducteur à son client et ses conséquences sont méconnues en dehors des milieux professionnels, une autre loyauté, dont le fondement est de nature différente, est considérée d'emblée légitime par tous : il s'agit de la loyauté à l'égard de l'auteur.

Dans la situation « normale », par défaut, on considère en général que le traducteur a pour tâche de permettre au lecteur de lire « le texte de l'auteur ». Bien que cette image soit plus ou moins fallacieuse compte tenu des transformations linguistiques et autres que subit nécessairement le texte original pour parvenir à l'état de traduction dans une autre langue, dans la plupart des cas, le lecteur a bien le sentiment en lisant une traduction de lire le texte de l'auteur, et non pas le texte du traducteur. Il en résulte, sous réserve de la compatibilité du *skopos* de la traduction et de celui de l'original et dans les limites de la marge de manœuvre laissée par le client, une obligation morale de fidélité au texte tel que l'a voulu l'auteur.

Or, comme on l'a vu plus haut, cette compatibilité est loin d'être garantie. Dans le cas de la « traduction judiciaire antagoniste » et de la « traduction de presse d'opposition », il y a au contraire une opposition flagrante, qui peut appeler de la part du traducteur des décisions contraires aux intérêts de l'auteur. Dans le cas de la « traduction ethnologique », la fonction de la traduction diffère sensiblement de celle de l'original, et ne tient pas compte de celle-ci. Dans le cas de la « traduction pour comprendre », les intérêts de l'auteur peuvent être préservés, si la traduction un peu grossière demandée par le client suscite quand même l'intérêt du lecteur.

Même dans le cas idéal d'une compatibilité de principe des intérêts fondamentaux de l'auteur avec ceux du client, les conditions de travail imposées par celui-ci sont susceptibles de nuire aux intérêts de l'auteur. Par exemple, les agences de traduction, qui ont par définition un objet commercial, ont tendance à défendre leurs intérêts face à leurs concurrents à travers des prestations rapides et peu onéreuses. Or, une rapidité excessive empêche le traducteur d'optimiser ses recherches et son autorévision, et une rémunération trop basse l'incite à travailler vite, renforçant ainsi ces effets négatifs. Par ailleurs, de nombreuses agences de traduction refusent au traducteur le contact direct avec leurs propres clients, commanditaires initiaux de la traduction, ce qui réduit ses possibilités d'obtenir des éclaircissements et autres informations fiables sur les textes, sur le sujet dont ils traitent, et sur la terminologie et la phraséologie idoines. La divergence des intérêts du client et de l'auteur peut donc poser de véritables problèmes au traducteur honnête et consciencieux.

Quand le *skopos* de la traduction ne s'oppose pas aux intérêts de l'auteur, la plupart des traducteurs ont tendance à défendre non seulement ses intentions, mais aussi ses intérêts tels que représentés implicitement ou explicitement dans le texte, y compris sa crédibilité (par exemple en corrigeant des lapsus, en atténuant des maladresses, etc.). Dans d'autres situations, où le *skopos* de la traduction est en conflit avec celui de l'auteur, la loyauté à l'auteur tombe à un niveau minimum, que l'on pourrait peut-être qualifier de minimum d'honnêteté, de sincérité ou de bonne foi, et qui consiste à restituer le contenu du texte initial sans le déformer. Sous la pression du client, il peut toutefois arriver que le traducteur ait du mal à préserver ce niveau de loyauté minimum, quand, dans le cadre d'un litige, le client lui donne des instructions qui lui semblent revenir à exploiter des lapsus et maladresses linguistiques de l'auteur de manière malhonnête.

3.3. La loyauté au destinataire

Servir les destinataires n'est pas une fin en soi. Quand le *skopos* du texte original et celui de la traduction ne sont pas incompatibles, on travaille bien pour les lecteurs dans le sens où on essaie de les informer, de leur expliquer ou de les convaincre comme le souhaite l'auteur, mais en fonction d'une loyauté au client et d'une loyauté à l'auteur. Quand la fonction de la traduction telle que déterminée par le client privilégie les destinataires plutôt que l'auteur dans un contexte de divergence des intérêts entre les deux, on travaille bien pour les destinataires, mais en fonction d'une loyauté au client.

Ces considérations sur la loyauté ne sont pas théoriques. Elles déterminent des décisions concrètes. Tous les cas d'espèce ne peuvent être simulés dans l'environnement universitaire, mais il est intéressant d'y sensibiliser les étudiants, et d'introduire dans leurs exercices au moins quelques textes authentiques contenant des passages erronés ou ambigus qui appellent des décisions audacieuses au nom de la défense des intérêts de l'auteur.

3.4. Situations professionnelles

Les divergences d'intérêts entre les parties prenantes n'ont pas d'incidences sur la nature profonde de l'acte traduisant sur les plans intellectuel ou linguistique. Elles signalent toutefois la grande importance de l'environnement socioprofessionnel dans sa réalisation. Comme le souligne D. Robinson dans un manuel à orientation pratique (1997 *a*), la traduction se fait non pas dans le vide, avec une compétence maximale et des ressources illimitées, mais dans le cadre d'un espace contraint en temps et en ressources, et elle est soumise à des forces sociales. Dans les situations professionnelles, c'est à ces contraintes et avec ces ressources que le traducteur répondra, sous forme de stratégies et de tactiques appropriées (dans la littérature, les deux sont souvent confondues, le mot « stratégie » étant souvent employé au sens habituel du mot « tactique », à savoir une réponse à un problème local), qui ne seront pas les mêmes pour un même texte de départ selon les circonstances, et qui n'aboutiront pas à un même texte d'arrivée.

Si l'on élimine déontologiquement (et quelque peu artificiellement) les intérêts propres du traducteur professionnel (gagner de l'argent, garder un client, économiser ses forces, etc.), quelles sont ses orientations de loyauté professionnelle ? Lequel des acteurs privilégie-t-il dans ses décisions traductionnelles ? Comme il est souligné plus haut, le contexte professionnel dans lequel il se trouve, ainsi que la nature contractuelle de son travail, imposent des obligations et contraintes qu'il accepte dès qu'il prend en charge la traduction qui lui est demandée (les traducteurs indépendants peuvent le cas échéant refuser le contrat ou négocier les conditions). Une fois qu'un accord avec le client est intervenu, il s'engage à terminer son travail dans un certain délai et selon des conditions déterminées, même si le temps à sa disposition est trop court et s'il n'a pas pu procéder à toutes les vérifications et corrections souhaitables. Dans la pratique comme dans la théorie, la loyauté professionnelle à l'égard du client et de ses intérêts est bien un préalable, qui fixe la marge de manœuvre dont dispose le traducteur et dans laquelle il choisira ses options.

3.5. Le réviseur

Dans le cadre professionnel, il est également intéressant de préciser le rôle de la fonction de révision dans les services de traduction de différentes sociétés et organisations internationales. Le réviseur est en général un traducteur chevronné qui relit les traductions et les corrige, les améliore. Il n'est pas destinataire « final » de la traduction au sens strict, mais il en est un destinataire intermédiaire important pour le traducteur. Sans être un « client », il a un certain pouvoir. Le respect de ses exigences, et notamment de ses préférences stylistiques et terminologiques, est une contrainte que le traducteur ne peut contourner, et qui est souvent source de frustration (une correction suggérée par un autre professionnel de la traduction est quelque part une critique qui ne peut être balayée du revers de la main comme peut parfois l'être celle d'un client que l'on n'estime pas).

3.6. Les options de loyauté

Une fois les options générales fixées par le cahier des charges, se pose la question de savoir si le traducteur privilégie les intérêts de l'auteur ou ceux du destinataire de la traduction. Dans le cas d'une « traduction judiciaire antagoniste » ou d'une « traduction ethnologique », le cahier des charges privilégie les intérêts du destinataire. Dans d'autres cas, les priorités ne sont pas nécessairement précisées.

Dans la pratique, et dans la mesure où les intérêts du client ne sont pas incompatibles avec ceux de l'auteur, il est d'usage de choisir comme option de loyauté par défaut la loyauté à l'auteur et à ses intérêts et intentions. Le traducteur les perçoit-il toujours correctement ? Que dire des intentions d'un auteur décédé il y a plusieurs décennies, voire plusieurs siècles, et qui ne pensait pas à d'éventuels lecteurs d'une traduction de son texte plusieurs centaines d'années plus tard ? Les traducteurs professionnels cherchent en général à obtenir de la part du client des informations sur la nature du texte, sur l'auteur et ses intentions, sur les destinataires supposés, et sur le but et l'utilisation prévue de la traduction, afin de s'orienter dans leur prise de décisions. En l'absence de telles indications, ils construisent mentalement un espace de communication, avec toutes les caractéristiques et intentions qui leur permettent de s'orienter. Ce n'est pas le cas des étudiants en traduction, surtout des étudiants en langues modernes qui pratiquent la traduction sous forme de thème et de version. Il est donc important de les aider à prendre l'habitude de construire un tel espace virtuel, en leur indiquant pour chaque exercice de traduction une situation de communication précise (« vous allez traduire tel texte pour tels destinataires dans tel but ») – voir aussi Lavault, 1998 *a* ; Hennequin, 1998.

4. La qualité – fondements

L'analyse des paramètres professionnels de la traduction exposée jusqu'ici conduit à plusieurs corollaires. D'une part, l'évaluation de la qualité de la prestation du traducteur dépend non seulement du texte produit, mais aussi de paramètres extratextuels. D'autre part, les paramètres textuels de la traduction peuvent être évalués différemment selon la position de l'évaluateur dans la configuration de communication pertinente, et selon la fonction de la traduction. On est donc loin de l'évaluation de la traduction pratiquée dans le milieu scolaire au regard de ses seules dimensions sémantiques, linguistiques ou textuelles coupées de tout environnement concret.

4.1. Paramètres textuels de la qualité de la traduction

Dans ses dimensions textuelles, la qualité de la traduction s'évalue de deux manières. D'une part en tant que texte autonome, et d'autre part en fonction de ses rapports avec le texte d'origine, ce que l'on a coutume d'appeler sa « fidélité » à l'original. Le chapitre III est consacré à une discussion de ce concept, avec l'apport d'un résultat expérimental à l'appui d'une démarche.

4.1.1. La traduction en tant que texte autonome

La traduction d'un texte non littéraire a d'emblée un statut d'autonomie ou l'acquiert rapidement dans la société qui l'accueille (celle où est parlée la langue d'arrivée) : le lecteur d'un mode d'emploi ou d'un article scientifique est intéressé par le contenu du texte qu'il lit, et éventuellement par son auteur, mais sauf problème particulier, il ne se préoccupe pas de savoir s'il s'agit d'une traduction ou non. Il réagit donc à un texte autonome, en fonction de ses caractéristiques en tant que tel.

Dès lors, et c'est une question de bon sens, pour informer, expliquer et/ou persuader au mieux, le texte, qu'il soit original ou traduit, doit être clair, respecter les normes linguistiques d'une bonne écriture dans le domaine et dans le registre concernés, et sa terminologie, dans le cas d'un texte spécialisé, doit être juste. Toute faute de langue donne au lecteur une mauvaise image du texte, de son auteur ou de son éditeur, et nuit donc à leurs intérêts. Toute maladresse de langue, tout passage manquant de clarté, rend la lecture plus difficile, plus fatigante, moins convaincante. Toute maladresse ou incorrection terminologique nuit elle aussi, parce qu'elle demande un effort supplémentaire au lecteur, et parce qu'elle risque de nuire à l'image de l'auteur.

Une bonne traduction est avant tout un énoncé présentant toutes les caractéristiques d'un texte de bonne qualité. C'est pourquoi il importe que le traducteur soit bon rédacteur dans la langue d'arrivée, qu'il ait tant le sens de la langue que le sens de l'expression claire et logique. Dans cette optique, on comprendra aisément qu'il ne doit pas laisser dans son texte de traces syntaxiques, lexicales ou stylistiques de la langue de départ susceptibles de faire apparaître sa traduction comme un texte maladroit ou peu naturel. Comme il est expliqué au chapitre III, cela entraîne nécessairement certains ajouts et certaines omissions d'information, de même que certaines adaptations stylistiques, qui concernent par exemple l'emploi d'adverbes, des préférences accordées aux verbes ou aux substantifs, à des phrases plus ou moins longues, à un style plus ou moins familier ou au contraire à un registre soutenu (évoqué par exemple à propos des textes scientifiques russes par opposition à des textes similaires anglais dans Puusepp, 2003), à des atténuations ou à un ton plus affirmatif que dans l'original (des normes culturelles japonaises imposent des atténuations qui passeraient pour de l'incertitude si elles étaient transposées telles quelles en français, et le parler direct de l'estonien paraîtrait abrupt en anglais – Puusepp, 2003).

Là aussi, on est loin, dans la traduction sur le terrain, des thèmes et versions scolaires, où une certaine censure s'exerce le plus souvent contre toute forme d'ajout ou d'omission d'information linguistiquement évitable, et où les versions donnant des textes d'arrivée peu naturels du fait de l'importation de formulations étrangères sont souvent acceptées telles quelles, voire proposées dans les corrigés des enseignants professeurs de langues étrangères.

Notons en passant que dans le domaine littéraire, certains milieux attendent des traductions ou en attendaient par le passé qu'elles emploient un langage quelque peu exotique, influencé par la langue de départ ; des mots et structures calqués sur la langue de départ ont ou avaient un certain attrait. Cela a notamment été le cas au Japon pendant de longues années, avant que des voix de plus en plus nombreuses s'élèvent pour réclamer des traductions en japonais conformes au génie de la langue japonaise, qui se lisent plus facilement (voir par exemple Nohara, 1999). Cette question des préférences « exotisantes » ou au contraire « naturalisantes » parmi les sociétés d'accueil des traductions fait l'objet d'une intéressante réflexion depuis les années 1980 (voir chap. VIII).

4.1.2. Normes de correspondance entre texte de départ et texte d'arrivée

Nonobstant son statut d'autonomie dans la société d'accueil, la légitimité de la traduction en tant que telle découle fondamentalement de son rapport avec un texte de départ. Cette évidence et sa centralité ont fait oublier à beaucoup l'importance des autres paramètres. De nombreux penseurs, et non des moindres, ont réfléchi à la question de la traduisibilité sous le seul angle des correspondances entre texte d'arrivée et texte de départ, sans prendre en compte la fonction sociale de la traduction. Or le *skopos* de la traduction pose la question de la traduisibilité en termes d'efficacité de l'opération et d'effet sur les destinataires autant, sinon plus, qu'en termes de correspondances textuelles. Si un texte d'arrivée n'a pas les mêmes caractéristiques linguistiques que le texte de départ mais en transmet le sens sous une forme qui n'en dévie pas beaucoup, peut-on parler d'intraduisibilité ? Certes, il paraît difficile, sinon impossible, de mesurer avec précision l'effet des déviations intervenant dans la forme de la traduction par rapport à celle de l'original. Cependant, il est tout aussi difficile de mesurer avec précision l'effet de la forme de l'original sur chacun de ses destinataires. Certaines différences entre les textes de départ et d'arrivée (par exemple des erreurs flagrantes sur des chiffres ou des noms, des contresens, des omissions de faits manifestement importants) sont suffisamment claires pour être détectables et susciter des réactions consensuelles de la part des évaluateurs. Toutefois, compte tenu de la sensibilité variable de chacun au fond et à la forme de chaque texte, original ou traduction, il paraît raisonnable de considérer que de petites différences disparaissent dans la variabilité intrinsèque de la réceptivité de chaque individu.

Dans la traduction non littéraire, qui porte sur des textes dont les auteurs cherchent à réaliser leurs intentions à travers la présentation d'informations, les correspondances recherchées sont essentiellement informationnelles (plutôt que linguistiques, et notamment stylistiques). Comme il sera démontré au chapitre III, il est naturel, et même souhaitable, que ces correspondances informationnelles au niveau de la phrase ou du groupe de mots ne soient pas toujours totales. En outre, comme il est expliqué plus haut, les décisions du traducteur par rapport à ces informations et à leur présentation se prennent en fonction du *skopos* de la traduction. La correction des erreurs et maladresses du texte de départ relève de cette démarche. L'on se contentera à ce stade de poser le principe ; les modalités d'application pratiques apparaîtront dans des exemples dans d'autres chapitres.

Toujours sur le principe, rappelons qu'il arrive que le client impose des principes de correspondance, ou plutôt de non-correspondance. Ainsi, une maison d'édition peut demander au traducteur l'élimination de certaines références, de certaines expressions que les lecteurs auxquels est destinée la traduction risquent de rejeter pour des raisons idéologiques, religieuses, morales ou politiques. Parfois, le traducteur s'impose une autocensure dans le même sens, même en l'absence de directives de la part de son client (cet élément est central dans la traduction littéraire, et l'étude de ces normes a engendré toute une école de pensée et de recherche en traductologie – voir chap. VIII). Là aussi, on ne saurait parler de fidélité sans tenir compte du contexte social.

4.2. Paramètres extratextuels de la qualité de la traduction

Comme il est expliqué plus haut, des considérations extratextuelles peuvent également intervenir dans l'évaluation de la qualité de la traduction, essentiellement (mais pas exclusivement) du côté du client.

Dans le monde de la traduction professionnelle, un important paramètre de qualité extratextuel est la rapidité de la prestation, à tel point qu'il prend souvent le pas sur des paramètres textuels. Ainsi, avant une prise de décision importante et urgente, un cadre qui a besoin de connaître des informations figurant dans un texte en langue étrangère peut privilégier la rapidité de la traduction au détriment de sa qualité stylistique. La recherche d'une optimisation stylistique du texte d'arrivée risque, en effet, de le priver des informations voulues jusqu'à la dernière minute.

Quand le client paie le traducteur à la prestation, le prix de la traduction devient un autre paramètre extratextuel important, à tel point que dans certains cas, le client préférera une traduction partielle ou un résumé, moins coûteux. Ce paramètre extratextuel détermine alors partiellement le type de correspondance textuelle requis.

Dans tous les cas, la procédure de commande d'une traduction ainsi que son suivi passent par des contacts entre le client et le traducteur, et sont perçus par les deux parties comme simples et rapides ou longs et compliqués, agréables, neutres ou pénibles. Le plaisir, ou au contraire les sentiments désagréables qui peuvent accompagner ces contacts, sont pour le client un élément de qualité extratextuel important, qui peut l'amener à préférer tel traducteur d'un commerce agréable à tel autre traducteur plus compétent, mais avec qui les relations sont plus difficiles. D. Robinson (1997 *a* : 15) rapporte les propos des représentants d'une agence de traduction : « À qui confions-nous le travail ?... à la personne qui accepte un tarif raisonnable et ne nous harcèle pas pour obtenir des taux supérieurs... À une personne aimable avec qui il est agréable de traiter » (traduction de D. Gile). Le même Robinson insiste sur le fait que la traduction est affaire de personnes plus qu'affaire de mots, et que la réussite du travail de traduction peut dépendre dans une mesure qui peut paraître surprenante d'une connaissance et d'une compréhension des personnes, en l'occurrence l'interlocuteur du traducteur dans l'organisme client. Le traducteur s'interrogera, dit-il, sur ce que le client espère tirer de la traduction, ce qu'en sont les enjeux, et se demandera si ces enjeux vont au-delà de la somme qu'elle lui rapportera, s'il s'agit d'une traduction destinée à décrocher un contrat avec un gros client (1997 *a* : 42). Comme partout ailleurs dans le monde du travail, la réussite professionnelle du traducteur peut dépendre grandement de sa personnalité, au-delà de son savoir ou de son savoir-faire techniques.

On peut ajouter à cette liste d'éléments extratextuels d'autres paramètres tels que l'équipement de communication et de traitement de texte qu'utilise le traducteur (peut-il fournir au client son texte dans le format voulu et le communiquer par voie électronique ?), la documentation personnelle qu'il a à sa disposition (dictionnaires, livres de référence), la largeur de la gamme de ses spécialités, son éloignement géographique par rapport au client (ce critère perd de son importance avec les nouvelles technologies et l'émergence du marché de la traduction par Internet, mais garde son actualité dans les cas encore nombreux où des documents physiques doivent être acheminés vers ou par le traducteur).

5. L'évaluation de la qualité dans la traduction professionnelle

5.1. La qualité comme somme pondérée de facteurs individuels

L'analyse ci-dessus met en évidence les paramètres fondamentaux de la qualité du travail. Loin d'être un attribut homogène d'une traduction, elle a plusieurs dimensions, des aspects textuels et des aspects extratextuels. Chacun d'eux peut être divisé à son tour en composantes : les paramètres textuels comprendront la correction linguistique, la clarté, la justesse terminologique, les correspondances entre le texte d'arrivée et le texte de départ, la présentation graphique ; les paramètres extratextuels comprennent la rapidité de la traduction, son coût, la qualité du contact avec le traducteur, sa disponibilité, etc.

La qualité d'une traduction dans un contexte donné telle que perçue par un évaluateur donné peut donc être définie comme une somme pondérée de l'évaluation de facteurs textuels, notamment sa fidélité, sa clarté, sa correction linguistique, son style, sa justesse terminologique, sa présentation graphique, etc., et de facteurs extratextuels tels que son coût, le temps mis à la réaliser, la qualité des rapports avec le traducteur, etc. Le poids de chacun de ces facteurs dans l'évaluation d'ensemble est déterminé par les préférences personnelles de l'évaluateur dans les circonstances de l'évaluation.

Sous forme mathématique, on peut représenter cette idée comme suit :

(1) $$Q(T, c, e) = \Sigma[p_i(c, e)\ \text{éval}(FT_i) + p'_j\, p(c, e)\ \text{éval}(FET_j)]$$

où

$Q(T, c, e)$ désigne la qualité de la traduction T telle que perçue par l'évaluateur e dans les circonstances c
FT_i $i = 1, 2, 3...$ sont les facteurs textuels
FET_j $j = 1, 2, 3...$ sont les facteurs extratextuels
p_i et p'_j sont les poids respectifs des facteurs textuels et extratextuels correspondant aux préférences personnelles de l'évaluateur dans l'environnement et les circonstances concernés.

Dans cette expression mathématique, l'évaluation de chacun de ces facteurs peut avoir une valeur positive, négative ou neutre, et rendre l'évaluation globale plus positive, moins positive, ou ne rien y changer.

Un élément qui n'apparaît pas explicitement dans cette formule mais qu'il convient de souligner est l'existence d'un seuil minimum acceptable pour chacun des facteurs textuels et extratextuels ; en dessous, la traduction est rejetée, quels que soient ses mérites par ailleurs. Par exemple, une traduction peut être informationnellement fidèle, mais linguistiquement maladroite, et sera rejetée sans appel pour cette raison. Inversement, elle peut être très bien écrite, mais comporter des erreurs de sens et des omissions, ce qui est tout aussi rédhibitoire. Enfin, une traduction fidèle et bien écrite qui est rendue trop tard pour être utile peut elle aussi être refusée par le client. En d'autres termes, il n'y a pas compensation et rachat automatique d'un défaut par une qualité, ce qu'il est important de faire comprendre aux étudiants.

Dans une mise en œuvre mathématique de l'évaluation, ce seuil minimum acceptable peut être rendu par une quantification qui permet l'affectation d'un coefficient négatif très fort à tout ce qui se situe en dessous. Sur une échelle d'évaluation à 6 échelons, on peut affecter à « très bon » la valeur 4, à « bon » la valeur 3, à « moyen » la valeur 2, à « médiocre » la valeur 1, à « tout juste acceptable » la valeur 0, et à « inacceptable » la valeur – 100, voire – 1 000, ce qui rend impossible toute compensation arithmétique.

La formule reflète une évaluation personnelle et non pas absolue. Dans la pratique, la traduction peut n'être lue attentivement et évaluée que par une seule personne. Souvent, elle l'est par plusieurs personnes et on peut parler d'une « qualité intersubjective » pour le groupe en question, qui est la moyenne arithmétique des évaluations individuelles :

(2) $Q \text{ moyenne} = 1/n \, \Sigma \, Q(T, c, e)$

où n est le nombre d'évaluateurs dans le groupe. C'est le principe du « panel » d'évaluateurs. En définissant différents types de groupes, par exemple selon leur âge, leur métier, leur sexe, leur catégorie socioprofessionnelle, on peut éventuellement cerner leurs préférences et priorités respectives. C'est l'un des axes de recherche importants suivis dans les études sur la qualité en interprétation de conférence (voir chap. VIII).

Cette formule théorique peut être rendue opérationnelle à travers une méthode pratique telle qu'un système de notes, ou l'emploi d'une échelle d'évaluation. Il existe des systèmes formels d'évaluation avec des barèmes de points pour différents types de fautes dans différentes catégories que l'on emploie à l'université et dans les entreprises et qui correspondent bien au concept de somme pondérée. Il existe aussi des formules spécifiques telles que le SICAL au Canada (voir Larose, 1989), qui sont employées par des organismes qui examinent des candidats à la traduction dans le cadre de procédures de recrutement à un poste ou pour une accréditation officielle.

Enfin, il faut bien comprendre que les formules proposées cidessus sont une simplification : elles ne tiennent pas compte des éventuelles interactions entre les évaluations de chaque paramètre textuel ou extratextuel, qui n'est pas « indépendant » au sens statistique du terme. Á. Collados Aís, par exemple, a mis en évidence une tendance chez les évaluateurs d'une prestation d'interprétation simultanée faite dans un ton monocorde à juger moins bons sa fidélité et le degré de professionnalisme de l'interprète concerné (Collados Aís, 1998). Il existe des outils statistiques qui permettent de détecter et de mesurer de telles interactions.

Les mêmes formules peuvent s'appliquer à l'évaluation par un lecteur de n'importe quel texte, en dehors du contexte de la traduction, à cela près que, dans une traduction, certains paramètres textuels importants portent sur les liens entre le texte de départ et le texte d'arrivée, ce qui n'est évidemment pas le cas d'un texte original. En revanche, cette relation entre un texte original et un texte qui en est dérivé est pertinente lorsque l'on juge différentes « traductions » intralinguistiques et/ou intersémiotiques telles que les résumés, les sous-titrages (Gambier et Gottlieb, 2001) et descriptions de scènes pour aveugles (Simoneau, 2002), ou encore l'adaptation d'un livre au cinéma ou au théâtre.

Le poids relatif de chaque élément d'évaluation peut être différent non seulement pour chaque évaluateur en tant qu'individu, mais aussi pour chaque catégorie d'évaluateurs. Pour l'auteur et le destinataire, le poids des éléments textuels est élevé, alors que celui des éléments extratextuels peut ne pas l'être. Pour le client, les priorités sont souvent inverses. D'autre part, si certains aspects de la qualité peuvent être évalués de manière plus ou moins objective, d'autres, tels que la qualité des contacts avec le traducteur, sont plus subjectifs. Un pan important de la recherche sur l'interprétation, forme orale de la traduction, vise à déterminer ces poids relatifs au sein de différents groupes (voir par exemple Collados Aís et coll., 2003). On ne trouve pas une activité correspondante dans la recherche sur la traduction écrite, bien qu'un numéro spécial de la revue canadienne *Meta* ait récemment été consacré à l'évaluation de la traduction (*Meta*, 46/2 (2001)).

On évoquera enfin, très brièvement, le cas de la traduction littéraire, qui se situe en dehors du champ de ce livre, mais dont l'évaluation peut également être représentée par les formules ci-dessus, avec des éléments textuels et extratextuels. Les différences dans l'évaluation entre la traduction littéraire et de la traduction scientifique et technique se situent essentiellement dans la manière bien plus subjective des évaluateurs littéraires de juger la qualité de la traduction en tant que texte et les correspondances entre l'original et la traduction, surtout dans les poèmes et les œuvres à forte composante esthétique, moins peut-être dans les romans d'aventures et autres textes où cette composante joue un rôle moins déterminant.

5.2. L'évaluation et les attentes

Une traduction peut être évaluée par rapport à des critères définis dans l'absolu, mais elle l'est aussi par rapport à des attentes. Celles-ci sont déterminées en partie par les besoins de l'évaluateur, et en partie par son expérience passée. Ainsi, un évaluateur qui a l'habitude des traductions médiocres pourrait trouver très bonne une traduction qu'un évaluateur habitué à des traductions excellentes trouverait mauvaise. Les attentes sont aussi fonction de paramètres extratextuels, et en particulier du coût de la prestation. Ainsi, il est possible, voire plausible, que le même client n'ait pas la même réaction à une traduction donnée selon qu'il l'a commandée à un traducteur professionnel à un tarif élevé, ou au contraire à un étudiant ou à un amateur pour économiser de l'argent (le lecteur en bout de chaîne, quant à lui, n'est pas nécessairement au courant des considérations budgétaires du client, et peut avoir un tout autre regard ; certaines réactions très critiques à des traductions le seraient peut-être moins si les évaluateurs en savaient davantage sur les conditions dans lesquelles elles ont été faites). Ces attentes, qui sont partiellement fonction du budget et du temps disponibles, peuvent d'ailleurs déterminer le type de traducteur à qui le client s'adressera, voire la décision de faire traduire un texte ou non.

On peut utiliser une formule analogue à celle présentée plus haut pour définir une *qualité attendue*, par opposition à l'évaluation classique, *a posteriori*, que l'on pourrait qualifier d'*évaluation de réalisation*. Dans la qualité attendue, les éléments textuels sont anticipés, abstraits, globaux. L'évaluation de réalisation repose sur un texte concret, et l'attention de l'évaluateur peut se focaliser sur des aspects concrets de ce texte qu'il aurait considérés comme peu importants dans ses attentes abstraites. La différence entre la qualité attendue et l'évaluation de réalisation pose des problèmes méthodologiques dans la recherche sur la qualité. On a noté par exemple que dans leurs attentes, les usagers des services d'interprétation simultanée donnaient la priorité au fond, mais que dans la pratique, la forme, et notamment la voix, le synchronisme entre l'orateur et l'interprète, ainsi que la qualité linguistique de la prestation, sont bien plus importants que ne le laissent paraître les réponses dans leurs questionnaires d'attentes (voir par exemple Kim, 2004).

Une évaluation d'attente d'un autre type est également faite par le traducteur lui-même. Avant d'accepter un travail de traduction, il juge de son acceptabilité pour lui en fonction du temps dont il dispose, de la quantité d'informations qu'il pense devoir acquérir pour le réaliser, du revenu que ce travail représente, etc.

5.3. Qui est compétent pour évaluer une traduction ?

Sur le terrain, l'évaluation de la qualité n'est pas sans problèmes. Problèmes de compétences, de motivation et de ressources. L'auteur est-il à même de vérifier la qualité d'une traduction de son texte, à supposer qu'il soit conscient de son existence et qu'il y ait accès ? S'il connaît la langue d'arrivée, il peut être en mesure d'évaluer la justesse de sa terminologie, sa fidélité, et même sa correction linguistique, mais rarement sa qualité stylistique. Le destinataire de la traduction, lui, ne connaît que rarement la langue de départ, et ne saurait en principe comparer l'original et la traduction. En revanche, il peut en général juger la qualité de celle-ci en tant que texte autonome pour ce qui est de sa clarté, de sa cohérence, de ses autres qualités linguistiques (y compris sa justesse terminologique), et peut détecter indirectement des erreurs dans la traduction, quand les faits relatés ou le raisonnement présenté dans le texte lui semblent incorrects et quand il n'a pas de raison de penser que ces faiblesses sont attribuables à l'auteur de l'original (aux chapitres IV et VII, il est expliqué que des segments illogiques ou étranges dans les traductions des étudiants correspondent souvent à des fautes de sens). Le client ignore lui aussi dans le cas le plus général l'une des deux langues concernées. Dans la mesure où il n'est pas spécialiste du domaine, il n'a pas non plus la compétence requise pour juger le fond. Il jugera donc essentiellement sur des critères extratextuels, ainsi que sur les éventuelles réactions des destinataires.

À ces difficultés s'ajoute la méconnaissance par tous ces acteurs (sauf les éventuels clients qui sont eux-mêmes traducteurs) des principes de la traduction. Même quand ils sont aptes à juger la qualité d'un texte d'arrivée en tant que tel, ils ne sont pas nécessairement en mesure de comprendre les raisons d'un choix du traducteur et risquent de se tromper dans l'évaluation de la qualité du processus qui a abouti au texte d'arrivée, en prenant par exemple des ajouts ou omissions justifiés pour des erreurs.

Il arrive qu'un client, un destinataire ou l'auteur connaissent bien le domaine et les deux langues, qu'ils aient une bonne compréhension du travail du traducteur et qu'ils aient donc la compétence nécessaire pour évaluer la traduction. En dehors de ces cas singuliers, c'est peut-être le réviseur qui est le mieux placé pour réaliser une telle évaluation, à condition que sa connaissance du domaine concerné soit suffisante. Quand elle ne l'est pas, la marge d'incertitude reste large. En outre, le réviseur, qui est lui-même traducteur, est susceptible d'accorder à des critères textuels un poids élevé, largement supérieur à celui que leur donnera un client. Enfin, chaque réviseur et chaque client peut avoir ses propres préférences textuelles. Il est donc difficile de parler avec précision d'une qualité de la traduction dans l'absolu. L'évaluation sera toujours en partie subjective.

5.4. L'évaluation telle qu'elle se pratique

L'analyse ci-dessus montre que les évaluateurs potentiels d'une traduction ont pour la plupart une aptitude limitée à juger sa qualité, faute de réunir toutes les compétences requises. À ces limites s'ajoutent des contraintes pratiques liées à la nature professionnelle de l'activité de traduction s'inscrivant dans un espace économique :

L'auteur n'est pas nécessairement au courant de l'existence d'une traduction de ses textes. Quand le traducteur a accès à lui, il peut être consulté sur des passages problématiques dans l'original, mais dans la traduction écrite non littéraire, il ne s'exprime que très rarement sur la qualité du texte d'arrivée.

Le destinataire, lui, s'exprime plus souvent, surtout quand il est particulièrement satisfait et éprouve le besoin de le dire, ou quand il est mécontent et se plaint. Pour des raisons évoquées plus haut, ses commentaires portent surtout sur le texte d'arrivée en tant que tel plutôt que sur des correspondances, et il n'est pas en mesure de détecter des omissions et des fautes de sens qui ne nuisent pas à la cohérence du texte et qui ne présentent pas des faits ou des raisonnements inspirant la méfiance. Une traduction bien écrite, claire, cohérente et terminologiquement juste peut donc donner lieu à des évaluations très positives même quand elle contient des omissions, des erreurs et des glissements de sens.

Paradoxalement, en termes de réussite professionnelle, l'évaluation qui importe n'est ni celle de l'auteur, ni celle des destinataires, mais celle du client, qui est en général le moins bien placé pour juger des qualités textuelles de la traduction. La règle n'est pas absolue : il existe des clients, y compris des entreprises de traduction, qui mettent l'accent sur ces qualités textuelles et qui font réviser systématiquement les textes d'arrivée qui leur sont remis avant de les envoyer à leurs propres clients, parfois même en collaboration avec les traducteurs (voir par exemple le texte sur la table ronde sur les acheteurs de traductions financières de l'université d'été SFT/La Rochelle, 2002). Toutefois, dans l'ensemble, les clients privilégient la dimension extratextuelle, et la qualité textuelle de la traduction n'intervient que lorsqu'ils reçoivent de la part des destinataires des échos, positifs ou négatifs. Dans la majorité des cas, ces destinataires ne réagissent pas, soit parce qu'ils n'ont rien de spécial à dire, soit parce qu'ils n'ont pas de contact direct avec le client et ne sont pas assez motivés pour lui communiquer l'information.

Il résulte de tout cela que dans la pratique professionnelle de la traduction, la qualité du travail n'est la plupart du temps évaluée du côté du client que de manière très globale et avec une fiabilité incertaine. Cet état de choses montre l'importance de la fonction de révision, qui permet de vérifier et d'améliorer la qualité des traductions avant même que celles-ci soient acheminées vers le client ou le destinataire. Quand, dans un service de traduction, il n'y a pas de réviseurs attitrés, les traducteurs s'organisent souvent pour se réviser mutuellement.

6. Conclusion

Quelles conclusions tirer de la complexité du tableau qui se dégage à propos de la nature, des déterminants et de la relativité de la qualité de la traduction ? On peut d'abord en évoquer les éléments stables. Le premier, c'est que la traduction est téléologique, orientée vers un but, et qu'elle ne saurait être faite, ni évaluée, sans tenir compte de sa fonction. Prendre conscience de ce fait, c'est également comprendre un reproche fait régulièrement par les enseignants des formations professionnalisantes aux enseignants de la filière universitaire classique sur l'absence d'un contexte dans le thème et la version. Le remède est simple. Il suffit de préciser aux étudiants, en leur proposant des textes à traduire, une fonction de la traduction, fictive ou réelle. On peut leur dire par exemple de considérer le texte de départ comme un article devant être publié dans la presse hebdomadaire de tel pays à destination de tel public, comme faisant partie d'un texte d'initiation à telle discipline scientifique pour des étudiants de première année, comme un mode d'emploi pour tel produit dans tel pays. Cette définition de la fonction de la traduction leur permet de s'orienter dans leurs décisions sans les dispenser de chercher à bien comprendre le texte de départ et à reformuler un texte d'arrivée de bonne qualité ; elle préserve donc l'utilité de l'exercice à des fins de perfectionnement linguistique, et n'est pas incompatible avec les objectifs classiques du thème et de la version.

Le deuxième élément invariable dans le tableau est l'importance de la qualité de la traduction en tant que texte à part entière, que le lecteur jugera généralement en tant que tel, sans se préoccuper de savoir quelle est la qualité du texte de départ. Faire travailler les étudiants en traduction sur cette base, c'est leur imposer un effort de rédaction important, qui n'est pas non plus incompatible avec les objectifs classiques de la version (mais qui pose un problème en thème, car les ressources linguistiques dont ils disposent ne leur permettent pas de rédiger un texte impeccable dans leur langue étrangère).

Enfin, il est bon, voire indispensable pour ceux d'entre eux qui se destinent à la traduction professionnelle, que les étudiants se rendent compte de l'importance des composantes extralinguistiques de la qualité sur le marché du travail.

Chapitre III

LA FIDÉLITÉ DANS LA TRADUCTION. ORIENTATIONS DE PRINCIPE

1. Introduction

Le chapitre précédent explique que la traduction professionnelle s'inscrit dans un environnement socio-économique où chacun des acteurs a ses propres intérêts, et que le traducteur s'oriente dans sa loyauté professionnelle par rapport aux intérêts des acteurs qu'il doit servir, à commencer par le client. Une partie de cette orientation n'est que l'exécution de consignes précises de celui-ci : utiliser tel terme plutôt que tel autre, corriger ou non les erreurs dans le texte de départ, convertir ou non les unités, ne pas traduire tel passage, etc. Cependant, comme il sera expliqué en détail au chapitre suivant, au-delà des ces éventuelles consignes, le traducteur prend sans cesse des décisions personnelles, et doit sans cesse jongler avec les exigences d'une « fidélité au texte de départ » d'un côté, et d'une qualité irréprochable du texte d'arrivée de l'autre. Dans certaines langues et dans certains textes, ces exigences se conjuguent bien. Dans d'autres, l'absence d'isomorphisme entre les langues et les cultures (deux ensembles sont isomorphes quand il existe une relation de un à un entre chaque élément de l'un et chaque élément de l'autre) fait qu'il est difficile, voire impossible de construire en langue d'arrivée une phrase qui contienne toutes les informations d'une phrase dans le texte de départ tout en transmettant le même message et en gardant une bonne qualité rédactionnelle. Cette difficulté est peut-être l'élément fondateur de toute la réflexion traductologique depuis l'Antiquité, et ce chapitre ne prétend ni la résoudre, ni résumer les débats et théories qu'elle a suscités. En revanche, au moyen d'une expérience maintes fois répliquée et confirmée, il attire l'attention du lecteur sur des phénomènes importants relatifs aux rapports entre le message, son énonciation, et le souvenir qu'en a l'énonciateur, et s'en sert comme base pour expliquer et justifier une certaine marge de manœuvre chez le traducteur.

2. Du texte au message : l'argumentation de l'intraduisibilité

Une argumentation souvent évoquée dans le débat sur l'intraduisibilité, dans l'absolu ou à propos de termes ou de tournures « intraduisibles », repose justement sur l'absence d'isomorphisme entre les langues, et ce en suivant le raisonnement suivant :

— tel terme ou tournure dans une langue A ne correspond exactement à aucun terme ou tournure dans une langue B, que ce soit dans son contenu informationnel ou dans son usage ;
— donc, tel texte en langue A qui contient ce terme ou cette tournure ne peut correspondre exactement à aucun texte en langue B ;
— donc, la traduction ne peut être qu'une approximation.

Les faits linguistiques et textuels sont incontestables, mais l'argumentation ne tient que si l'on réduit la traduction à son aspect textuel, celui de deux textes et de leurs relations en tant que tels. Dès que l'on englobe l'*effet* des textes sur leurs lecteurs respectifs, elle se montre défaillante : dans la mesure où l'on accepte l'idée que dans le contexte de la traduction, un texte n'existe fonctionnellement que lorsqu'il est lu, la question est de savoir non pas si les textes de départ et d'arrivée en tant que tels sont équivalents, mais si leurs effets sur leurs lecteurs respectifs sont équivalents. Plus précisément, il s'agit de savoir si en les lisant, ces lecteurs ressentent les mêmes sensations et comprennent ou retiennent les mêmes informations, s'ils les interprètent de la même manière, s'ils ont les mêmes réactions affectives, etc. Dans l'affirmative, même si les textes de départ et d'arrivée n'ont pas strictement les mêmes caractéristiques textuelles, fonctionnellement, la traduisibilité a été réalisée.

En réalité, il est difficile de répondre à cette question sur l'équivalence des effets. À partir d'un certain niveau de finesse de l'analyse, l'effet d'un texte sur un lecteur est fonction de ses connaissances linguistiques et extralinguistiques, de l'intérêt qu'il porte au texte, de la vitesse à laquelle il le lit, de l'usage qu'il veut en faire, de son attitude affective à l'égard de l'auteur, mais aussi de sa sensibilité linguistique, de son humeur du moment, de son état de fatigue, de sa capacité de concentration, de ce qu'en ont dit d'autres lecteurs, de la puissance de son intellect, d'autres textes qu'il a déjà lus sur le même sujet, du nombre de lectures précédentes qu'il en a faites, de son système de valeurs, etc. Autrement dit, il semble raisonnable de postuler que cet effet peut être variable même au sein d'un groupe relativement homogène sur les plans linguistico-culturel et socioprofessionnel, et *a fortiori* quand on compare l'effet du même texte sur deux groupes linguistico-culturels différents, ce qui correspond au cas de la traduction.

Peut-on mesurer cette variabilité ? Quand son amplitude est grande, elle peut être très visible. On peut distinguer en classe de traduction des étudiants qui ont manifestement compris un texte, et d'autres non. Pour des variations plus fines, il existe des outils qui permettent de mesurer certaines caractéristiques de la réception d'un texte. On peut par exemple interroger des lecteurs sur ce qu'ils en ont compris et ce qu'ils en ont conclu à travers des questions de compréhension, ou comment ils réagissent affectivement à l'auteur, ou si le texte les fait changer d'opinion à propos du sujet traité. On peut aussi mesurer en laboratoire la rapidité de leur réaction dans une tâche expérimentale conçue pour dépendre de la compréhension d'un texte, ou leur taux d'erreurs dans la réalisation d'une série de tâches dépendant de leur réaction au texte. De tels outils sont utilisés par les psychologues et sociologues pour vérifier l'existence d'un effet *significatif* (c'est-à-dire dû à autre chose que le hasard) d'une variable particulière. Cependant, ils sont toujours ciblés, et ne mesurent pas tous les effets d'un texte sur ses lecteurs. En outre, la sensibilité de ces outils est limitée ; ils ne détectent pas nécessairement de petites différences dans le *signal* (le phénomène sur lequel on se focalise, par opposition au *bruit,* qui correspond à toute information non recherchée qui vient perturber sa réception). Enfin, ils détectent ces effets statistiquement, sur un groupe, sans pouvoir faire des pronostics précis sur un lecteur individuel.

On peut prévoir les effets de certains décalages textuels entre une traduction et l'original sur leurs lecteurs respectifs avec une fiabilité relativement élevée (quand il s'agit par exemple de contresens flagrants), mais l'argumentation de l'intraduisibilité repose sur des différences linguistico-culturelles souvent subtiles, qui ont peut-être des effets incertains et tellement faibles que leurs incidences sur les réactions des lecteurs est négligeable (voir, à propos de la sensibilité des évaluateurs à des écarts par rapport aux normes d'acceptabilité linguistique, une petite étude empirique dans Gile, 1985 *b*).

L'argumentation selon laquelle des décalages entre texte de départ et texte d'arrivée résultant de différences linguistico-culturelles impliquent l'impossibilité de traduire ne résiste donc pas très bien à l'épreuve dès que l'on tient compte de la variabilité de la réception humaine. Il semble au contraire plausible d'admettre que la *gamme des effets* d'un texte d'arrivée sur ses destinataires peut correspondre à la gamme des effets du texte de départ sur *ses* destinataires en dépit de ces petites différences.

3. L'auteur choisit-il ses mots ?

Cette analyse préalable et partielle du rapport entre le texte et sa réception peut être complétée par une analyse du rapport inverse, celui qui va d'une idée à son énonciation.

Il arrive qu'un étudiant débutant cherche à reproduire en langue d'arrivée la structure grammaticale et lexicale et *toutes* les informations qui apparaissent dans un énoncé de départ. Le résultat de ses efforts apparaît souvent sous la forme d'une traduction maladroite, parfois encombrée d'informations superflues qui l'alourdissent.

Exemple 3.1 : Le fonctionnement de la mémoire humaine

(Le texte source est tiré de l'introduction à un article de vulgarisation scientifique sur la mémoire humaine, dans lequel l'auteur, un chercheur en neurosciences, explique la nature de celle-ci. L'énoncé ci-dessous se compose des deux premières phrases de l'introduction à cet article) :

How much do we know about the workings of human memory ? What are its abilities and limits ?

Traduction de l'étudiant : « Combien savons-nous à propos des fonctionnements de la mémoire humaine ? Quelles sont ses compétences et ses limites ? »

On notera ici « combien » pour *how much,* « les fonctionnements » pour *workings,* « compétences » pour *abilities.* Interrogés en classe sur cet énoncé, la plupart des étudiants ont jugé maladroit « combien savons-nous », de même que le pluriel de « fonctionnements », qu'ils considèrent non conforme à l'usage français, et « compétences », qu'ils ont estimé relever de l'évaluation de la personne.

Quand on demande à l'étudiant débutant issu d'une formation au thème et à la version scolaires pourquoi il a reproduit de cette manière la structure et l'information d'un énoncé de départ, il répond en général « parce qu'elles font partie de l'énoncé source, et que je ne me sens pas le droit de dévier de ce que l'auteur a choisi de dire ». L'intention est honorable, et le raisonnement apparaît sain au premier abord. Il semble même suivre logiquement le principe de loyauté à l'auteur, accepté très majoritairement comme la norme de fidélité par défaut dans les milieux des traducteurs professionnels (voir chap. II). Et pourtant, deux objections peuvent être soulevées :

La nécessité d'un arbitrage

La première est l'éventuelle nécessité d'arbitrer entre, d'un côté, les objectifs et intérêts de l'auteur (informer, expliquer, convaincre), et de l'autre, l'effet potentiel sur les lecteurs d'un énoncé en langue d'arrivée qui reprend toutes les informations et caractéristiques stylistiques de la langue de départ. Si l'auteur connaissait la langue d'arrivée et écrivait directement dans cette langue, utiliserait-il les mêmes structures et les mêmes informations pour formuler son message ?

La question n'est pas sans danger, car, en suivant jusqu'au bout la logique de la défense de l'intérêt et des intentions de l'auteur et en l'absence d'un garde-fou, le traducteur pourrait décider de réécrire complètement le texte, en choisissant d'autres informations et un autre cheminement que l'auteur, au motif que la recherche d'un impact maximum sur les lecteurs du texte d'arrivée appelle une adaptation. Le mandat du traducteur dans les circonstances de la traduction concernée lui permet-il d'aller aussi loin ? Dans la traduction non littéraire, avec quelques exceptions telles que la traduction publicitaire et la localisation (adaptation de logiciels à une langue et à une culture donnée), les normes sociales ne le permettent pas en l'absence d'un accord préalable dans ce sens.

Si l'on circonscrit les modifications au niveau de la phrase ou d'un petit groupe de deux ou trois phrases, les risques de dérapage sont plus limités. Dans ce court empan textuel, il semble raisonnable de considérer que, puisque certaines constructions linguistiques habituelles dans la langue de départ sont maladroites dans la langue d'arrivée, l'auteur ne les choisirait pas s'il écrivait directement dans celle-ci. Par exemple, en partant de l'hypothèse que le français préfère les substantifs et l'anglais les verbes, ou que le russe privilégie un style qui paraîtrait pompeux dans une autre langue, ne serait-il pas légitime de considérer que le traducteur sert les intérêts de l'auteur sans lui manquer de fidélité en formulant la traduction anglaise d'un texte français avec moins de substantifs et plus de verbes, ou en rendant la version anglaise d'un texte russe moins cérémonieuse ?

L'énonciateur maîtrise-t-il l'énoncé ?

Une deuxième objection à une « fidélité linguistique » reproduisant autant que possible les éléments lexicaux et syntaxiques de l'énoncé original est plus fondamentale encore : peut-on considérer que les mots et les structures linguistiques apparaissant dans un énoncé résultent toujours d'un choix de l'énonciateur ? N'y a-t-il pas une part aléatoire, ou au moins non maîtrisée et non voulue dans l'énonciation ? N'y a-t-il pas aussi une part qui reflète d'éventuelles faiblesses linguistiques, cognitives ou autres intervenant chez l'auteur au moment de l'énonciation, plutôt que des choix optimaux ?

Certains phénomènes dans la vie courante semblent le suggérer. On sait que l'énonciation orale spontanée s'accompagne de nombreuses hésitations et corrections et de nombreuses fautes et approximations lexicales et grammaticales. Quant à l'énonciation écrite, n'est-il pas fréquent qu'en relisant un texte écrit dans un premier jet, son auteur souhaite changer tel mot, telle structure, qu'il juge maladroits ou peu fidèles à sa pensée, surtout quand le texte est important ? Les textes mal écrits parce que maladroits, peu clairs et contenant des fautes de langue et de sens que rencontre le traducteur au fil de son travail quotidien sont légion (voir chap. IV). S'il est conscient des faiblesses de son texte, l'auteur préférera-t-il que le traducteur les élimine, ou voudra-t-il les garder dans le texte d'arrivée ? La question n'est pas triviale, car la fierté de l'auteur par rapport à son texte l'empêche parfois d'accepter la critique et un changement, et parce que les auteurs ne font pas nécessairement confiance aux traducteurs. Cependant, de nombreuses expériences anecdotiques dans lesquelles un traducteur demande à un auteur des éclaircissements sur un passage de son texte et propose une amélioration ponctuelle dans la rédaction donnent à penser que les auteurs accueillent plutôt bien de tels changements.

4. La composition de l'énoncé à vocation informative : une expérience

La question du degré de contrôle qu'exerce l'énonciateur sur son énoncé est importante dans l'élaboration d'une philosophie de la fidélité en traduction. L'expérience décrite ci-dessous apporte quelques éléments de réponse.

Pour examiner de plus près les rapports entre l'idée et son énonciation au regard de la variabilité linguistique et informationnelle, l'expérience suivante a été conçue pour les besoins d'un enseignement de la traduction scientifique et technique japonais-français à l'INALCO à la fin des années 1970. Elle a été répliquée des dizaines de fois depuis, avec plusieurs variantes, dans le cadre de l'enseignement de la traduction non littéraire avec d'autres langues appartenant à des groupes linguistiques très variés, y compris des langues d'Asie, d'Afrique et d'Océanie.

4.1. La phase d'énonciation

Dans cette première phase, une idée ou une demande d'information précise est présentée à plusieurs sujets, le plus souvent des étudiants réunis en classe, et les énoncés produits sont examinés.

Dans l'une de ces réplications, réalisée en 1982 (voir Gile, 1985 *a*), le schéma ci-dessous, qui symbolise une interrogation sur l'identité de la personne qui succéderait à Georges Pompidou, Valéry Giscard d'Estaing et François Mitterrand à la présidence de la République française, a été présenté aux étudiants, à qui il a été demandé de l'exprimer dans leur langue maternelle.

Pompidou → Giscard → Mitterrand → ?

Schéma 3.1. — Les Présidents de la République

Lors de cette réplication, il y avait en classe 8 Français, 7 Japonais et 3 étudiants de langue maternelle autre que le français et le japonais. Les énoncés des étudiants français sont reproduits ci-dessous :

1 / Mitterrand a succédé à Giscard à la présidence, lequel avait succédé à Pompidou. Qui sera le président suivant ?
2 / En France, au gouvernement, Giscard a succédé à Pompidou, Mitterrand à Giscard. Qui lui succédera ?
3 / Quel sera le prochain président de la République ?
4 / Après Pompidou, Giscard, Mitterrand, que nous prépare l'avenir ?
5 / Qui pour la France demain ?
6 / Les derniers présidents élus furent chronologiquement Pompidou, Giscard, Mitterrand. Qui sera le prochain ?
7 / Peut-on savoir quel sera le prochain président d'après cette succession Pompidou Giscard Mitterrand ?
8 / La succession des présidents de la République est-elle celle-ci ?

L'énoncé 8 donne à penser que l'étudiant n'a peut-être pas compris l'idée qu'il lui était demandé de formuler. L'énoncé 7 témoigne peut-être lui aussi de cette incompréhension, mais il est également possible de considérer le *d* dans « d'après » comme une simple maladresse de français, et le sens global de la phrase comme correspondant bien à l'idée. Enfin, on peut s'interroger sur le sens de l'énoncé 4 : pose-t-il la question de l'identité du prochain Président de la République, ou plus généralement la question de l'avenir de la France ? Tous ces énoncés diffèrent, tant sur le plan linguistique que sur le plan informationnel, de même que tous les énoncés produits à l'occasion de cette réplication par les étudiants japonais et par les autres étudiants. Dans toutes les réplications qui ont été effectuées depuis avec différents groupes de sujets, différentes langues maternelles et différents schémas de départ, cette variabilité des énoncés s'est confirmée. Selon l'idée et les langues concernées, il pouvait y avoir quelques énoncés identiques dans la même langue, mais dans tous les cas, ils étaient très minoritaires (deux ou trois par langue au maximum).

Une première constatation résultant de cette série d'expériences, qui se confirme avec une grande régularité, est le fait qu'une idée simple, présentée au même moment, dans des conditions identiques, à plusieurs énonciateurs de même langue maternelle, donne lieu à des énonciations qui diffèrent généralement pour chacun des sujets. On peut en déduire que dans ces opérations d'énonciation, on ne peut parler d'un rapport biunivoque entre l'idée à énoncer et l'énoncé produit : le processus d'énonciation fait intervenir une part subjective, qui reflète certaines caractéristiques propres à l'énonciateur concerné, mais aussi, éventuellement, certaines caractéristiques et certains paramètres du processus d'énonciation tel qu'il s'est déroulé au moment et dans les circonstances précises de l'acte, avec, comme on le verra plus loin, une certaine variabilité chez le même énonciateur.

4.2. L'interprétation de l'énoncé

L'expérience décrite ci-dessus se poursuit parfois avec une, voire deux étapes supplémentaires. Dans l'une de ses variantes, avant l'étape d'énonciation, la moitié des étudiants sont envoyés à l'extérieur de la salle avec instruction d'attendre qu'on les rappelle. L'expérimentateur demande aux étudiants restants d'écrire très exactement dans leurs langues maternelles respectives l'énoncé qui leur vient à l'esprit pour exprimer l'idée, question, information ou instruction qui leur est présentée. Quelques énoncés sont alors sélectionnés et écrits au tableau. Les étudiants qui attendaient dehors sont rappelés, et la deuxième étape commence. Dans celle-ci, quand le temps le permet, il est demandé aux participants de traduire chacun des énoncés dans leur langue maternelle (en France, selon les étudiants en classe au moment de l'expérience, les énoncés écrits au tableau sont en anglais, en allemand, en espagnol, etc., et la traduction est demandée vers le français, langue maternelle de la plupart des étudiants). Quand le temps manque, on se borne à débattre des différences entre les énoncés produits et de leur signification.

Dans cet exercice, les étudiants traduisent presque toujours chacun des énoncés au tableau par un énoncé différent en langue d'arrivée, en suivant d'assez près l'information et la structure linguistique de l'original. Il est arrivé que l'un d'eux décide de donner la même traduction à tous les énoncés au tableau en expliquant qu'ils « disent la même chose », mais cette réaction est rare (une poignée de cas en plus de vingt ans de réplications avec plus de 1 000 participants au total).

Les autres étudiants (et traducteurs professionnels, lors de stages de perfectionnement ou de formation continue, ou encore de stages de formation de formateurs à la traduction) considèrent que les énoncés sont différents, et doivent donc être traduits différemment. Ils avancent souvent à l'appui de leur démarche des différences linguistiques (dans les structures, les mots, l'orthographe quand il s'agit de choisir entre majuscules et minuscules) qui reflètent, disent-ils, des différences dans les nuances, voire dans l'attitude des énonciateurs. Ceux-ci chercheraient à souligner tel aspect plutôt que tel autre, respecteraient davantage les personnes nommées dans l'énoncé s'ils en parlent avec un titre tel que « Monsieur » ou s'ils écrivent leur nom complet plutôt que leur seul nom de famille, etc. ; dans l'une des réplications de l'expérience sur les futurs Présidents de la République, des étudiants avaient considéré qu'un énoncé parlant de « *Messieurs* Pompidou, Giscard et Mitterrand » était le reflet d'une attitude plus polie de la part de l'énonciateur que les énoncés qui se bornaient à énumérer les noms.

Quand les énonciateurs sont en classe et qu'on les interroge là-dessus, ils démentent généralement l'existence intentionnelle de ces différences dans les nuances. Il pourrait aussi arriver qu'ils les confirment *a posteriori*. Le phénomène ne s'est pas produit dans les expériences relatées ici, mais est rapporté par David Sankoff (2002) dans un autre type d'étude. Même dans ce cas, leur confirmation ne serait pas nécessairement probante, car elle pourrait être provoquée par l'examen *a posteriori* de leur propre énoncé. Selon la théorie psychologique de la dissonance cognitive (Festinger, 1957), l'écart entre ce qu'ils constateraient avoir écrit et ce qu'ils voulaient écrire les pousserait subconsciemment à réinterpréter leur intention initiale. Sans nier la réalité des différenciations linguistiques en tant que telles, Sankoff considère qu'elles peuvent être neutralisées lors d'une instance d'énonciation particulière. L'hypothèse d'une telle neutralisation semble renforcée par les résultats d'une variante de l'expérience expliquée plus loin.

4.3. Différences informationnelles

Une fois constatée la variabilité linguistique des énoncés, dans le contexte de la traduction informationnelle, notamment scientifique et technique, il est intéressant d'examiner de plus près leur variabilité informationnelle (découlant ou non de différences lexicales ou syntaxiques).

Dans l'exemple 3.1 ci-dessus, si les énoncés 1 à 3 et 5 à 7 rendent bien l'interrogation sur l'identité du prochain Président de la République, sur le plan informationnel, ils diffèrent sensiblement (l'énoncé 8 a été exclu de l'analyse du fait qu'il ne reflète pas l'idée présentée au tableau, et le sens de l'énoncé 4 n'est pas clair). Ainsi, l'énoncé 3 (« Quel sera le prochain président de la République ? ») ne mentionne pas les noms des Présidents successifs, et l'énoncé 5 (« Qui pour la France demain ? ») ne parle même pas de présidents. Les énoncés 1, 6 et 7 parlent de « présidents », mais sans préciser qu'il s'agit de Présidents de la République (ce pourraient être des présidents de sociétés, d'associations, de conférences, etc.), et encore moins de Présidents de la République française. Quant à l'énoncé 2, il parle de « gouvernement », ce qui reflète probablement soit une grande ignorance de ce secteur de la vie publique chez l'étudiant concerné, soit un manque de rigueur, peut-être momentané, dans son expression.

Par ailleurs, dans la plupart des énoncés figurent des informations qui ne sont pas indiquées dans le schéma présenté au tableau. Celui-ci ne mentionne ni des présidents, ni une République, ni la France ; ce sont les étudiants qui ont complété en utilisant leurs propres connaissances. Certains ont choisi de ne pas reconstituer une partie de l'information donnée par le schéma (les noms Pompidou, Giscard et Mitterrand), et d'autres d'y ajouter de l'information dans leur acte d'énonciation.

Comment interpréter ces choix ? L'acte d'énonciation étant quotidien pour tous, il n'apparaît pas déraisonnable de commencer l'analyse par une démarche introspective. Le schéma présenté au tableau, composé de trois noms propres, de flèches et d'un point d'interrogation, ne forme pas un énoncé linguistique dans l'acception ordinaire du terme. Pour le rendre conforme aux normes du français, il faut en éliminer les flèches et ajouter des mots et une structure grammaticale. On se rend rapidement compte que cet habillage linguistique apporte presque inévitablement des informations nouvelles (les exceptions se comptent surtout parmi les exclamations, dans les énoncés en style télégraphique, et dans certains types de messages militaires ou techniques). Par exemple, dans une situation un tant soit peu formelle qui appelle une certaine politesse dans l'expression, on ne pourra pas, en français, parler de « Pompidou, Giscard et Mitterrand », sans au moins indiquer leurs prénoms ou ajouter un titre tel que « Monsieur », « Messieurs », ou « les Présidents ». Cette exigence linguistique induit l'explicitation d'informations qui ne figurent pas dans le schéma de départ (ne serait-ce que le masculin des titres, dont il découle qu'il s'agit au moins en partie d'hommes). De même, il apparaît difficile de formuler la question représentée schématiquement au tableau sans indiquer si le moment auquel se réfère l'interrogation est antérieur, simultané ou postérieur au moment de l'énonciation. Ainsi, on remarquera dans les énoncés 1, 2, 3, 6 et 7 des verbes au futur simple, alors que les énoncés 4 et 5 donnent la même indication à travers les mots « l'avenir » et « demain », respectivement. Ces informations seront appelées ici *informations induites par les contraintes linguistiques* ou *IICL*.

L'auteur de l'énoncé 3 (« Quel sera le prochain président de la République ? ») choisit de ne pas faire figurer dans sa phrase les noms des Présidents précédents. Peut-être souhaite-t-il économiser des mots, en jugeant que l'interrogation peut être comprise sans eux. En revanche, il ajoute au schéma l'indication « président de la République ». Pourquoi ne pas se contenter de « Qui sera le prochain ? », comme l'auteur du texte 6 ? Peut-être n'est-il pas sûr que le lecteur comprendra à quel « prochain » il se réfère s'il n'y a pas d'indication complémentaire pour l'aider à interpréter l'énoncé. Il ajoute donc à son interrogation des *informations d'orientation* (ou *d'encadrement* – *framing information* en anglais – voir Gile, 1995 *a*). On peut supposer que d'autres énonciateurs ont eux aussi ajouté des informations à leur interrogation dans ce même but de faciliter l'interprétation de l'énoncé à leurs lecteurs, que la démarche soit consciente ou non.

Il semble donc que l'acte d'énonciation implique, au moins dans certains cas, l'ajout aux *informations primaires,* celles dont l'expression fait l'objet de l'énoncé, des *informations secondaires,* qui en sont distinctes. Certaines sont induites par des règles linguistiques, qu'elles soient lexicales, grammaticales, stylistiques ou autres, et d'autres sont sélectionnées par l'énonciateur pour orienter leur lecteur (ou auditeur dans le cas de l'oral).

Par ailleurs, un côté problématique de l'énoncé 2, qui confond gouvernement et présidence de la République (« En France, au gouvernement, Giscard a succédé à Pompidou, Mitterrand à Giscard. Qui lui succédera ? ») a déjà été mentionné plus haut. Ce côté problématique constitue une information *sur l'énonciateur*. Le fait que cet énoncé est maladroit (on ne sait pas exactement à qui correspond « lui ») en constitue une autre, qui va dans le même sens. Ces informations sont étrangères aux informations primaires, ne sont pas induites par des règles linguistiques, et n'ont pas de rôle d'orientation ; elles ne font que renseigner sur l'énonciateur (en l'occurrence sur sa maladresse). Nous les désignerons ici par le terme *informations personnelles*.

En résumé, il apparaît que des énoncés à vocation informative peuvent comporter, outre les informations primaires ou *message* dont la transmission est la raison d'être, des informations secondaires, qui se caractérisent comme suit :

a) Les *informations induites par les contraintes linguistiques (IICL)* sont celles qu'appellent des règles de la langue d'énonciation, y compris des règles pragmatiques ou culturelles. Par exemple, la culture française précise obligatoirement dans certaines circonstances l'état civil des femmes nommées dans un énoncé à travers l'emploi de « Madame » ou « Mademoiselle », alors que la culture anglophone nord-américaine dans certains milieux appelle l'utilisation pour les femmes du titre *Ms.* (prononcé « mizze »), qui gomme la différence entre les femmes mariées et non mariées, par opposition aux plus classiques *Mrs.* et *Miss.*

Le verbe *induire* dans *informations induites par les contraintes linguistiques* est employé pour couvrir toute la gamme des possibilités, allant d'une obligation grammaticale, lexicale ou autre, et jusqu'à une légère préférence.

b) Les *informations d'orientation (IO)* sont sélectionnées par l'énonciateur pour faciliter la compréhension des informations primaires. Cette sélection peut être consciente, notamment dans l'énonciation d'un texte d'arrivée dans la traduction, mais ne l'est pas nécessairement, comme l'indique l'interrogation rétrospective des étudiants-énonciateurs dans l'expérience commentée ici.

c) Les *informations personnelles (IP)* sont elles aussi étrangères aux informations primaires et ne remplissent pas directement de fonction au regard de leur interprétation, mais renseignent sur l'énonciateur.

Schématiquement, on peut donc représenter la composition informationnelle de l'énoncé à vocation informative sous la forme suivante :

(1) Contenu informationnel =
{Informations primaires + Informations secondaires}

(2) Informations secondaires = {IICL + IO + IP}

où

IICL indique les Informations induites par les contraintes linguistiques

IO indique les Informations d'orientation

IP indique les Informations personnelles.

5. Choix et maîtrise : le statut des informations secondaires

Comme il est expliqué au chapitre II, quand il n'y a pas d'instructions ou d'intérêts contraires chez le client, les intentions et intérêts de l'auteur peuvent déterminer des choix lors de la traduction. De l'expérience décrite plus haut (et plus loin, dans une variante), il apparaît que la forme linguistique précise de l'énoncé n'est pas nécessairement un reflet fidèle de ses intentions ou de ses choix conscients. Une analyse de la composition informationnelle de l'énoncé informatif ayant fait apparaître différentes catégories d'informations secondaires, il est intéressant d'examiner de plus près leur statut à cet égard.

5.1. Le statut des informations personnelles

Dans son texte, l'auteur donne des informations de deux types sur lui-même. Certaines peuvent être délibérément choisies pour asseoir sa crédibilité ou celle de ses idées, pour satisfaire un besoin de reconnaissance sociale, pour donner une bonne image de lui, pour s'attirer la sympathie. C'est le cas de personnalités politiques qui choisissent un registre « jeune » dans une interview, ou encore qui introduisent des expressions en patois local dans un discours électoral pour séduire d'éventuels électeurs, de personnes qui affectent de parler un français très châtié pour mettre en valeur leur culture, d'employer des termes techniques quand ils parlent à des spécialistes pour étaler leur connaissance du domaine, etc.

De telles informations peuvent être considérées comme un deuxième message, qui peut n'avoir aucun lien avec le message informationnel apparent de l'énoncé, mais qui n'en constitue pas moins un ensemble d'informations intégrées délibérément dans celui-ci, et dont l'intention pèse parfois plus lourd que l'intention apparente de l'énoncé d'informer, d'expliquer ou de convaincre. Il s'agit donc bien d'informations sur la personne, mais pas d'« informations personnelles » au sens défini plus haut. Dans un tel cas, on peut parler de *message secondaire*.

D'autres informations sur l'auteur, par exemple celles que révèlent des fautes de langue, des erreurs de fond dans le texte, des régionalismes involontaires (qui l'identifient comme un hispanophone d'Amérique latine, un anglophone d'Australie, un francophone du Canada), sont étrangères à ses intentions et constituent des informations personnelles telles que définies dans le cadre des informations secondaires plus haut.

Exemple 3.2 : Note biographique

Dans la biographie d'une personnalité islamique publiée sur Internet (http://www.obm.clara.net/OBM/History/biography.html, accédée le 14 octobre 2000), on trouve les passages suivants :

He is quality of knowledge is a Mujjahid Murakkih Juristic Scholars able to outweigh between the four Islamic Schools of thought : Hanafi, Maliki, Shaffi'ie and Hanbali.

...

He is the founder of Hizb ut-Tahrir Uk branch and the founder of Al-Muhajiroun world-wild.

Ces deux phrases contiennent des maladresses et fautes de langue graves, qui non seulement rendent difficile la compréhension de l'énoncé, mais décrédibilisent jusqu'à en ridiculiser l'auteur du texte pour son manque de sérieux, et nuisent par ricochet à la personnalité décrite (notamment à travers *world-wild* : le mot recherché était *worldwide* (il s'agit d'une organisation mondiale), et le mot *wild,* qui peut signifier « sauvage », « incontrôlé », « primitif », est particulièrement malvenu du point de vue de l'auteur du texte dans le contexte géopolitique du début du XXIe siècle). La question qui se pose pour le traducteur porte sur sa marge de manœuvre dans l'atténuation, voire l'élimination des effets néfastes potentiels de ces informations personnelles.

5.2. La variabilité énonciative et le statut des informations secondaires

Une partie de ces informations personnelles seraient probablement rejetées par l'auteur s'il en était conscient. Qu'en est-il des autres informations secondaires ? Pour le vérifier, une variante de l'expérience présentée plus haut a été introduite et répliquée plusieurs fois. Dans cette variante, il n'y a pas traduction des énoncés initiaux produits, mais ré-énonciation : en début de séance de travail en classe (un cours magistral ou une conférence), un schéma est présenté au tableau comme il est indiqué plus haut, et les énoncés produits sont recueillis par l'expérimentateur. Puis le cours ou la conférence se déroule normalement, sans autres commentaires sur ces énoncés. Vers la fin de la séance de travail, l'expérimentateur présente à nouveau le même schéma (ou la même question ou instruction) au tableau, en demandant aux personnes présentes de procéder à son énonciation une deuxième fois. Les énoncés produits sont recueillis, l'expérimentateur demande aux participants s'ils ont écrit la même chose qu'en début de séance, et dans le cas d'une réponse négative, quelle en est la raison.

Exemple 3.3 : Du septennat au quinquennat

La réplication suivante a été organisée en 2000, une semaine après le référendum sur la modification de la durée du mandat du Président de la République française de sept ans à cinq ans. La question posée en classe, à 27 participants, était la suivante :

« Sur quoi portait le référendum d'il y a 8 jours ? »

Quelques-uns des énoncés recueillis en début de séance puis en fin de séance (ils sont désignés respectivement par 1/1 et 1/2, 2/1 et 2/2, 3/1 et 3/2, etc., le premier numéro identifiant l'étudiant concerné) sont reproduits ci-dessous à titre d'illustration :

1/1. Le référendum de dimanche dernier se portait sur le quinquennat.
1/2. Le referendum, qui a eu lieu le dimanche 24 septembre se portait sur la question du quinquennat.
2/1. Le référendum portait sur le quinquénat – pour ou contre le quinquénat.
2/2. Il y a une semaine, il fallait voter pour ou contre le quinquénat.
4/1. Quinquennat ou septennat pour les présidentielles ?
4/2. Septennat ou quinquennat pour les présidentielles.

11/1. Le quinquennat.
11/2. Le quinquennat.
15/1. Le référendum portait sur la réduction du mandat du président de la République (de 7 à 5 ans).
15/2. Le référendum portait sur la réduction du mandat présidentiel (de 7 à 5 ans).
22/1. Le référendum portait sur la réduction de la durée du mandat présidentiel. S'il faut adopter le quinquennat ou conserver le septennat.
22/2. Le référendum portait sur la réduction de la durée du mandat présidentiel. S'il faut adopter le quinquennat ou conserver le septennat.
25/1. Référendum sur le quinquennat.
25/2. Référendum portait sur le quinquennat.

On notera au passage des informations personnelles, à savoir les maladresses et fautes de grammaire et d'orthographe (« se porter » dans les énoncés 1/1 et 1/2, « quinquénat » dans les énoncés 2/1 et 2/2, « référendum » dans les énoncés 15/1 et 15/2), qui constituent pour le lecteur des indications sur le niveau de français (ou d'absence d'application) chez les étudiants concernés.

Outre la variabilité inter-étudiants, sur les 26 couples d'énoncés valables (un couple d'énoncés a été éliminé pour raison technique), 16, soit 61,5 % du total, présentaient des différences entre la première et la seconde énonciation. Sur les 16 énonciateurs concernés, 7 (soit 44 %), ont expliqué les raisons de ces différences : un étudiant a dit que la question avait été formulée différemment la deuxième fois, deux ont déclaré qu'ils souhaitaient améliorer leur formulation lors de la deuxième énonciation, deux voulaient éviter une répétition de leur premier énoncé, un étudiant n'avait pas eu assez de temps la première fois, et un étudiant a dit qu'il « aimait changer ».

Loin d'être attachés à une formulation particulière pour exprimer l'information donnée, plus de la moitié des étudiants ont préféré changer d'énoncé la deuxième fois. Or l'information et les instructions étaient identiques en début et en fin de séance ; cette constatation affaiblit l'idée, parfois défendue par les partisans du littéralisme en traduction, selon laquelle les énoncés reflètent le style particulier de chaque auteur, et le traducteur doit le respecter pour cette raison. Chaque énonciateur peut effectivement avoir son style, mais chaque énoncé ne le reflète pas nécessairement, et l'énonciateur peut ne pas aimer certaines caractéristiques de son propre style.

Plus frappant encore, 5 des 16 énonciateurs (31 % du groupe) dont le deuxième énoncé différait du premier pensaient qu'il lui était identique. Curieusement, l'un des étudiants qui avait écrit un deuxième énoncé identique au premier le pensait différent.

Dans une autre réplication, réalisée en octobre 2002 avec un autre schéma (un panneau indiquant l'heure de départ d'un tramway vers deux destinations), sur 8 personnes qui ont affirmé avoir écrit un deuxième énoncé strictement identique au premier, 4 se trompaient. Au cours de cette même réplication, 8 personnes ont répondu par un point d'interrogation à la question de savoir s'ils avaient écrit un deuxième énoncé identique au premier ou différent. Vérification faite, 4 d'entre eux avaient écrit un deuxième énoncé identique, et 4 un énoncé différent.

Dans ce type d'exercice, non seulement les énonciateurs ne semblent pas attachés aux mots et tournures qu'ils emploient, mais une fois l'énoncé terminé, ils ne savent plus exactement quels mots précis ils ont employés, ce qui ne s'accorde pas non plus avec l'idée de choix linguistiques délibérés. Cette variante de l'expérience appuie elle aussi l'idée d'une certaine neutralisation, de la différenciation linguistique conventionnelle au cours du processus d'énonciation.

On évoquera enfin une expérience que réalise Hans Hönig à Germersheim (Hönig, 1995 : 134), à travers laquelle il fait passer à ses étudiants en traduction un message analogue. Hönig met une chaise sur une table et demande à ses étudiants de la décrire. Après un certain temps, il leur demande de recommencer le même exercice, en essayant si possible d'employer les mêmes mots que la première fois. D'après lui, dans toutes les réplications réalisées jusqu'ici, aucun étudiant n'y a réussi.

5.3. Des raisons de la variabilité énonciative

La variabilité énonciative constatée de manière très régulière dans ces expériences a probablement des origines multiples et difficiles à démêler les unes des autres. On se limitera ici à quelques considérations générales qui ont surtout trait à la cognition de la production du discours.

On sait en effet que celle-ci est un processus complexe et souvent difficile. Une idée ou une information à énoncer peut évoquer dans l'esprit du locuteur un ou plusieurs mots, une ou plusieurs structures linguistiques, selon l'effort cognitif requis (voir chap. VI). Or leur disponibilité dépend de nombreux facteurs, notamment les préférences linguistiques habituelles du sujet, l'effet de récence d'un énoncé vu ou entendu précédemment (dont des traces restent en mémoire sous forme d'une disponibilité accrue), des associations d'idées ou de mots relevant d'une expérience plus ancienne, des attirances ou rejets affectifs, etc. Une fois les premiers mots et les premières structures évoquées, il faut les organiser dans une phrase ou un ensemble de phrases qui intègrent précisément une idée ou une information donnée dans une structure conforme aux normes linguistiques. Là aussi, des problèmes peuvent surgir devant l'énonciateur, par exemple quand un verbe évoqué qui est obligatoirement transitif appelle un complément d'objet qui ne figure pas dans l'information à énoncer, quand un verbe ne pouvant pas se mettre au passif appelle un sujet dont ne dispose pas l'énonciateur, quand un énoncé initial est conforme aux normes mais ne peut intégrer un élément complémentaire qui fait partie de l'information à transmettre. Ce type de difficultés est à l'origine de bien des pauses (pendant lesquelles l'énonciateur cherche une solution syntaxique ou lexicale à son problème), de bien des faux départs.

Cette multiplicité de facteurs et la complexité de leurs interactions expliquent peut-être une grande partie de la variabilité énonciative. Dans le cas d'une énonciation spontanée et rapide comme celle qu'appelle l'expérience décrite ci-dessus, mais aussi, plus généralement, dans l'énonciation de la plupart des textes informationnels (avec des exceptions telles que les textes juridiques ou diplomatiques), elle paraît suffisamment grande, même pour un même locuteur, pour que l'on rejette l'*a priori* obligatoire d'une corrélation forte entre la présence de mots et structures linguistiques précis dans l'énoncé et des nuances dans l'intention ou dans l'information voulues par l'énonciateur.

6. La fidélité informationnelle

L'expérience présentée plus haut et l'analyse qui l'accompagne permettent de postuler que dans le cas le plus général, un énoncé contient des informations primaires que l'auteur souhaite transmettre, et des informations secondaires qui l'accompagnent. Quel est le statut de chacune au regard de la loyauté professionnelle du traducteur ?

6.1. Les informations primaires

A priori, les informations primaires sont la raison d'être même de l'énoncé, puisque par définition, celui-ci est construit pour les transmettre. Il apparaît donc naturel de dire, sous réserve que la fonction de la traduction soit compatible avec celle du texte original, que les informations primaires doivent toujours être rendues telles quelles – sous réserve qu'on les identifie en tant qu'informations primaires. La réalité est plus complexe, dans la mesure où, comme il a été souligné au chapitre II, dans le cas de la loyauté par défaut à l'auteur, la fidélité du traducteur est acquise au texte non pas dans l'absolu, mais comme représentant les intentions et intérêts de l'auteur. Comme il a également été souligné, c'est ce qui amène le traducteur à corriger tout naturellement certains lapsus identifiables comme tels même quand ils portent sur les informations primaires.

Par exemple, si l'énonciateur prépare un rapport où il annonce que pour améliorer la sécurité routière, l'accès à tel pont a été limité aux véhicules de « moins de 3,5 kg », dans l'optique de la loyauté à l'auteur, le traducteur considérera qu'il s'agit d'une erreur et, faisant appel à ses connaissances générales ainsi que, éventuellement, à un autre passage du même texte où la même restriction du poids des véhicule est indiquée correctement, rectifiera en « moins de 3,5 t ».

Il existe d'autres cas où l'on ne peut véritablement parler de lapsus, mais où, pour rendre le texte cohérent, une rectification est nécessaire. La phrase suivante, tirée d'un livre de vulgarisation sur le cerveau, indique le poids moyen du cerveau humain en ces termes (Fisher, 1981, p. 32) :

Exemple 3.4 : Le poids du cerveau

The human brain weighs about three pounds or 1300 grams.

Traduction littérale : « Le cerveau humain pèse quelque trois livres, soit 1 300 grammes. »

Or trois livres correspondent à 1 360,77 g. Y a-t-il erreur de calcul ? Peut-être, mais une autre hypothèse semble plus probable. L'auteur parle d'un poids approximatif *(about three pounds)*. Si approximation il y a, pourquoi arrondir 1 360,77 à 1 300 plutôt qu'à 1 400 ? Peut-être les données dont disposait l'auteur indiquaient-elles en réalité un poids moyen de 1 300 g et non pas l'équivalent en livres (2,86 livres) ; il paraît plus logique d'arrondir 2,86 en 3 que 1 360,77 en 1 300. De plus, trois livres correspondent à un poids que les lecteurs anglophones ont peut-être l'habitude de manier (3 livres de viande, de fruits ou de légumes), et peuvent évoquer pour eux une image familière, alors qu'indiquer l'équivalent précis de 1 300 g en livres aurait été peu parlant. Si l'on accepte cette hypothèse d'un poids moyen de 1 300 g, que faire des indications en livres dans une traduction française ? Dans l'original, elles constituent bien un message à visée explicative (mieux faire appréhender au lecteur à quoi correspondent 1 300 g), qui s'ajoute au message informatif principal indiquant le poids approximatif du cerveau. Cependant, elles posent trois problèmes. Premièrement, leur place dans la phrase donne l'impression fallacieuse qu'elles correspondent au message informatif principal et que l'indication en grammes est le message explicatif. Deuxièmement, comme il vient d'être montré, la conversion est inexacte, ce qui risque d'interpeller le lecteur attentif et de nuire à la crédibilité de l'auteur (en classe de traduction, cette disparité entre les données en livres et les données en grammes a effectivement gêné les étudiants). Troisièmement, les livres sont moins parlantes pour le lecteur francophone que pour le lecteur anglophone. Dans ces conditions, ne serait-il pas plus judicieux de ne garder dans la version française que les indications en grammes ? L'information première serait effectivement transmise, la crédibilité de l'auteur serait préservée, et la qualité communicative de la phrase serait améliorée. Il apparaît que dans certains cas, de légères modifications du contenu de ce qui peut être considéré comme des informations primaires peuvent être envisagées même quand il ne s'agit pas d'erreurs manifestes représentant des lapsus.

Il existe d'autres cas où le message n'est pas erroné ni incohérent, mais où une adaptation est susceptible d'améliorer l'impact du texte sans en modifier le contenu informationnel pertinent.

Exemple 3.5 : Le courant du secteur

This device is particularly convenient, as it operates both on A4 batteries and on 110 V AC

Traduction littérale : « Cet appareil est particulièrement pratique, puisqu'il fonctionne tant sur piles A4 que sur 110 V de courant alternatif. »

Dans ce texte américain, qui souligne les avantages d'un appareil portable qui peut fonctionner aussi bien sur piles que sur secteur, l'indication des 110 V fait partie des informations primaires. Toutefois, le lecteur français pourrait être (légèrement) gêné par cette mention des 110 V, qui ne correspondent pas à la tension du secteur en France. L'idée principale de la phrase est la mise en valeur du fonctionnement sur piles *et* sur secteur. Il paraît donc raisonnable de traduire sans cette indication, par exemple en éliminant du texte d'arrivée la mention des 110 V de courant alternatif (le courant sur le secteur est toujours alternatif, et cette mention en anglais américain est plus conventionnelle qu'informative), pour ne parler que du fonctionnement sur piles et sur secteur (« cet appareil est particulièrement pratique, puisqu'il fonctionne tant sur piles A4 que sur secteur »).

Le contenu informationnel de la phrase est modifié avec cette omission de la tension nominale du secteur, mais il est plausible que l'énoncé français ainsi produit facilite l'assimilation de l'idée par le lecteur français, qui n'a plus besoin de faire l'adaptation mentale lui-même et ne ressent plus l'énoncé comme étranger. Dans ce cas précis et avec un texte très court, la différence est peut-être négligeable, mais on peut concevoir des cas où elle ne l'est pas, notamment celui où le texte a une visée commerciale et s'adresse à des destinataires qui ont une certaine réticence à acheter des produits étrangers.

Exemple 3.6 : Gâteaux

Dans le même esprit, dans la traduction de l'allemand vers le danois, Gyde Hansen (1995 : 35) donne l'exemple d'une recette de gâteau dans laquelle le texte allemand parle de :

1 Päckchen Vanillezucker (un sachet de sucre vanillé)

et de

½ Päckchen Backpulver (un demi-sachet de levure)

et le texte danois correspondant parle de

1½ tsk vanillesukker (ca. 10 g) (un sachet et demi de sucre vanillé (10 g environ))

et de 1 *tsk bagepulver (ca. 9 g)* (un sachet de levure (9 g environ)).

Elle explique que les différences sont dues simplement au fait que les emballages danois et les emballages allemands standard pour le sucre vanillé et la levure n'ont pas la même contenance.

Exemple 3.7 : Claviers japonais

En allant un peu plus loin sur ce continuum entre la *traduction* et l'*adaptation*, on peut prendre l'exemple d'un texte publicitaire japonais des années 1980 pour un système de traitement de texte, dont l'une des phrases, traduite littéralement, disait :

« Avec le système X, écrivez en japonais aussi vite qu'en anglais. »

De nombreux étudiants japonais et français à qui ce texte avait été proposé comme exercice en classe avaient reproduit la référence à l'anglais dans leur traduction. Or, pour les Japonais, l'anglais sert de prototype représentatif des langues occidentales. L'auteur ne pensait peut-être pas spécifiquement à l'anglais, mais aux langues à écriture alphabétique qui permettent une saisie rapide de textes sur un clavier de quelques dizaines de touches, par opposition au système japonais classique où il fallait sélectionner parmi plusieurs milliers de caractères. Dans la traduction française, fallait-il traduire « anglais » par « français », au risque de faire croire au lecteur que l'auteur du texte japonais avait effectivement pensé au français ? Peut-être la meilleure solution consistait-elle à parler d'une vitesse de saisie aussi grande que « dans les langues occidentales ».

Quand on en arrive à des termes culturels, les modifications envisagées deviennent plus amples encore. Ainsi, la référence à des couleurs (le blanc est couleur de deuil pour les Chinois), à des animaux (la vache peut être sacrée, le cochon peut être impur), etc., nécessite parfois des explications, voire des modifications importantes même dans des textes non littéraires pour éviter des malentendus et obtenir l'impact voulu chez les destinataires. À partir de quel moment n'est-on plus fidèle ? Quand passe-t-on de la traduction à l' « adaptation » ? Le seuil n'est pas facile à déterminer, et dépendra des normes du traducteur et du client, qui varient sur le terrain.

6.2. Les informations secondaires

6.2.1. Les informations personnelles

Dans l'option de loyauté à l'auteur, quand les informations personnelles sont susceptibles de nuire à son image ou, sans nuire à son image, d'affaiblir l'impact de son texte, par exemple en attirant l'attention du lecteur sur un fait non pertinent, il apparaît raisonnable d'éviter de les restituer dans le texte d'arrivée. Quand le traducteur estime qu'elles n'ont pas d'impact négatif, il choisira généralement de les restituer, car elles peuvent être considérées comme faisant partie du « style » de l'auteur.

Des informations personnelles peuvent également être introduites par le traducteur lui-même. Les impropriétés terminologiques et phraséologiques, de même que les erreurs de sens, constituent de telles informations personnelles dans la traduction, puisqu'elles renseignent sur le fait que le traducteur n'est pas spécialiste du domaine, ou qu'il n'est pas compétent ou rigoureux. En dehors de ces défauts, le traducteur en tant qu'auteur laisse parfois passer d'autres informations personnelles. Par exemple, s'il est canadien, il est susceptible de rédiger ses traductions françaises avec des canadianismes. À l'évidence, celles qui peuvent nuire à l'impact du texte sont indésirables. Dans cette catégorie, on inclura celles qui sont susceptibles de distraire l'attention du lecteur, même si elles ne rendent pas la compréhension plus difficile et ne projettent pas une image négative de l'auteur. C'est pourquoi on préférera le français « standard » dans une traduction destinée à un public francophone non spécifié, en évitant les helvétismes et belgicismes, ou un anglais plutôt britannique dans une traduction destinée à des lecteurs britanniques, en évitant les tournures américaines qui renseigneraient les lecteurs sur l'origine linguistique du traducteur. Ces informations sont étrangères au message de l'auteur et à son identité, et sont susceptibles de perturber la transmission de l'information et d'affaiblir l'impact du texte sur les destinataires.

6.2.2. Les informations induites par les contraintes linguistiques

Comme leur nom l'indique, les informations induites par les contraintes linguistiques sont elles aussi indépendantes de la volonté de l'auteur. Doit-on les garder dans le texte d'arrivée ? Dans des documents allemands annonçant un colloque scientifique international qui se tient en Allemagne, les titres des intervenants sont souvent explicités. Dans une traduction française, surtout en France où le titre « docteur » n'est généralement employé que dans le cas des médecins, le traducteur pourra-t-il nommer « Monsieur le professeur docteur Hans Schmidt » ? Un tel enchaînement de titres est maladroit et risque de perturber (légèrement) la lecture pour un Français. Il apparaît souhaitable, pour mieux informer et éviter de nuire, de privilégier une formule plus classique, de type « Hans Schmidt » ou « Monsieur Hans Schmidt », ou à la rigueur « le professeur Hans Schmidt ». Inversement, si un document français où figurent des noms d'universitaires sans les titres doit être traduit en allemand, il peut être préférable de les ajouter à la version allemande, sous peine de faire croire aux lecteurs que les personnalités en question sont peu qualifiées et d'affaiblir par là l'impact du texte.

Il apparaît donc que théoriquement du moins, pour servir le *skopos* de la traduction, certaines omissions d'informations induites par les contraintes linguistiques sont souhaitables afin d'éviter des maladresses, voire l'apparition dans l'esprit des destinataires d'une image fausse de la réalité.

Qu'en est-il du cas où la présence dans la traduction des informations induites par les contraintes linguistiques figurant dans le texte de départ n'a pas d'effet négatif ? Dans la mesure où elles ne sont pas choisies par l'auteur mais induites par des forces extérieures, le traducteur est-il libre de choisir de les restituer ou non dans le texte d'arrivée ? Théoriquement, on ne voit pas ce qui restreindrait cette liberté. Dans la pratique, si elles ne posent pas de problème dans la restitution, on préfère les garder, car il est souvent difficile de distinguer des informations strictement induites par des contraintes linguistiques de celles qui résultent d'un choix de l'auteur, ne serait-ce qu'un choix de registre plus ou moins formel ou plus ou moins poli, un choix de style plus ou moins direct ou personnel, etc.

Par ailleurs, dans la mesure où la langue d'arrivée induit ses propres informations, il est naturel de les introduire dans la traduction même si elles ne figurent pas dans le texte original. Cela peut d'ailleurs poser des problèmes au traducteur : en traduisant vers l'allemand un texte français où ne figurent pas les titres d'un universitaire dans un cadre qui demande dans le monde germanophone des précisions sur ces titres, le traducteur sera obligé de chercher à se renseigner pour rendre son texte compatible avec sa fonction. S'il n'a pas accès à cette information, il cherchera à contourner la difficulté en rédigeant ses phrases d'une manière telle que les noms puissent apparaître dans le texte allemand sans les titres, sans que cela paraisse maladroit et sans que cela induise les lecteurs en erreur. Si la chose n'est pas possible, il peut choisir de deviner les informations manquantes et les intégrer au texte d'arrivée, s'il estime que le risque d'erreur et ses éventuelles conséquences sont moins préjudiciables que les conséquences de l'absence de ces informations dans la traduction. Ce processus de prise de décisions fait l'objet d'une section au chapitre IV.

6.2.3. *Les informations d'orientation*

On rappellera que les informations d'orientation sont sélectionnées par l'orateur, consciemment ou non, pour faciliter l'interprétation de l'énoncé et la transmission des informations primaires. Par exemple, dans un texte sur l'économie canadienne destiné à des

Canadiens, les sommes sont indiquées en « dollars » sans qu'une autre précision soit nécessaire. Si un texte analogue est destiné à des Français, l'auteur jugera probablement souhaitable d'indiquer « dollars canadiens » afin d'éviter la confusion possible avec des dollars étatsuniens. L'adjectif « canadiens » a cette fonction d'orientation. Il intervient pour certains destinataires seulement ; pour d'autres (les lecteurs canadiens qui considéreraient automatiquement que les sommes sont indiquées dans leur monnaie nationale), non seulement elle n'est pas nécessaire, mais elle risque d'avoir un (faible) effet perturbateur sur la lecture en les obligeant à intégrer une information redondante, voire à s'attarder un instant sur sa présence, insolite pour eux.

Si un texte sur l'économie canadienne apparaît en français dans la presse française avec la précision « dollars canadiens » et qu'il est ensuite traduit en anglais pour des lecteurs canadiens, le traducteur doit-il restituer cette information d'orientation ? Au regard de la loyauté professionnelle telle que définie plus haut, dans la mesure où elle n'apporte pas d'information nouvelle, ne facilite pas la transmission des informations primaires, et risque même de perturber la lecture de l'énoncé, il semble raisonnable et légitime de ne pas la restituer. Inversement, si un texte destiné à des lecteurs canadiens et ne contenant pas cette information est traduit pour des destinataires britanniques ou étatsuniens, il apparaît justifié de l'introduire. La précision n'ajoute pas véritablement d'information, mais lève l'ambiguïté sur les informations primaires.

Dans ce cas précis, il apparaît souhaitable et légitime d'omettre des informations par rapport à l'énoncé de départ même si ces dernières ont été délibérément choisies par l'auteur. Cette modification se justifie par l'idée que l'auteur les a sélectionnées en fonction des caractéristiques de ses destinataires, et en aurait probablement choisi d'autres pour s'adapter au mieux aux caractéristiques différentes des destinataires du texte en langue d'arrivée. De manière générale, toutefois, les caractéristiques des destinataires de la traduction ne sont pas nécessairement différentes des caractéristiques des destinataires de l'original à un point tel que la nécessité d'une telle adaptation soit évidente, d'autant plus que le choix des informations d'orientation comporte peut-être une part aléatoire non négligeable. C'est pourquoi les traducteurs préfèrent généralement les garder telles quelles dans le texte d'arrivée si elles n'ont pas un effet nettement affaiblissant sur le message et sur les intérêts de l'auteur, et éventuellement y ajouter les informations d'orientation qu'ils considèrent utiles pour l'orientation de leurs propres lecteurs. Cette politique, dont les effets s'ajoutent à ceux d'une stratégie analogue à propos des informations induites par les contraintes linguistiques (voir plus haut), peut conduire à un « foisonnement » informationnel du texte d'arrivée, et partant à un certain allongement de ce texte par rapport au texte de départ.

7. Stratégies pratiques de fidélité

L'existence des informations secondaires en tant que telles est facile à démontrer. En revanche, dans un texte donné, il peut être difficile de les distinguer du message. En principe, la manifestation d'une faiblesse linguistique de l'auteur sous forme de faute de langue n'est pas introduite par lui volontairement et se laisse aisément classer comme une information personnelle. En revanche, comment savoir si l'auteur a choisi délibérément de faire précéder d'un titre le nom d'une personne pour que les lecteurs connaissent ses éventuelles qualifications, auquel cas celles-ci font par définition partie des informations primaires, ou s'il ne fait que suivre les règles d'usage linguistique applicables ? Parfois, celles-ci sont claires et relativement contraignantes, mais il arrive qu'elles ne le soient pas. Comment distinguer les informations d'orientation, qui ne servent en principe qu'à mieux comprendre les informations primaires, d'informations qui précisent le cadre et la pensée de l'auteur dans une progression voulue par lui ? Dans

The temperature was twenty degrees Celsius, that is, sixty eight degrees Fahrenheit

l'équivalent en Fahrenheit est-il seulement destiné à faciliter l'assimilation de l'information à d'éventuels lecteurs habitués à cette unité plutôt qu'aux degrés Celsius, ou l'auteur cherche-t-il à rappeler ou à indiquer comme information distincte que 20^0 C correspondent à 68^0 F ? Dans le premier cas, la traduction pour des lecteurs français pourrait ne pas mentionner l'équivalent en unités anglo-saxonnes.

Dans le second, la température en degrés Fahrenheit fait par définition partie des informations primaires et devrait être restituée. Le traducteur devra juger d'après le contexte et décider en prenant un risque raisonnable.

En résumé, trois éléments sont à retenir. Premièrement, il est souvent difficile de faire la distinction entre les informations choisies par l'auteur délibérément et celles qui lui sont plus ou moins imposées par des facteurs extérieurs à sa volonté. Deuxièmement, certaines informations (primaires ou secondaires) qui ne jouent qu'un petit rôle dans l'énoncé peuvent avoir sur les destinataires un effet contraire à l'objectif et aux intérêts de l'auteur. Troisièmement, hormis les cas spéciaux, la norme sociale prédominante qui définit la traduction veut que le traducteur reproduise « précisément » le texte de celui-ci. Dans ces conditions, les traducteurs professionnels de textes à vocation informative choisissent en général de respecter dans la mesure du possible le contenu informationnel total du texte de départ sans tenir compte du fait qu'il contient des informations secondaires tant qu'ils estiment que cela ne pose pas de problèmes au regard de l'effet escompté de l'énoncé sur leur destinataire. Quand de tels problèmes se posent, ils cherchent des solutions qui leur permettent de rester le plus près possible du texte. Toutefois, cette politique de pondération et de prudence ne permet pas d'éviter des prises de décisions parfois importantes, comme il est expliqué et illustré au chapitre suivant.

8. Normes de fidélité et forces extérieures

La norme majoritaire dans la traduction non littéraire veut que le traducteur suive d'assez près le texte de départ tant qu'il n'y a pas de contre-indications en matière linguistique ou en matière d'impact communicationnel. Quand il s'en éloigne, par exemple dans la traduction littéraire, dans la traduction cinématographique et dans la traduction de pièces de théâtre, certains considèrent qu'il ne s'agit plus de traduction mais d' « adaptation ».

Y a-t-il une différence essentielle entre les deux ? Dans le monde du travail par opposition aux amphithéâtres universitaires, la distinction s'efface souvent devant les objectifs du client qui, rappelons-le, est maître du jeu. Certes, le cas du texte d'une convention internationale en plusieurs langues relève clairement de la catégorie des traductions, et qui plus est d'un type de traduction où aucun écart par rapport à l'original n'est admissible. En revanche, la localisation comporte des modifications relativement importantes.

Lors d'une table ronde avec des donneurs d'ouvrage appartenant au monde financier (SFT, 2002), ces derniers ont dit dialoguer avec les traducteurs sur le texte original, et parfois améliorer celui-ci dans sa version traduite à la suite de ce dialogue. L'un d'eux cite le cas d'un traducteur qui a attiré l'attention du client sur le fait que toute une page d'un document qu'il avait à traduire pour des destinataires à Hong-Kong ne présentait aucun intérêt pour eux, ce qui a abouti à la décision commune de la supprimer du texte. Un autre intervenant, représentant la Banque centrale européenne, explique que les textes de la campagne pour l'euro ont été rédigés et adaptés non seulement à chaque langue, mais aussi à chaque pays parlant la même langue (l'Allemagne, l'Autriche et la Suisse pour l'allemand par exemple). S'agit-il dans tous ces cas de traduction ou d'adaptation ? La question perd de sa pertinence quand on sait que ce sont des traducteurs qui réalisent le travail, avec ou sans la participation d'autres spécialistes. Comme le souligne très justement Gideon Toury, qui est peut-être le traductologue le plus influent de ces dernières décennies (voir chap. VIII), la traduction ne correspond pas à un schéma unique et absolu : elle se définit par ce que le groupe social concerné considère comme une traduction selon les normes qui lui sont propres. À mesure que le monde évolue, notamment sur le plan de la technologie et de la communication, ces normes évoluent elles aussi.

9. Conclusion

La discussion ci-dessus peut donner l'impression d'une contradiction dans la démarche : pourquoi examiner minutieusement les différents types d'information que comporte un énoncé, pourquoi s'évertuer à justifier des options et stratégies de fidélité, quand il est possible que le client demande une adaptation assez libre du texte ? La réponse est double. Premièrement, si l'adaptation est demandée pour un certain nombre de types de textes, par certains clients et dans certains secteurs, notamment commerciaux, une grande partie du travail sur le marché, plus précisément des textes scientifiques, technologiques, juridiques, d'information, reste déterminée par des normes de fidélité assez strictes en apparence. C'est pour démontrer que même ces normes de fidélité strictes laissent une certaine marge de manœuvre au traducteur et pour préciser les limites de cette marge que l'étude de la composition informationnelle de l'énoncé non littéraire peut s'avérer utile. Par ailleurs, même dans le cadre d'une adaptation, il n'est peut-être pas inutile pour le traducteur de pouvoir se situer par rapport au texte de départ en termes de distance informationnelle, afin de pouvoir moduler celle-ci en fonction du cahier des charges et des besoins de la fonction du texte d'arrivée et de pouvoir justifier ses stratégies.

Sur le plan didactique, il apparaît particulièrement important de faire travailler les étudiants sur des normes de fidélité strictes mais raisonnées en raison du bénéfice qu'ils pourront retirer de l'exercice intellectuel et de l'entraînement linguistique que cette discipline implique. Ce principe va lui aussi dans le sens des bienfaits que l'on attend traditionnellement des exercices de version, tout en apportant une dimension supplémentaire et utile au raisonnement.

Chapitre IV

UN MODÈLE SÉQUENTIEL DE LA TRADUCTION

1. Introduction

Le chapitre II situe la traduction professionnelle dans un espace social, où tant l'auteur, qui écrit le texte original à l'intention de ses destinataires, que le traducteur, qui écrit sa propre version du texte à l'intention de ses propres destinataires, ont des objectifs et intérêts qui orientent leur énonciation. Le chapitre III montre que le contenu informationnel d'un énoncé ne se limite pas à l'information que l'auteur veut faire passer, mais comporte également d'autres informations, dont une partie seulement dépend de sa volonté (la chose s'applique aux traductions autant qu'aux textes originaux). Cela peut justifier certains ajouts et omissions dans la traduction.

Dans quelle mesure et de quelle manière les principes de communication et de fidélité expliqués jusqu'ici interviennent-ils effectivement dans le processus de traduction ? La meilleure manière de répondre à cette question consiste peut-être à examiner des cas d'espèce concrets. Le présent chapitre propose un cadre conceptuel qui intègre les considérations et décisions du traducteur dans une description des différentes étapes de la traduction sous la forme d'un modèle. La traduction y est formalisée comme un processus qui s'articule en une succession récursive de traitements d'*unités de traduction*. Chacune passe par une phase de compréhension, puis par une phase de reformulation (fig. 4.1), avec des vérifications et des décisions et l'intervention de connaissances linguistiques et extralinguistiques.

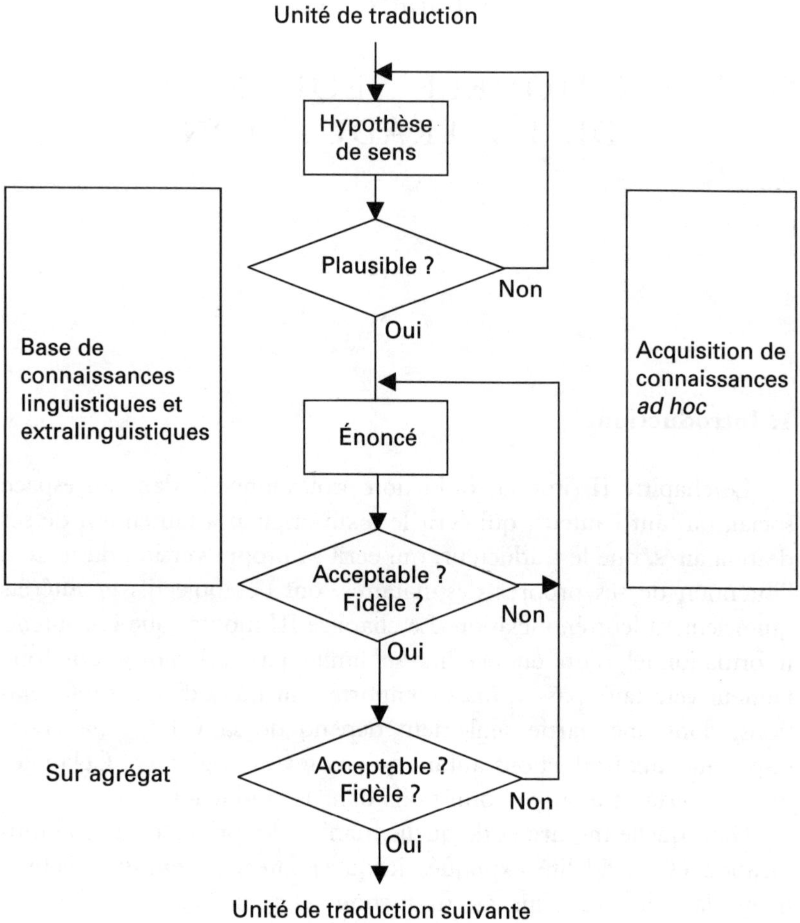

Fig. 4.1. — Le modèle séquentiel de la traduction

Les rectangles dans l'axe principal du modèle représentent respectivement une *hypothèse de sens*, résultat d'une analyse de l'unité de traduction, et l'énoncé en langue d'arrivée, résultat d'une opération d'énonciation du traducteur. Les losanges représentent des tests, avec des décisions : en cas de résultat satisfaisant, le traducteur passe à l'étape suivante, et en cas de résultat insatisfaisant, il reprend l'opération précédente, à savoir l'élaboration d'une nouvelle hypothèse de sens, ou la production d'un nouvel énoncé en langue d'arrivée. Quant aux deux rectangles extérieurs à l'axe principal, ils symbolisent l'un, à gauche, les connaissances du traducteur, qui sont en partie préexistantes à la traduction et en partie acquises au fil de la traduction, et l'autre, à droite, les opérations d'acquisition d'informations *ad hoc*.

Concrètement, selon ce modèle, le traducteur commence par la lecture d'une unité de traduction et l'élaboration d'une hypothèse sur le sens que véhicule cette unité. S'il ne dispose pas de connaissances suffisantes pour élaborer une telle hypothèse, il fait une recherche d'informations *ad hoc* dans des sources textuelles ou auprès d'informateurs humains. Une fois une hypothèse de sens élaborée, il en vérifie la plausibilité par rapport à ses connaissances. Si le résultat du test de plausibilité est insatisfaisant, il recherche une deuxième hypothèse de sens pour la même unité et la vérifie, et ainsi de suite. Une fois qu'il a trouvé une hypothèse de sens plausible, il peut passer à la phase de reformulation. Celle-ci démarre par la rédaction d'un premier énoncé en langue d'arrivée correspondant à l'unité de traduction. Si ses connaissances linguistiques ou extralinguistiques sont insuffisantes pour le lui permettre, il fait une recherche d'informations *ad hoc*. Une fois l'énoncé rédigé, il en vérifie l'acceptabilité linguistique ainsi que la fidélité. Si les résultats de l'un ou des deux tests sont insatisfaisants, il rédige un nouvel énoncé en langue d'arrivée, en vérifie l'acceptabilité et la fidélité, et ainsi de suite. Une fois qu'il a un énoncé acceptable et fidèle, il passe à l'unité de traduction suivante.

Périodiquement, il vérifie également l'acceptabilité et la fidélité d'agrégats de plusieurs unités de traduction, pour s'assurer que l'acceptabilité de chacune est maintenue au niveau du texte dans son ensemble et qu'il n'a rien omis.

Ce modèle pédagogique est expliqué et illustré en détail ci-dessous.

2. La compréhension du texte original

En traduction, pour prendre les bonnes décisions en matière de reformulation, un minimum de compréhension du texte de départ est indispensable. En fait, comme il apparaîtra rapidement à travers les exemples présentés dans ce livre, ce minimum de compréhension peut aller assez loin ; il arrive aussi que le traducteur puisse se contenter d'une compréhension superficielle du texte qu'il traduit, par exemple dans la traduction d'une nomenclature. Or, l'expérience, notamment avec des étudiants en interprétation, montre qu'une compréhension suffisante du texte de départ ne va pas nécessairement de soi. Comme le note Robinson (1997 *a* : 164), comprendre ce que dit ou écrit une autre personne est bien plus compliqué que ce qu'on a tendance à croire. Les principaux problèmes de compréhension apparaissant dans la traduction peuvent être analysés selon l'articulation suivante :

2.1. Facteurs de difficulté dans la compréhension en traduction

2.1.1. Des connaissances extralinguistiques insuffisantes

Comme il est expliqué plus loin, la compréhension d'un texte nécessite certaines connaissances qui permettent de compléter et d'interpréter les informations que donne l'énoncé. En leur absence, la compréhension est lacunaire ou incertaine. Or l'auteur d'un texte y met les informations qu'il estime nécessaires en fonction des connaissances de ses destinataires et non pas de celles du traducteur, qui se retrouve donc en déficit informationnel. Les techniques d'acquisition de connaissances (voir chap. V) permettent d'améliorer quelque peu sa situation, mais ne résolvent pas tous les problèmes.

2.1.2. Une maîtrise insuffisante de la langue de départ

Il semble raisonnable de considérer qu'une excellente connaissance de la langue de départ est un préalable à la traduction professionnelle, principe qui est souvent mentionné dans la littérature. Ce postulat général mérite d'être examiné de plus près.

Premièrement, une « langue » (supra-)nationale est constituée d'une multitude de sociolectes, partiellement géographiques (variantes nationales ou régionales), partiellement déterminés par la classe d'âge des énonciateurs, partiellement propres à une activité professionnelle, voire à une entreprise donnée ; il est fait référence ici non pas à des langues de spécialité techniques, mais à des variantes lexicales, syntaxiques et stylistiques dans l'emploi du langage courant. Le traducteur est souvent confronté dans des textes de départ à des sociolectes qu'il ne maîtrise pas parfaitement, même si sa maîtrise de la langue standard ou de l'une de ses variantes est excellente. Les titres de la presse quotidienne anglo-saxonne fournissent de nombreux exemples que reconnaîtront sans peine les lecteurs anglicistes : ils peuvent être très à l'aise dans des registres techniques et littéraires et avoir néanmoins du mal à comprendre certaines manchettes des quotidiens britanniques ou américains.

Deuxièmement, les langues sont en évolution constante, et un traducteur qui ne vit pas dans un pays où est parlée l'une de ses langues passives et qui ne traduit pas régulièrement des textes nombreux et variés à partir de cette langue peut se retrouver distancé dans certains domaines après quelques années.

Enfin, bien que le traducteur soit supposé comprendre parfaitement ses langues passives, l'expérience montre qu'il lui reste parfois des lacunes. C'est d'ailleurs l'une des argumentations mises en avant dans la communauté traductologique depuis quelques années pour contester le principe de la priorité absolue donnée généralement à la traduction vers la langue maternelle. On fait observer en effet que la compréhension imparfaite de la langue dans laquelle est écrit le texte original peut elle aussi être à l'origine de faiblesses dans la traduction au même titre que la maîtrise imparfaite de la langue d'arrivée (cette question de la *directionnalité* en traduction est reprise plus loin et au chapitre VI).

Une maîtrise imparfaite de la langue de départ ou du sociolecte concerné peut donc être à l'origine de difficultés de compréhension, même chez le traducteur aguerri.

2.1.3. La mauvaise qualité du texte de départ

Une autre source d'incompréhension du texte de départ peut être la mauvaise qualité de celui-ci : style maladroit, mauvais usage terminologique, fautes de grammaire ou d'usage lexical, logique difficile à comprendre. On trouve dans la littérature plusieurs références à ce problème. Pour Hans Hönig (1988), les textes vivants sont toujours défectueux. Peter Schmitt (1999) consacre un article dans un manuel de traduction (Snell-Hornby *et al.*, 1999) à une catégorisation des défauts les plus fréquents dans les textes de départ. Pour Datta (1991 : 17), la qualité du texte de départ est parfois si mauvaise que le traducteur voudra être exonéré à l'avance de tout reproche pour une éventuelle erreur de traduction (voir aussi, à propos de la mauvaise qualité des textes de départ, Lavault, 1998 *b*, Dahout et Quéniart, 2000, ainsi qu'une intervention de E. Manset dans SFT, 2002, et plusieurs exemples dans Froeliger, 2004). L'exemple biographique 3.1 du chapitre précédent sur une personnalité islamique est un cas extrême, mais illustre une réalité qui surprend bien des étudiants : nombreux parmi eux pensent *a priori* qu'un texte publié est par définition d'une bonne qualité rédactionnelle.

La mauvaise qualité linguistique du texte de départ peut être due à plusieurs facteurs : Premièrement, l'énonciateur peut être mauvais rédacteur en raison d'une insuffisante maîtrise de sa langue maternelle comme outil d'expression, par manque de discipline, par manque d'esprit logique. Deuxièmement, l'énoncé peut avoir été rédigé dans de mauvaises conditions, par exemple dans des délais très brefs imposés par des circonstances particulières, ou dans un environnement bruyant ou difficile. Troisièmement, de nombreuses publications scientifiques et d'autres textes liés à des activités internationales sont écrits par des locuteurs non natifs. De ce fait, les fautes de langue et maladresses d'expressions peuvent y être nombreuses, comme l'illustre bien l'exemple biographique du chapitre précédent. Un autre exemple est donné ci-dessous :

Exemple 4.1 : La résistance primaire de *myobacterium tuberculosis* aux médicaments antituberculeux

Les extraits suivants d'un résumé de la session posters d'un livre d'abstracts médicaux, rédigé par des auteurs ukrainiens en français, illustrent le type de problèmes évoqués plus haut. Cet exemple est repris pour analyse plus loin.

« Les difficultés économiques ont conduit à la tardive découverte des malades tuberculeux... Par suite du traitement complex il en résulte : bactériodégagement et fermeture des cavernes chez 28 p. (58,4 %), 13 p. (27,0 %) a cassé le bactériodegagement mais les cavernes n'étaient pas fermées, 7 p. (14,6 %) – continue le bactério-dégagement et les cavernes ne sont pas fermées. »

Quatrièmement, des erreurs peuvent se glisser dans le texte du fait de l'éditeur ou de l'imprimeur, surtout quand il est écrit dans une langue qui n'est pas la leur (pour des raisons économiques ou pratiques, des éditeurs et imprimeurs dans certains pays peuvent être amenés à imprimer et publier des textes en langues étrangères, notamment des articles scientifiques et des modes d'emploi destinés à l'exportation).

D'autres exemples de textes de départ présentant des défauts qui rendent difficile la compréhension de certains passages sont présentés plus loin.

2.1.4. *Les fluctuations d'attention chez le traducteur*

Comme n'importe quel lecteur, le traducteur connaît des moments de baisse de concentration quand il lit le texte original. Quand ils surviennent, il risque de mal comprendre le passage qu'il parcourt. Le risque lié à ces baisses d'attention interagit probablement avec d'autres facteurs tels que la mauvaise qualité linguistique du texte en question, sa technicité, de mauvaises conditions de travail et un manque de conscience professionnelle de la part du traducteur.

2.1.5. *Mauvaises conditions de travail et manque de conscience professionnelle*

Il arrive que le traducteur doive travailler dans de mauvaises conditions, par exemple avec un texte de départ manuscrit et difficile à déchiffrer, ou mal photocopié, ou sous un éclairage insuffisant, ou dans un environnement bruyant qui perturbe sa concentration. Il arrive aussi qu'il ne vérifie pas sa lecture avec un soin suffisant.

2.2. Connaissances et analyse dans la compréhension

Ces facteurs de difficulté sont fréquents et sérieux, comme en témoignent de nombreuses erreurs de compréhension dans les traductions préparées par les étudiants, y compris ceux qui ont été sélectionnés à l'admission dans de bonnes écoles de traduction. Il apparaît donc souhaitable de chercher à réduire leur impact. En toile de fond, il peut être utile de rappeler la nature et les interactions des composantes de la compréhension du discours, à savoir les connaissances et l'analyse qui les complète.

2.2.1. *La connaissance passive de la langue de départ*

Une connaissance minimum de la langue de départ, c'est-à-dire d'un certain lexique, de certaines règles syntaxiques, de certaines formes sonores (à l'oral) et visuelles (à l'écrit) est presque toujours indispensable à l'interprétation des signes linguistiques (parmi les rares exceptions, on citera les cris de douleur ou de surprise).

En ce qui concerne la nature des connaissances requises, on soulignera qu'elles ne sont pas identiques pour la compréhension et pour l'énonciation. Dans le premier cas, il s'agit de *reconnaître* des signes et leur signification ; dans le second, d'*évoquer* ces signes. La distinction entre reconnaissance et rappel est bien connue et documentée en psychologie cognitive. Cette différence entre la maîtrise passive des langues de départ et la maîtrise active des langues d'arrivée, ainsi que ses corollaires sur le plan du perfectionnement linguistique du traducteur et de l'évolution du statut de ses langues de travail, sont analysés plus en détail au chapitre VI.

En ce qui concerne le degré de connaissance requis, on soulignera sa variabilité selon plusieurs paramètres, dont le degré de difficulté linguistique du texte (surtout syntaxique et lexical), la familiarité du lecteur (ou auditeur) avec la situation d'énonciation et ses différents paramètres, et sa connaissance du sujet (voir plus loin).

2.2.2. *Les connaissances extralinguistiques*

La connaissance des signes de la langue est indispensable pour comprendre un énoncé, mais elle n'est pas suffisante, car il n'est pas possible de les interpréter si on ne sait pas quelque chose de la réalité extralinguistique qu'ils désignent. Même les énoncés les plus simples tels que les cris de surprise et de douleur mentionnés plus haut ne peuvent être interprétés correctement que si l'on connaît déjà des situations de surprise et de douleur dans la vie. *A fortiori*, un énoncé qui fait référence à des objets, des actions, des personnes, des animaux ou des plantes ne peut être interprété que si son récepteur (lecteur ou auditeur) en sait assez sur les objets, les actions, les personnes, les animaux ou les plantes concernés pour faire le rapprochement entre les signes perçus et le monde qu'il connaît, quitte à extrapoler vers des entités qu'il ne connaît pas. Il est d'ailleurs difficile d'imaginer des connaissances linguistiques complètement détachées des connaissances extralinguistiques : en principe, les signes linguistiques et leurs combinaisons nomment des entités extralinguistiques (à quelques exceptions près, et en particulier celle du métalangage de la linguistique), et la connaissance des rapports entre ces signes et ce qu'ils désignent fait essentiellement partie des connaissances linguistiques. Nonobstant cette contradiction au niveau de l'analyse abstraite, au niveau concret de l'enseignement et de la pratique de la traduction, la distinction est utile et sera maintenue ici.

2.2.3 La complémentarité entre les informations linguistiques et les informations extralinguistiques

S'il est difficile de dissocier de manière très nette les connaissances linguistiques des connaissances extralinguistiques, il est clair que la compréhension de l'énoncé se fonde sur l'interaction entre ces dernières et l'interprétation par le récepteur des informations données explicitement par voie linguistique. Plus spécifiquement, on peut dire que plus le récepteur connaît le sujet et la situation dans laquelle s'inscrit l'énonciation, moins il a besoin de connaissances linguistiques, voire d'informations explicitées, linguistiquement ou non, pour interpréter l'énoncé. De ce fait, à mesure que les connaissances extralinguistiques du récepteur augmentent, pour lui, une partie de plus en plus grande de l'information explicitée linguistiquement devient redondante, en ce sens qu'elle ne lui apporte pas d'informations nouvelles.

Par exemple, à la clôture de la journée du deuxième tour des élections présidentielles en France, le 5 mai 2002, l'énoncé « Chirac 82,1 %, Le Pen 17,9 % » apparu à l'écran des télévisions a vraisemblablement été compris par tous comme indiquant les résultats de ce vote précis. Le même énoncé lu par un Francophone dans quelques dizaines d'années pourrait rester ambigu pour peu que le lecteur en question ne connaisse pas bien l'histoire politique de la France. Pour un tel lecteur, il faudrait préciser : « Au deuxième tour des élections présidentielles aux fonctions de Président de la République française le 5 mai 2002, le candidat Chirac avait obtenu 82,1 % des voix et le candidat Le Pen 17,9 %. » Autour du 5 mai, ces élections avaient captivé l'opinion française et mondiale, à tel point que l'on peut imaginer que la plupart des touristes étrangers présents en France à ce moment-là étaient au courant de la situation ; ils auraient probablement pu eux aussi interpréter des gros titres tels que « Présidentielles : Chirac 82,1 %, Le Pen 17,9 % » dans les quotidiens du 6 mai 2002 même s'ils ne maîtrisaient pas le français.

Quand une situation est bien comprise par un récepteur, il peut interpréter un énoncé même dans une langue dont il n'a que des connaissances linguistiques faibles ou médiocres. Ainsi, l'automobiliste français qui, à l'entrée d'un tunnel long sur une autoroute catalane, voit le panneau *obligacio llums,* fera facilement le rapprochement avec les panneaux autoroutiers français correspondants lui enjoignant d'allumer ses feux avant d'entrer dans un tunnel.

On notera qu'une information redondante n'est pas nécessairement une information inutile, car la redondance permet d'augmenter la probabilité de sa réception en cas de perturbation dans les processus d'émission et de réception. C'est le cas dans les télécommunications, où des phénomènes électriques, magnétiques et autres peuvent perturber le signal envoyé (d'où des redondances délibérées, introduites par les ingénieurs), mais aussi dans la communication humaine : le signal sonore et visuel (respectivement oral et écrit) peut être physiquement perturbé, et des baisses d'attention de la part du récepteur peuvent l'empêcher de capter une information qui ne « passe » qu'une fois (davantage à l'oral qu'à l'écrit, car un lecteur qui se rend compte d'une perte peut généralement relire le passage concerné et retrouver l'information perdue).

Comme il est expliqué plus haut, dans la traduction, l'énonciateur s'adresse à ses destinataires et introduit dans son énoncé les informations qu'il considère (consciemment ou non) nécessaires à son interprétation, en prenant en compte leurs connaissances extralinguistiques telles qu'il les connaît ou les imagine sans penser au traducteur. Du fait du déficit en connaissances de ce dernier, certaines informations secondaires qui sont redondantes pour le destinataire du texte étant donné ses connaissances ne le sont pas pour lui, et constituent au contraire des indices importants qu'il peut utiliser pour mieux comprendre. Ainsi, une mention explicite des titres universitaires de personnes nommées dans un texte original en anglais n'apporte pas nécessairement une information nouvelle aux lecteurs qui les connaissent ; en revanche, elle peut permettre au traducteur qui ne les connaît pas de lever d'éventuelles ambiguïtés, par exemple quand le texte parle d'universitaires et de fonctionnaires sans indiquer clairement qui parmi les personnes nommées appartient à chacun des deux groupes.

2.2.4. *L'analyse*

Du fait de sa situation d'élément extérieur à la communication entre l'auteur et le destinataire et du déficit informationnel qui en découle presque inévitablement, le traducteur doit compléter ses connaissances pour avoir une compréhension suffisante de l'énoncé. Il en résulte pour lui la nécessité d'acquérir systématiquement des connaissances *ad hoc,* comme il est expliqué plus loin, puis au chapitre V. Cependant, au-delà des messages les plus élémentaires exprimant des émotions primaires, les connaissances linguistiques et extralinguistiques ne conduisent à la compréhension que par le biais d'une *analyse.* Comme l'ont montré les psycholinguistes, cette analyse est omniprésente dans la compréhension du discours, car les signes graphiques, et surtout les sons, doivent être identifiés comme unités linguistiques, qui sont à leur tour interprétées en tant que vecteurs d'un sens précis. Dans la vie quotidienne, cette analyse est en grande partie subconsciente. Le traducteur y ajoute pour compenser son déficit informationnel chronique une analyse consciente, délibérée et systématique, afin d'exploiter au mieux les informations dont il dispose au départ ainsi que les informations que lui fournit le texte de départ et les informations qu'il va rechercher à l'extérieur.

Pour illustrer la manière dont peut fonctionner cette analyse dans la traduction de textes spécialisés, on peut prendre la deuxième phrase de l'exemple 4.1 présenté plus haut sur la résistance aux médicaments antituberculeux :

« Par suite du traitement complex il en résulte : bactériodegagement et fermeture des cavernes chez 28 p. (58,4 %), 13 p. (27,0 %) a cassé le bactériodégagement mais les cavernes n'étaient pas fermées, 7 p. (14,6 %) – continue le bactériodégagement et les cavernes ne sont pas fermées. »

En dépit de la mauvaise qualité du français, grâce au contexte (l'abstract évoque le traitement de tuberculeux ayant développé une résistance à des médicaments) et à l'analyse, on peut comprendre que « traitement complex » désigne une multithérapie, et que les résultats du traitement sont présentés par ordre d'efficacité en fonction de deux indices cliniques, l'un étant la présence ou l'absence du bacille chez le malade (« bactériodégagement »), et l'autre la guérison ou la persistance de lésions pulmonaires (les cavernes). C'est la connaissance de cette convention de « logique » de présentation dans un sens donné (du plus simple au plus complexe, du plus général au plus spécifique, du plus faible au plus fort, etc.) qui permet d'interpréter la phrase : chez 28 patients (c'est ce qu'indique « p. » en toute probabilité), le bacille a disparu et les cavernes ont guéri, chez 13 patients, il n'y a plus de bacille mais les cavernes subsistent, et chez 7 patients, le bacille n'a pas disparu et les cavernes subsistent. Notons que la phrase ne dit pas explicitement que chez les 28 premiers patients, le « bactériodégagement » *a cessé,* mais c'est la seule interprétation possible de l'énoncé (le contraire de ce qu'il semble dire) si l'on admet que les résultats sont présentés du meilleur au pire. De même, on peut supposer que « a cassé » résulte d'une erreur typographique, et que la forme recherchée était « a cessé ».

Le rôle de l'analyse pour la traduction est souvent souligné dans la littérature, explicitement ou implicitement. Comme le dit Robinson (1997 *a* : 246), partout où l'on enseigne la traduction, on enseigne l'importance de l'analyse.

2.3. La prévention des erreurs de compréhension dans la traduction

Pour les raisons évoquées plus haut, la compréhension d'un énoncé par son lecteur est souvent incomplète ou erronée. La fréquence de ces erreurs est difficile à évaluer. Il est vrai que des malentendus sont fréquemment observés dans la vie quotidienne, mais il est difficile de faire la part de ceux qui résultent de résistances inconscientes d'ordre affectif ou idéologique au message ou à la personnalité de l'énonciateur et de ceux qui résultent d'une insuffisance des mécanismes cognitifs en tant que tels (si tant est que l'on puisse séparer les deux de manière catégorique). On voit aussi dans la vie quotidienne que des informations données par voie orale ou écrite, que ce soit à travers les journaux, des affichages et circulaires administratives, des conseils, avis, instructions ou ordres formulés en entreprise ou ailleurs sont souvent « perdues », sans que l'on sache si elles ont été captées puis oubliées ou mal comprises d'emblée. C'est dans le milieu scolaire que l'étendue de cette perte entre l'émetteur (l'enseignant) et le destinataire (l'apprenant) est la plus visible, et ce à travers les résultats des examens, partie intégrante du système d'enseignement. Dans les programmes de formation de traducteurs, la mauvaise compréhension des énoncés de départ se retrouve très régulièrement dans les exercices de traduction rendus par les étudiants. La démarche présentée ci-dessous vise à valoriser au mieux les connaissances du traducteur dans une démarche d'analyse pour prévenir autant que possible les erreurs de compréhension.

2.3.1. Les connaissances

Le traducteur dispose, au moment où il aborde le texte à traduire, de connaissances linguistiques et extralinguistiques qui forment sa *base de connaissances* initiale. À mesure qu'il lit, cette base de connaissances s'enrichit, de connaissances extralinguistiques apportées par l'énoncé de départ, mais aussi de connaissances linguistiques, généralement au niveau de la phraséologie et de la terminologie spécifique au domaine et au groupe auquel appartient l'énonciateur. On notera que la base de connaissances initiale du traducteur est très vaste, puisqu'elle englobe la totalité de ses connaissances acquises et non oubliées depuis son enfance et jusqu'au moment où il aborde le texte à traduire. Toutefois, seule une infime partie de ces connaissances va être mobilisée pour comprendre le texte à traduire, les autres n'étant pas pertinentes. D'un autre côté, la quantité d'informations acquises par la lecture d'un texte donné est infime par rapport à ces connaissances préexistantes, mais ces nouvelles informations sont toutes pertinentes par rapport à l'opération de traduction en cours, et leur importance est fonction non pas de leur volume dans l'absolu, mais de leur volume par rapport aux besoins.

Parfois, les connaissances préexistantes et acquises au cours de la lecture de l'énoncé ne suffisent pas à en assurer la compréhension et à dégager ne serait-ce qu'une hypothèse sur son sens, parce que le texte est mal rédigé, ou rédigé pour des destinataires dont les connaissances sont très supérieures à celles du traducteur. Dans ces conditions, celui-ci ira chercher les informations nécessaires, terminologiques, conceptuelles ou autres dans des sources extérieures au texte, textuelles (livres de référence, glossaires, sites Web, base de données, etc.) ou humaines. L'acquisition de ces connaissances est une partie intégrante du processus de traduction, qui intervient également dans la phase de production du texte d'arrivée et qui est traitée à part au chapitre V.

2.3.2. *Le test de plausibilité*

Un principe opérationnel qui semble avoir une certaine efficacité dans le cadre de la formation à la traduction est celui du test de plausibilité systématique. Il s'agit de considérer que le sens qui se dégage à la première lecture d'un énoncé n'est qu'une *hypothèse de sens*, et de la vérifier systématiquement en se posant deux questions :

1 / Ce qu'on pense avoir compris est-il logiquement cohérent par rapport au reste du texte ? Y a-t-il par exemple une contradiction entre une opinion exprimée dans une partie du texte et une opinion exprimée dans une autre partie du texte, ou entre deux faits décrits dans le même texte ?

2 / Ce qu'on pense avoir compris est-il compatible avec ce qu'on sait par ailleurs ? L'énoncé dit-il quelque chose dont le traducteur sait ou soupçonne fortement qu'il est faux ?

Si la réponse à l'une des deux questions laisse subsister un doute, le traducteur relira la ou les partie(s) problématique(s) du texte en vérifiant que celui-ci dit bien ce qu'il semble dire. Même au cas où vérification faite, *les mots* disent bien ce que le traducteur avait compris la première fois, il adoptera provisoirement l'hypothèse selon laquelle le problème se situe dans une mauvaise rédaction qui ne reflète pas de manière adéquate la pensée de l'auteur et cherchera une autre interprétation de l'énoncé, quitte à s'éloigner sensiblement de sa structure linguistique. Le principe sous-jacent, illustré plus haut par l'exemple du traitement antituberculeux, est ce que j'ai appelé ailleurs (Gile, 1995 *a*) *the-author-is-no-fool principle* : même si une formulation est maladroite ou semble absurde, *a priori,* le message de l'auteur n'est pas déraisonnable, et il appartient au traducteur de déployer toutes ses ressources pour l'appréhender correctement en dépit des difficultés avant de conclure qu'il y a effectivement un problème de fond. Quand la vérification d'une hypothèse de sens donne un résultat satisfaisant, le traducteur peut passer à l'étape de la reformulation du sens retenu.

Exemple 4.2 : Prévisions de la Banque mondiale

Wearing its optimist's hat, the World Bank says it expects the world economy to grow by an average of 3.3 percent between this year and 2004 while inflation stays low and world trade expands strongly. Developing countries will grow fastest, averaging 4.9 percent a year, with East Asia leading the pack at 7.7 percent a year. Even the mature industrial economies will manage average growth of 2.8 percent a year, the bank forecasts. Most people should be better off going into the new century (Paul Maidment, *Reasons to be cheerful,* dans *Newsweek,* 1er mai 1995).

Dans cet exemple, transcodée plus ou moins littéralement en français, la première phrase pourrait se lire comme suit :

« Sous sa casquette d'optimiste, la Banque mondiale dit qu'elle s'attend à ce que l'économie mondiale connaisse une croissance moyenne de 3,3 % entre cette année et l'année 2004, alors que l'inflation restera faible et le commerce mondial se développera fortement. »

Interrogés sur son sens, des étudiants en LEA, tant en 4e année qu'en 2e année, ont répondu en majorité qu'elle indiquait une croissance totale de l'économie mondiale de 3,3 % entre 1995 et 2004, la moyenne mentionnée dans l'original étant calculée par rapport aux pays étudiés. Sur le plan linguistique, cette interprétation de la phrase est possible, mais l'analyse de plausibilité conduit à la rejeter.

En effet, une croissance totale de 3,3 % sur dix ans correspond à une croissance de 0,3 % par an, qui n'est pas compatible avec l'« optimisme » dont il est question. Par ailleurs, le reste du paragraphe fournit lui aussi des indications, car il parle d'une moyenne de 2,8 % par an pour les pays industrialisés, qui sont déjà arrivés à maturité et ne devraient plus compter sur une croissance rapide. Même les étudiants qui n'avaient pas de l'économie une connaissance suffisante pour se rendre compte qu'une croissance de 0,3 % par an ne saurait correspondre à des prévisions optimistes auraient donc pu, en analysant la logique interne du texte, interpréter la phrase correctement. Une fois le sens voulu par l'auteur compris, pour éviter toute ambiguïté, il suffit de préciser dans la traduction « croissance moyenne de 3,3 % *par an* ».

Exemple 4.3 : Gouvernements et parlements

Dans un article sur la drépanocytose publié dans *Scientific American,* en juin 1994, on trouve le passage suivant sur la réaction des autorités américaines au lancement d'un examen de dépistage. L'auteur y explique qu'après un accueil initialement favorable, les choses se sont gâtées. Dans l'ignorance générale de ce que signifiait réellement cet examen, de nombreux porteurs sains du trait se sont crus malades. Cette ignorance ne se limitait pas au grand public. Les pouvoirs publics étaient eux aussi touchés. Dans l'État du Massachusetts, par exemple, une loi a été votée pour que soit rendu obligatoire le dépistage des « maladies » anémie drépanocytaire et trait drépanocytaire chez les enfants à risque avant leur scolarisation :

But soon things turned ugly. Because people were rarely educated about the meaning of the test, many perfectly healthy carriers of the trait were led to believe they were sick. This ignorance extended to some state governments as well. The Massachusetts legislature, for instance, passed a law requiring that all children at risk for « the diseases » sickle-cell anemia and sickle cell trait be screened before enrollment in school.

Le problème se pose dans l'ambiguïté du terme *governments* dans *state governments.* Tous les étudiants de 4e année à qui ce texte a été proposé en version l'ont rendu par « gouvernements », désignant ainsi l'exécutif. Or, la phrase suivante, qui présente un exemple pour illustrer l'ignorance des *state governments*, parle de la *legislature* du Massachusetts, qui a voté une loi. Il apparaît donc clairement que *governments* ne désigne pas ici l'exécutif, mais bien le législatif, en l'occurrence les parlements des États américains. En rendant *governments* par « pouvoirs publics », on peut éviter le problème.

Exemple 4.4 : Ministres

Dans le même article, l'auteur évoque la popularité initiale d'un test mis au point pour dépister la drépanocytose :

At first, the screening enjoyed popular support. Some ministers conducted tests on their congregations ; some members of the Black Panthers were offering the tests door-to-door in black communities.

(« Au début, le test de dépistage fut bien accueilli. Certains *ministers* pratiquaient des dépistages sur les membres de leurs congrégations, et certains membres des Panthères noires allaient de porte en porte proposer le test parmi les membres des communautés noires. »)

Le problème ici s'est posé pour le mot *ministers*, que de nombreux étudiants ont traduit par « ministres ». Là aussi, une simple analyse montre qu'il est peu plausible que des ministres aillent pratiquer des tests de dépistage eux-mêmes, sans parler de la présence de *congregations* dans la phrase, qui aide, si besoin était, à lever l'ambiguïté et à comprendre que les *ministers* en question étaient en réalité des pasteurs.

Exemple 4.5 : Désindividuation

Dans un livre de sociologie, on se réfère à des études sur le comportement de l'individu en groupe et à la désindividuation :

One of the social processes that leads to a lowered threshold for normally restrained behavior is called deindividuation, a term introduced by Festinger, Pepitone, and Newcomb (1952) and elaborated by Zimbardo (1970).

(Littéralement : « L'un des processus sociaux qui conduisent à une baisse du seuil préservant un comportement maîtrisé normal est appelé désindividuation, terme introduit par Festinger, Pepitone et Newcomb (1952), et développé par Zimbardo (1970). »)

Dans ce contexte, peut-on « développer » un terme ? En réalité, c'est le concept qui a été développé par Zimbardo, et c'est de « concept » qu'il faut parler dans la traduction, pour éviter un moment de flottement chez le lecteur et une perte de crédibilité potentielle pour l'auteur.

L'efficacité du test de plausibilité pour prévenir des erreurs de sens dépend fortement des connaissances préexistantes du traducteur. Si celui-ci ne connaît pas le domaine en question, il peut mal interpréter le texte original sans s'en rendre compte, car il ne pourra pas détecter de contradiction entre ce qu'il a compris et la réalité ou entre ce qu'il a compris à un endroit donné et ce que dit l'auteur à un autre endroit du texte.

Nous appellerons « boucle de compréhension » le processus d'extraction d'une première hypothèse de sens à partir de l'énoncé de départ, de vérification de sa plausibilité, d'élaboration d'une deuxième hypothèse de sens au cas où la première s'avère peu plausible, etc.

3. L'optimisation de la reformulation

Une fois que le traducteur dispose d'une hypothèse de sens qu'il considère acceptable, il peut passer à sa reformulation. Si ses connaissances linguistiques et extralinguistiques sont insuffisantes pour produire un énoncé d'arrivée, il procède à une acquisition de connaissances *ad hoc*.

Toutefois, de même que dans la phase de compréhension, le sens initialement compris lors de la lecture de l'unité de traduction est considéré comme une simple hypothèse de sens, dans la phase de production, chaque énoncé produit en langue d'arrivée en reformulation d'une unité de traduction est considéré comme un énoncé provisoire, à vérifier. Cette vérification porte sur deux aspects de l'énoncé :

1 / Son acceptabilité éditoriale en tant qu'énoncé autonome dans la langue d'arrivée. Il s'agit de vérifier sa clarté et sa qualité linguistique (lexicale, syntaxique, stylistique, orthographique).

2 / Sa fidélité informationnelle (et dans la traduction littéraire, sa fidélité stylistique).

Si l'une des deux composantes de cette vérification aboutit à un résultat insatisfaisant, le traducteur tente une nouvelle formulation de l'unité de traduction en question, puis procède à la double vérification de son nouvel énoncé, et ainsi de suite. Le processus se poursuit jusqu'à ce qu'il trouve une formulation satisfaisant ses exigences.

Cette phase de reformulation appelle plusieurs observations :

3.1. Reformulation, recherche d'informations *ad hoc* et spécialisation

Premièrement, comme la phase de compréhension, elle fait intervenir la base de connaissances préexistante, et souvent de manière plus massive. En effet, il ne s'agit plus, comme dans la compréhension, de comprendre le sens d'un énoncé composé avec plus ou moins de bonheur par un auteur autre que le traducteur, mais de choisir soi-même, parmi différentes possibilités, le meilleur énoncé pour réexprimer les mêmes idées. La recherche nécessaire est généralement plus longue que la recherche faite à des fins de compréhension.

Chez le traducteur professionnel, qui maîtrise bien les principes méthodologiques de la traduction et qui prend assez rapidement des décisions relatives à la fidélité informationnelle et des décisions stylistiques, l'acquisition d'informations *ad hoc* à partir de sources extérieures au texte de départ est la composante de la traduction la plus consommatrice de temps, à tel point que l'on entend souvent dire que le traducteur passe l'essentiel de son temps à cette recherche, et une petite partie de son temps à la rédaction de son texte. Une raison importante de la spécialisation des traducteurs techniques et scientifiques se situe dans ce fait. En effet, rien n'empêche en principe un traducteur d'accéder à des sources adéquates et d'acquérir les connaissances nécessaires à la traduction de textes dans un domaine qu'il ne connaît pas, mais si le processus est trop long, sa productivité baissera à tel point qu'elle ne pourra plus lui assurer une subsistance correcte s'il est travailleur indépendant, ou justifier son salaire s'il travaille au sein d'une entreprise.

La règle n'est pas absolue. Pour certains textes, quand on dispose de sources fiables ou quand on travaille en équipe avec un spécialiste, on peut avancer vite et bien même dans des domaines que l'on ne connaît pas. Une formule de travail en équipe avec un médecin pour des traductions médicales est décrite dans Gile, 1986. Dans cette formule, le traducteur envoie le texte original au médecin, qui le lit et note à titre préparatoire des termes et tournures techniques en langue d'arrivée, ce qui permet au traducteur de rédiger rapidement un texte fiable dans le fond et la forme, que le médecin revoit et corrige éventuellement. Le gain de temps réalisé lui permet aussi de rémunérer correctement le médecin tout en augmentant ses propres revenus. Cette formule ou une variante peuvent s'appliquer à tout domaine.

3.2. Reformulation et valeur ajoutée de la traduction

La phase de compréhension de l'énoncé en langue de départ a une fonction préparatoire ; la phase « productive » de la traduction, celle où le traducteur prépare le texte qui sera remis au lecteur-destinataire, est la phase de reformulation. C'est à ce moment-là qu'interviennent les éventuelles pertes, mais aussi et surtout la valeur ajoutée du service. Si le traducteur prend de bonnes décisions et dispose des connaissances et du savoir-faire nécessaires, il peut produire un texte en langue d'arrivée qui non seulement préserve les informations que l'auteur souhaitait faire passer à travers le texte de départ (dans l'option de loyauté professionnelle à l'auteur), mais les transmet de manière plus claire, plus agréable à lire, avec un impact maximisé (voir à ce sujet Hönig, 1995 : 169, et, du côté du client, les paroles de Jean Rodriguez, de la Banque centrale européenne, lors de la Table ronde SFT/La Rochelle, 2002), à tel point qu'un lecteur comprenant les deux langues pourra préférer la traduction à l'original.

Ce type de résultat donne toute sa valeur au service de traduction, et une grande satisfaction au traducteur. À l'évidence, il ne peut toujours être atteint, notamment pour cause de mauvaises conditions de travail, dont les plus fréquentes sont des délais insuffisants et un accès insuffisant à des sources d'information, mais constitue un objectif permanent pour tout traducteur doté d'une conscience et d'une fierté professionnelles.

Exemple 4.6 : La cognition humaine A

Pour illustrer quelques-unes des considérations principales expliquées à propos de la phase de reformulation dans la traduction, voici l'exemple commenté d'un texte qui a été proposé à des étudiants de 4e année de traduction spécialisée au département LEA de l'Université Lyon 2.

Ce texte est un extrait du livre *Cognitive Psychology and its Implications* (Anderson, 1980), un manuel d'initiation à la psychologie cognitive destiné à des étudiants débutants. Cette fonction apparaît clairement dans la préface, où l'auteur s'adresse à eux et leur dit (« Pour beaucoup d'entre vous, le concept même de psychologie cognitive manquera un peu de clarté quand vous commencerez la lecture du livre. J'ai essayé d'expliquer aussi clairement que possible les fondements théoriques et expérimentaux de notre vision actuelle des processus mentaux supérieurs » – page XV, traduction de D. Gile).

L'extrait ci-dessous, tiré de la page 22 du livre, a été présenté aux étudiants comme devant faire partie d'une traduction française de ce manuel destinée à des étudiants de 1re année en psychologie en France.

For most people, seeing and hearing are as effortless as breathing. We take for granted our ability to recognize objects and people, read words, and understand utterances almost instantaneously... It becomes apparent that perceptual information processing is nontrivial when we consider people who cannot successfully process perceptual information. One case described in the literature concerns a soldier who suffered brain damage due to accidental carbon monoxide poisoning. He could recognize objects through their feel, smell or sound, but was unable to discriminate a circle from a square or recognize faces or letters... His system was able to register visual information, but somehow his brain damage resulted in his loss of the ability to combine visual information into perceptual experience.

Traduction de D. Gile :

« Pour la plupart d'entre nous, il est aussi naturel de voir et d'entendre que de respirer. Nous considérons comme allant de soi notre capacité de reconnaître des objets et des personnes, de lire, et de comprendre instantanément ou presque ce qui est dit. En réalité, ce sont des performances qui demandent un énorme effort de traitement de l'information.... On comprend que traiter l'information perçue n'a rien d'évident quand on voit des gens qui en sont incapables. Dans la littérature, on rapporte notamment le cas d'un soldat qui avait subi une lésion du cerveau à la suite d'une intoxication accidentelle au monoxyde de carbone. Il reconnaissait les objets à travers le toucher, l'odorat ou le son, mais n'arrivait pas à distinguer un cercle d'un carré, ni à reconnaître des visages et des lettres... Il pouvait enregistrer des informations visuelles, mais à la suite de sa lésion cérébrale, il n'était plus capable de les synthétiser en une expérience perceptuelle. »

Difficultés et stratégies des étudiants

Une première difficulté intéressante s'est posée à propos de *an enormous amount of information processing.* Pour certains étudiants qui ne connaissaient pas le concept, *enormous* s'appliquait à la quantité d'information traitée. Or le volume du travail de traitement de l'information n'est pas nécessairement proportionnel à la quantité d'information traitée : celle-ci peut être modérée, mais nécessiter un important travail d'analyse, de comparaison, de vérification, etc. La maladresse de la traduction venait ici de l'insuffisance des connaissances préexistantes des étudiants.

Une autre formulation choisie par un étudiant pour *enormous amount of information processing* était « une longue série d'étapes successives de traitement de l'information perceptuelle ». L'étudiant justifie son choix de la manière suivante : « Une “quantité importante de traitement de l'information”, la traduction littérale, ne signifie rien. C'est pourquoi j'ai traduit par “une longue série d'étapes successives”, même si je sais que je perds quelque chose par rapport au texte de départ mais cette expression était aussi très récurrente, notamment dans *Psychologie cognitive*, collection “Grand Amphi”, Bréal, Paris, p. 73, 1998. » La démarche de recherche de l'étudiant était bonne, mais sa solution contenait une contradiction par rapport à ce que dit le texte anglais, puisque l'auteur insiste sur la quasi-instantanéité de la compréhension. En outre, la réaction de cet étudiant est illustrative de ce que font souvent les apprenants, en adoptant des expressions récurrentes dans de bonnes sources sans vérifier que ces expressions correspondent véritablement au sens du texte qu'ils traduisent (voir Gile, 2004). Cet exemple est repris au chapitre V pour illustrer des problèmes terminologiques.

3.3. Reformulation et direction de la traduction

Comme il apparaît rapidement à tout étudiant en traduction, même en l'absence de difficultés liées au manque de connaissances extralinguistiques pertinentes du traducteur, la reformulation n'est pas immédiate, et comme il est montré à titre illustratif dans différents exemples dans ce manuel, elle appelle un délicat dosage d'élégance rédactionnelle et de restitution informationnelle, la préservation totale de l'information véhiculée par l'énoncé de départ n'étant pas toujours compatible avec les règles rédactionnelles en langue d'arrivée. Ce dosage demande une bonne maîtrise stylistique de la langue d'arrivée, à laquelle on ne parvient que rarement dans une langue seconde. C'est la raison pour laquelle les employeurs qui visent des traductions de haut niveau de qualité ainsi que les traducteurs qui se fixent des normes similaires recommandent fortement que l'on ne travaille que vers sa langue maternelle. Cette règle admet des exceptions. La plus fréquente résulte de l'absence de traducteurs ayant la combinaison linguistique souhaitée sur le marché en question. Ainsi, en Chine, au Japon, dans les pays d'Europe de l'Est, la quantité de travail vers l'anglais, mais aussi vers le français et d'autres langues est telle que les traducteurs anglophones, francophones et autres sur place sont vite saturés, et que, économiquement parlant, la seule solution viable est le recours à des traducteurs de langue maternelle chinoise, japonaise, bulgare, tchèque, russe, etc. Les nouvelles technologies pourraient à terme alléger sensiblement ces contraintes en généralisant les traductions transfrontalières, le traducteur résidant dans un pays et le client dans l'autre. Par ailleurs, des traductions peuvent être réalisées en équipe, avec un locuteur natif pour corriger et améliorer un énoncé produit par un traducteur vers une langue non maternelle. Mais le principe de la traduction vers une langue maternelle garde ses avantages de principe – à condition que le traducteur ait une très bonne compréhension de la langue de départ.

En interprétation, notamment simultanée, les puristes occidentaux préconisent la même directionnalité (de la langue étrangère vers la langue maternelle), mais d'autres, notamment les Russes, préconisent la directionnalité opposée. La thèse des Occidentaux qui défendent la traduction exclusive vers la langue maternelle argumente que l'on ne peut pas s'exprimer de manière efficace en langue étrangère, et leurs opposants rétorquent que la compréhension est meilleure à partir de la langue maternelle. Il est clair que sur le fond, ces deux argumentations sont recevables, et que le choix entre elles est quantitatif plus que fondamental. On se bornera à ajouter que dans la pratique, même les Occidentaux travaillent dans les deux sens, ce qui s'explique probablement par le fait que l'importance d'un style sans défaut est moindre à l'oral et dans l'instantanéité de la communication face-à-face qu'à l'écrit (la question de la directionnalité est traitée plus en détail au chapitre VI).

3.4. Reformulation et informatique

Un deuxième commentaire est d'ordre plus technique. Dans la mesure où la production d'un énoncé optimisé nécessite souvent plusieurs circuits complets dans la boucle de reformulation (production d'un énoncé, vérification de l'acceptabilité et de la fidélité, production d'un nouvel énoncé, nouvelles vérifications, et ainsi de suite), le traitement de texte devient un outil quasiment incontournable. En effet, pour des raisons pratiques, ni la traduction dictée ni la traduction manuscrite ne permettent des corrections répetées du même segment de texte. Dans la traduction dictée, même avec les nouveaux appareils numériques il est difficile de réenregistrer un passage correspondant à un petit groupe de mots sans déborder sur des groupes voisins, et dans la traduction manuscrite, l'utilisation de l'espace entre les lignes et de l'effaceur est pénible dès qu'il y a plus d'une correction du même passage. Le traitement de texte, en revanche, permet de corriger à l'écran les seuls segments problématiques aussi souvent qu'on le veut, et donne au traducteur la possibilité d'aller bien plus loin que les autres modes de travail dans la recherche d'une qualité maximale.

Pour aller plus vite, on peut également dicter une première version, la faire transcrire sur ordinateur, puis corriger le texte en utilisant un logiciel de traitement de texte. Il existe aussi des logiciels de dictée relativement performants qui permettent d'obtenir le même résultat plus directement. En tout état de cause, l'apport de l'ordinateur à ce niveau du traitement de texte est inestimable en raison de cette possibilité d'un processus de corrections et d'améliorations itératives, sans même parler des possibilités de recherche d'informations sur Internet (voir chap. V), des correcteurs orthographiques et grammaticaux, et des autres outils d'aide à la traduction qui ont été mis au point ces dernières années (voir Gouadec, 2002, ainsi que le chapitre V).

3.5. Les tests sur agrégats

La séquence de base compréhension-reformulation telle que décrite plus haut et telle que représentée graphiquement dans la figure 4.1 s'applique non pas à un texte entier, mais à des unités de texte successives sur lesquelles le traducteur porte son attention. Il peut s'agir de phrases entières, mais aussi de propositions ou de groupes de mots. Les opérations de compréhension (extraction d'une hypothèse de sens et test de plausibilité) peuvent se faire sur de petits groupes de mots, voire sur des mots isolés (notamment des termes techniques). Les opérations de reformulation (rédaction d'un libellé et vérifications d'acceptabilité et de fidélité) se font sur des unités plus importantes, souvent des phrases complètes. Le modèle serait donc plus précis si on parlait séparément d'unités de compréhension et d'unités de reformulation. Par commodité, compte tenu de sa nature et de sa fonction didactique, nous simplifions le schéma en parlant d'« unités de traduction », comme si les mêmes unités faisaient d'abord l'objet d'opérations de compréhension, puis d'opérations de reformulation.

Le processus est récursif, avec traitement d'unités successives de petite taille. Cependant, si elle n'est menée que sur ces petites unités, la procédure ne suffit pas à assurer l'optimisation de l'énoncé :

Sur le plan stylistique, un énoncé acceptable au niveau du mot, du groupe de mots ou de la phrase n'est pas nécessairement acceptable au niveau du texte : il peut par exemple introduire des répétitions lexicales, une rupture dans les temps des verbes, ou une autre discontinuité stylistique, de même qu'il peut introduire une dérive terminologique, quand il n'existe pas un usage terminologique dominant pour un concept donné et que le traducteur hésite entre plusieurs possibilités. Il en résulte l'obligation de vérifier l'acceptabilité non seulement à l'intérieur d'une unité de traduction, mais aussi au niveau de l'agrégat, c'est-à-dire du paragraphe, de la page, voire du texte dans son ensemble. C'est d'ailleurs une difficulté que rencontrent souvent les étudiants : après avoir composé des phrases individuellement fidèles et acceptables en langue d'arrivée qui correspondent aux phrases du texte de départ, ils se rendent compte que mises bout à bout, elles forment un texte trop maladroit et doivent être retravaillées.

Sur le plan de la fidélité, la vérification sur agrégats se justifie pour d'autres raisons. Il arrive en effet que l'esprit concentré sur une unité de traduction particulière, on perde de vue la continuité du texte de départ, et qu'on en omette involontairement une phrase ou un paragraphe sans qu'on ait l'impression d'une anomalie quelconque dans le texte d'arrivée. Il arrive aussi qu'ayant vérifié l'acceptabilité de celui-ci sur agrégat, on la trouve insuffisante, qu'on procède donc à une amélioration linguistique, et qu'au cours de cette opération, on s'éloigne trop du texte de départ. Enfin, certaines décisions prises (ou différées pour cause d'incertitude excessive) sur des hypothèses de sens individuelles peuvent être remises en question (ou trouver une solution) grâce au contexte lorsque le traducteur a avancé un peu dans son texte, d'où l'intérêt d'une vérification sur agrégat permettant de se rendre compte d'un éventuel problème et de redresser la barre.

Exemple 4.7 : La cognition humaine B

À titre d'exemple de l'intérêt de cette vérification sur agrégat, on peut évoquer un autre passage sur la cognition humaine tiré du même livre de Anderson (1980) qui débute comme suit :

How does one go about studying human cognitive functioning ? An obvious but naive answer is that one studies the physiological mechanisms that underlie the behavior.

Un étudiant a traduit ces deux phrases par :

« Comment s'y prend-on pour étudier les processus cognitifs ? Réponse évidente mais naïve : il s'agit de l'étude des mécanismes physiologiques qui sont à la base du comportement. »

Cet étudiant ne s'est pas interrogé sur la raison de la réserve (« évidente, mais naïve »). Il s'est fondé sur l'indicatif de *one studies* pour considérer que l'on procédait effectivement ainsi pour étudier la cognition humaine. Pourtant, au-delà de cette réserve émise dans la deuxième phrase, la suite du texte donne de bonnes raisons de considérer que l'étude des mécanismes physiologiques sous-jacents n'est pas la démarche employée en réalité par les psychologues cogniticiens. L'auteur explique en effet que l'inspection du cerveau pose des problèmes techniques difficiles à résoudre, et que même si des solutions y étaient trouvées, une éventuelle liste précisant le rôle de chaque neurone dans les opérations cognitives formerait une masse d'informations ingérable. Si l'étudiant avait étudié soigneusement sa version d'arrivée au niveau de l'agrégat, il se serait probablement rendu compte de l'incompatibilité de l'hypothèse de sens retenue pour le début du paragraphe avec la suite.

4. Principes méthodologiques sous-jacents

Comme tout modèle, le modèle séquentiel est une schématisation de la réalité, et n'a pas vocation à en être un fidèle reflet. Par exemple, dans la réalité, le traducteur ne cherche pas nécessairement à résoudre complètement un problème de compréhension ou de reformulation sur une unité de traduction avant de passer à l'unité de traduction suivante ; il peut choisir de coucher sur le papier une solution provisoire et y revenir une fois que le contexte et d'autres recherches lui auront fourni d'autres indices. De même, il arrive, notamment pour des phrases à structure complexe, que le traducteur commence par produire un énoncé provisoire en langue d'arrivée, et qu'il analyse celui-ci pour en évaluer la plausibilité par la suite. D'ailleurs, la linéarité même des processus ne correspond pas nécessairement à la réalité, car il arrive que l'analyse de plausibilité et les tests de fidélité et d'acceptabilité d'un énoncé en langue d'arrivée se fassent plus ou moins en même temps, dans un traitement parallèle plutôt que séquentiel.

Toutefois, le modèle présenté ici intègre un certain nombre d'étapes et d'éléments réels et essentiels dans la traduction, et la linéarité postulée schématiquement est utile pour mettre en exergue quatre principes importants pour les débutants :

1 / Le principe de la séparation entre la compréhension et la reformulation, la première étant composée de la production d'hypothèses de sens et de l'analyse de leur plausibilité, et la seconde de la production d'énoncés en langue d'arrivée et de la vérification de leur acceptabilité linguistique et de leur fidélité. Cette séparation présente les avantages suivants :

Premièrement, elle favorise l'analyse de l'énoncé de départ, contrairement à l'énonciation directe en langue d'arrivée, qui se fait parfois sur la seule base de correspondances plus ou moins automatiques qui se présentent spontanément à l'esprit du traducteur. Cette analyse permet d'éviter des erreurs dues à une lecture trop rapide du texte de départ, mais élargit aussi la gamme des possibilités de reformulation en langue d'arrivée, puisque, ayant compris le sens du texte original, le traducteur peut le ré-exprimer en fonction de cette compréhension et non pas en fonction des structures linguistiques de l'original.

Deuxièmement, sur le plan linguistique, la séparation entre la compréhension et la reformulation et l'énonciation sur la base du contenu du texte de départ réduisent les interférences linguistiques, qui surviennent fréquemment quand les structures linguistiques de la langue de départ sont présentes dans la mémoire de travail du traducteur au moment de l'énonciation en langue d'arrivée (voir chapitre VI).

2 / Le deuxième principe que permet de mettre en valeur le modèle séquentiel est celui de la responsabilisation du traducteur, à qui il appartient de décider quelle est l'hypothèse de sens la plus plausible correspondant à une unité de traduction donnée, quelle est la meilleure reformulation de cette même unité de traduction en langue d'arrivée, et dans quelle mesure il peut omettre ou ajouter telle information tout en restant fidèle à l'auteur en fonction des normes applicables. La responsabilisation du traducteur lui permet d'exploiter tout son potentiel analytique et créatif. Chez les étudiants, d'après les commentaires recueillis au fil des années, elle a un effet

valorisant et donc motivant, qui est favorable au processus d'apprentissage et les prépare à une attitude responsable et positive dans leur vie professionnelle.

3 / Le troisième principe est celui de la vérification systématique (puisqu'elle intervient à chacune des étapes du travail), qui favorise des réflexes de professionnalisme. Dans l'utilisation du modèle séquentiel en classe, j'insiste sur l'importance des boucles de compréhension et de reformulation, et sur la fierté qu'un traducteur peut tirer non pas d'une traduction rapide de « premier jet », mais d'un travail minutieux d'optimisation. Il est vrai que dans le monde du travail, les traducteurs sont souvent mis sous une pression de rendement qui les empêche de passer de longs moments sur la boucle de reformulation, mais on peut espérer que le travail accompli pendant la formation permettra aux futurs diplômés d'acquérir des réflexes et des aptitudes linguistiques qui s'avéreront utiles pour la suite, même quand ils ne pourront pas optimiser leur travail comme ils le font en classe.

4 / Enfin, le quatrième principe est celui d'un apprentissage permanent à travers l'acquisition d'informations *ad hoc* tant dans la phase de compréhension que dans la phase de reformulation. En sélectionnant des sujets techniques mais potentiellement intéressants pour les étudiants et en s'assurant de l'existence de sources documentaires appropriées, l'enseignant peut les aider à prendre goût à cette recherche, qui ne peut que favoriser la qualité du travail professionnel futur (voir chap. VII).

5. Principes de la prise de décisions

Les décisions sont prises en fonction de normes générales de traduction (voir chap. VIII), du cahier des charges explicité par le client ou deviné par le traducteur, ainsi que des préférences personnelles de celui-ci. Les étudiants débutants sont toutefois perturbés par le fait que ces décisions qu'on leur demande de prendre comportent soit un risque, soit une « perte » certaine, ce qui peut les conduire à se réfugier dans l'option timorée et peu efficace du littéralisme.

Il apparaît intéressant de les encourager en présentant le processus de prise de décisions dans une optique pragmatique, dont les pertes raisonnées et maîtrisées font partie intégrante. Visuellement, chaque décision peut être représentée sous la forme d'une arborescence dont le sommet correspond au point où la décision doit être prise et les branches à différentes options possibles. Chaque option O_1, O_2, O_3, etc., que ce soit dans la phase de compréhension ou dans la phase de reformulation, est associée à une certaine probabilité p_1, p_2, p_3, etc. de gain G_1, G_2, G_3, et à une certaine probabilité p_1', p_2', p_3', etc. de perte, qui est le coût éventuel C_1, C_2, C_3 en termes d'atteinte à l'intégrité informationnelle du message, à la qualité linguistique de l'énoncé, à son impact sur les destinataires, etc. (voir fig. 4.2).

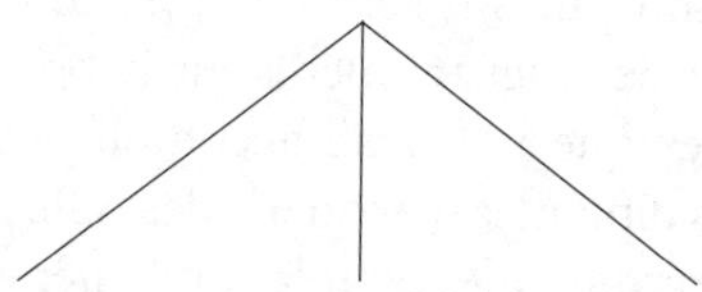

	Option 1	Option 2	Option 3
Risque d'erreur	$p_1'(e)$	$p_2'(e)$	$p_3'(e)$
Coût de l'erreur	C_1	C_2	C_3
Gain espéré	G_1	G_2	G_3
Probabilité du gain	$p_1(g)$	$p_2(g)$	$p_3(g)$

Fig. 4.2. — La prise de décisions en traduction

En réalité, pour chaque option choisie, il n'y a pas un seul gain G_i et un seul coût C_i unitaires et holistiques avec des probabilités associées, mais plusieurs gains et plusieurs coûts componentiels, correspondant au gain et à la perte pour chaque option sur le plan informationnel, sur le plan stylistique, sur le plan de la rapidité, sur le plan de la clarté, sur le plan de l'acceptabilité linguistique pour différents sous-groupes de lecteurs-destinataires.

Si l'on conçoit l'impact probabiliste de chacune des options (il n'y a aucune certitude en la matière) comme la somme des gains qu'on peut en attendre, chacun étant pondéré par sa probabilité, déduction faite de la somme des pertes qu'on peut en attendre, chacune étant pondérée par sa probabilité, cet impact, que le traducteur cherchera à maximiser, peut s'exprimer mathématiquement de la manière suivante :

Impact attendu de l'option $O_i = \Sigma p_i(\text{gain})\ G_i - \Sigma p_i'(\text{coût})\ C_i$.

Quand le coût d'une erreur potentielle associée à une option donnée est très élevé (perte ou déformation de l'information ayant des conséquences graves pour l'auteur ou les destinataires), même une très faible probabilité d'erreur peut être rédhibitoire, et le traducteur préférera une autre option, associée à une probabilité de perte plus élevée, voire maximale, mais avec un coût très inférieur. Dans une implémentation automatique du principe, par exemple sur ordinateur, on peut attribuer à des pertes rédhibitoires une valeur numérique très importante. Par exemple, si les gains potentiels sont évalués sur une échelle de 0 à 10, on peut attribuer au coût éventuel d'une telle perte la valeur 1 000 000 (un million), afin qu'elle pèse suffisamment lourd sur l'impact total pour être rejetée même si la probabilité de sa survenue est faible.

En classe, il n'est pas nécessaire d'entrer dans ces détails, ni de présenter une formule mathématique aux étudiants. Il suffit de leur expliquer le principe en l'illustrant par des exemples. Comme le souligne Datta (1991 : 15-16), la plus petite erreur dans une traduction des procédures de sécurité d'une centrale nucléaire ou d'un contrat commercial important peut avoir des conséquences désastreuses. Si un tel texte contient un segment quelque peu ambigu, dont le traducteur est quasiment sûr de comprendre le sens mais avec un doute résiduel en dépit du recours à toutes les sources d'information disponibles, quelles sont ses options ? Prendre le risque de traduire le segment tel qu'il l'a compris sans autre forme de procès étant donné la faible probabilité d'erreur ? Le coût d'une telle erreur serait trop élevé, même si sa probabilité est très faible. Il est préférable dans ce cas d'accompagner la traduction d'une note du traducteur très visible attirant l'attention du lecteur sur le fait qu'il subsiste un risque sur le sens du segment concerné. Cette deuxième option a un coût certain, celui d'une perte de fluidité de la lecture et d'une certaine incertitude chez le lecteur, mais ce coût est très inférieur à celui des conséquences éventuelles d'une erreur de traduction non détectée.

Inversement, soit un texte anglais à traduire en français dans lequel l'auteur remercie *Ms. Jones* pour son aide à la réalisation d'un projet. Le traducteur doit-il écrire « Madame Jones » ou « Mademoiselle Jones » s'il ne la connaît pas et ne trouve pas d'informations complémentaires sur elle ? On peut concevoir que la perte éventuelle associée à l'option « Madame Jones » si la dame en question n'est pas mariée est très inférieure à celle d'une note de bas de page attirant l'attention du lecteur de la traduction sur le fait que le traducteur ne sait pas si dame Jones est mariée ou non.

Lors des séances de correction des traductions en classe, l'enseignant pourra solliciter différentes solutions de la part des étudiants, et plutôt que de critiquer chaque option et de n'en retenir qu'une, il analysera tant les avantages que les inconvénients potentiels de chacune, et proposera aux étudiants de choisir eux-mêmes le meilleur équilibre entre les avantages de chaque option et le potentiel de perte que représente la combinaison du risque d'erreur et du coût qui y est associé.

6. Utilisation du modèle séquentiel pour l'identification des faiblesses des étudiants

Pédagogiquement parlant, le modèle séquentiel sert d'abord à la présentation des différentes composantes de la traduction qui sont importantes pour l'optimisation de la qualité. Il sert aussi de référence pour identifier les causes des faiblesses des étudiants et pour les orienter dans leurs efforts vers l'amélioration de telle composante de leur travail.

6.1. Faiblesses

D'après le modèle séquentiel, les faiblesses des étudiants peuvent se classer en insuffisances dans les connaissances, qui peuvent être à leur tour linguistiques ou extralinguistiques, et en insuffisances dans la méthode de travail.

6.1.1. Faiblesses dans les connaissances

L'insuffisance des connaissances, tant linguistiques qu'extralinguistiques, est localisée dans la base de connaissances. Ses manifestations éventuelles dans le texte d'arrivée sont des fautes de sens et des fautes et maladresse de langue. Dans le processus de traduction, elle intervient à différentes étapes :

- elle peut empêcher le traducteur d'élaborer une première hypothèse de sens faute de comprendre les mots ou les idées de l'original ;
- elle peut l'empêcher de mener à bien un test de plausibilité faute de disposer de connaissances suffisantes pour détecter une éventuelle contradiction entre l'hypothèse de sens qu'il a élaborée et le monde ;
- elle peut l'empêcher de formuler un énoncé d'arrivée linguistiquement acceptable et informationnellement optimisé.

6.1.2. Faiblesses dans la méthode

De même que les faiblesses dans les connaissances, les faiblesses dans la méthode peuvent se traduire dans le texte d'arrivée par des fautes de sens et par des fautes et maladresses de langue. On peut, globalement, classer leurs sources en trois catégories :

— Une motivation insuffisante pour mener jusqu'au bout les différentes étapes nécessaires. Cette insuffisance peut être due à la fatigue ou à un manque de conscience professionnelle.

— De mauvaises conditions de travail, notamment des délais trop courts et l'absence de ressources pour la recherche des informations requises, qui peuvent empêcher le traducteur d'accomplir chacune des étapes de la traduction comme il le souhaiterait.

— Une insuffisante maîtrise d'une composante du travail, soit parce que le traducteur ne l'a pas assimilée, soit parce que tout en l'ayant comprise en principe, il n'a pas la capacité cognitive nécessaire à sa mise en œuvre. Par exemple, il peut avoir du mal à résister aux interférences linguistique, ou être limité dans sa créativité linguistique et avoir du mal à trouver des solutions de reformulation en langue d'arrivée qui contournent les problèmes liés aux différences interlinguistiques.

6.2. Symptômes et diagnostics

On constate donc que dans la traduction, des causes différentes peuvent produire le même effet. Or, dans la formation, surtout quand elle est orientée processus, il est important de bien cerner les causes des faiblesses pour essayer d'y remédier.

Une première étape dans la facilitation du diagnostic consiste à optimiser l'environnement de l'étudiant afin que certaines sources de problèmes soient éliminées d'emblée. Il s'agit premièrement, de veiller à ce qu'il ait suffisamment de temps pour préparer sa traduction, bien au-delà du temps dont il dispose généralement sur le marché du travail. L'un des avantages de l'environnement universitaire est cette possibilité qu'il donne de moduler la charge de travail en fonction de l'étape de l'apprentissage dans laquelle se trouve l'étudiant. Deuxièmement, il convient de choisir des textes de départ d'un degré de difficulté tel que le traducteur puisse les comprendre après une certaine recherche, et de s'assurer que les ressources nécessaires sont disponibles à la bibliothèque de l'université, sur Internet, etc. Troisièmement, il faut motiver les étudiants, par le discours, par l'exemple et par les autres moyens que donne l'université, notamment l'évaluation formelle, afin qu'ils s'engagent sérieusement dans le travail.

La suppression partielle ou totale de certaines sources de problèmes ne suffit pas à résoudre le problème du diagnostic. Comment savoir en effet si telle faute de sens, telle faute de langue, telle maladresse résulte d'une connaissance insuffisante de la langue de départ, du sujet, d'une faiblesse dans la recherche documentaire, d'un état de fatigue de l'étudiant ? L'une des possibilités consiste à interroger l'étudiant en question (une procédure type est présentée au chapitre VII, qui est consacré aux aspects pratiques de la pédagogie de la traduction). Une autre, plus pratique pour l'enseignant car elle permet de gagner du temps et lui donne un aperçu de la situation de toute une classe, consiste à demander aux étudiants d'expliquer par écrit, pour chaque traduction, les problèmes qu'ils y ont rencontrés, leurs actions et leurs décisions. Cette méthode du Compte rendu intégré des problèmes et décisions (CRIPD) est décrite dans Gile, 2004 – voir aussi le chapitre VII.

7. Conclusion : valeur ajoutée et conscience professionnelle dans la traduction

Une traduction peut se faire sans les tests et avec une mobilisation minimum de sources extérieures. Quand le traducteur a les connaissances linguistiques et extralinguistiques requises, il arrive que le résultat soit passable ou qu'il soit accepté par le client même s'il est médiocre ou mauvais. Comme il a déjà été expliqué au chapitre II, sur le terrain, on voit de nombreuses traductions de mauvaise qualité et des traducteurs professionnels de faible niveau qui ont néanmoins une clientèle. Dans certains organismes et dans certaines situations professionnelles, il existe un contrôle de qualité plus ou moins efficace. Mais dans bien d'autres, il n'en existe pas. Dans un tel cas, la qualité de la traduction sera déterminée par la conscience professionnelle du traducteur bien plus que par les forces du marché. Certains considèrent que la qualité à offrir au client doit être fonction du prix qu'il est disposé à payer (voir par exemple Pinchuk, 1977 : 206). Cette attitude est dangereuse, car elle risque de dévaloriser le métier de traducteur, le ramener au niveau des « bilingues » non spécialisés, et conduire à terme à des effets délétères sur les conditions de travail et sur la rémunération de l'ensemble de la profession. Il semble au contraire souhaitable de chercher à maintenir, voire à améliorer le niveau de qualité global, pour donner davantage de satisfaction personnelle au traducteur et pour positionner la profession suffisamment haut. Une bonne formation peut y contribuer.

Chapitre V

L'ACQUISITION DE CONNAISSANCES *AD HOC*

1. Introduction

Le chapitre IV met en exergue l'importance d'une acquisition de connaissances *ad hoc,* complément des connaissances préexistantes et des connaissances acquises au cours de la lecture et de l'analyse du texte de départ. Hormis les rares exceptions où le traducteur est lui-même spécialiste du domaine dont traite le texte au même titre que l'auteur, cette acquisition de connaissances complémentaire est indispensable dans la traduction de tout texte spécialisé pour assurer une bonne compréhension de l'original et une optimisation de la reformulation en langue d'arrivée. Du fait de son importance pour la qualité de la traduction et du temps qu'elle consomme, cette acquisition de connaissances mérite elle aussi d'être optimisée. Le présent chapitre passe en revue différents types de sources au regard de leurs caractéristiques, de leurs avantages et de leurs limites, et présente quelques stratégies d'acquisition de connaissances à travers elles.

2. La problématique de l'acquisition des connaissances *ad hoc*

L'intérêt d'une analyse systématique de l'acquisition de connaissances *ad hoc* dans la traduction découle de la présence d'un vocabulaire et souvent d'une phraséologie un tant soit peu spécialisés dans une grande proportion des textes informationnels que l'on traduit sur le terrain, même à un niveau aussi général que les articles de la presse, et *a fortiori* dès que l'on touche des sujets économiques, politiques, artistiques, technologiques et scientifiques. Le traducteur ne pouvant être spécialiste de tous ces domaines, il lui faut nécessairement acquérir des connaissances complémentaires même pour les textes peu spécialisés, pour la reformulation sinon pour la compréhension du texte de départ. *A fortiori,* dans des textes spécialisés, qui se situent souvent à l'avant-garde de la technologie et de la science, même le traducteur spécialiste du domaine rencontrera des éléments nouveaux et aura besoin de compléter ses connaissances. À défaut, sa traduction présentera des maladresses, voire des fautes de sens.

Or, l'expérience montre que tant la recherche de cette information que sa vérification et son utilisation posent problème. On constate une grande fréquence de certaines faiblesses méthodologiques chez les étudiants, voire chez des traducteurs confirmés qui s'aventurent hors de leur domaine de spécialité :

2.1. L'utilisation exclusive de dictionnaires bilingues

La faiblesse la plus fréquente dans le processus d'acquisition d'informations lexicologiques et terminologiques en cours de traduction chez les apprentis traducteurs est sans doute le recours à des sources inadéquates. Plus précisément, c'est le recours immédiat et unique au dictionnaire bilingue comme source d'« équivalences » des mots et termes rencontrés dans le texte de départ. Le phénomène, bien connu des professeurs de traduction, est lié à l'usage régulier et intensif de ces dictionnaires (dont la qualité en tant que tels est souvent excellente) au cours de plusieurs années d'apprentissage des langues étrangères à l'école. Les habitudes prises, la confiance qui en résulte, notamment à l'égard des dictionnaires spécialisés (qui ont dans l'esprit des étudiants une fiabilité supérieure à celle des dictionnaires généraux du fait de leur spécialisation), la méconnaissance des limites de ces ouvrages sont à l'origine de bien des maladresses, des faux sens, des contresens.

L'importance de ce phénomène justifie une sensibilisation des étudiants en traduction aux limites de ce type de ressource documentaire et une vigilance de l'enseignant, à qui il appartient de s'assurer que les étudiants ont non seulement compris les principes, mais prennent la peine de s'éloigner de la facilité du dictionnaire pour s'engager dans une recherche plus complète.

2.2. La non-détection d'un terme ou d'une tournure spécialisée

L'un des dangers qui guettent le traducteur abordant des textes peu ou non spécialisés est la non-détection d'un terme ou d'une tournure anodins en apparence, mais qui, dans des domaines ou contextes particuliers, ont une signification ou un emploi bien précis. C'est le cas du mot français *administrateur* et du mot anglais *director* dans le monde des entreprises, de l'adjectif *local* dans *réseau local* et des mots *logique*, *mémoire* et *programme* en informatique, du mot *spéculation* dans le domaine des sciences, de l'adjectif *significatif* en statistiques. Les étudiants (et parfois les traducteurs non spécialisés) passent souvent à côté du sens ou de l'usage spécialisé d'un tel mot dans un contexte technique sans se rendre compte que sa reformulation appelle une recherche et/ou une vérification de la correspondance avec un terme spécifique en langue d'arrivée. Dans le modèle de la traduction présenté au chapitre IV, l'origine du problème se situe dans une faiblesse de leur base de connaissances.

2.3. La traduction intuitive sans recours à une source

Parfois, les étudiants et traducteurs sont conscients de la nature spécialisée du sens ou de l'emploi d'un terme dans le texte de départ, mais essaient néanmoins de le transcoder littéralement, surtout quand il semble proche d'un terme qu'ils connaissent en langue d'arrivée, sans chercher à savoir s'il existe un terme consacré correspondant dans ladite langue (quand il existe, il n'est pas nécessairement le plus proche du terme de départ). Ainsi, dans le domaine de l'assurance, on a pu voir le terme anglais *unfunded* traduit par « non financé » (il s'agit d'un système de retraite *par répartition*), et dans un texte sur le monde des entreprises, *goodwill* (clientèle) a été rendu par « bonne volonté ». Dans un texte sur l'informatique, une étudiante dont le travail était en général intelligent et sérieux a même traduit le terme japonais *basu*, forme japonisée du terme anglais *bus*, repris tel quel en français par les informaticiens en France, par « baignoire », autre acception de *basu* (dérivée du mot anglais *bath*) dans la vie courante. Interrogée sur la raison de ce choix, elle a expliqué qu'elle pensait à un emploi métaphorique de l'idée de baignoire dans l'informatique, et a regretté de ne pas avoir procédé à la vérification qui s'imposait.

Dans la traduction d'un texte américain d'initiation à la psychologie cognitive, l'auteur parlait d'un cas rapporté dans la *literature* (en français, on parle souvent de la « littérature », l'anglicisme étant passé dans les sociolectes scientifiques) d'un soldat ayant subi des lésions cérébrales (voir chap. IV). Au lieu de vérifier, un étudiant écrit dans ses commentaires intégrées à la traduction : « Traduire littéralement *literature* par "littérature" ne me semblait pas approprié dans un tel contexte. C'est pourquoi j'ai choisi le terme *ouvrages*, qui est plus général. » Il se trouve que la « littérature » scientifique de la psychologie se compose essentiellement d'articles dans des revues, et non pas d'ouvrages. La traduction est donc sémantiquement inadéquate. Plus fondamentalement, l'étudiant ne s'est pas interrogé sur l'existence d'un terme spécialisé en français correspondant à *literature* en anglais dans ce contexte, et ne s'est fié qu'à sa propre connaissance du français, qui ne couvrait manifestement pas le sociolecte du domaine concerné.

2.4. La dérive terminologique

Un autre phénomène que l'on trouve chez les étudiants et les traducteurs débutants qui abordent en novices des textes spécialisés est la dérive terminologique, c'est-à-dire le manque de constance dans l'emploi des termes pour les mêmes concepts. Parfois, c'est un défaut d'organisation qui est en cause, le traducteur n'ayant pas pris la peine de noter son premier choix pour un terme afin de bien s'assurer de le réutiliser par la suite. Chez les étudiants, la variabilité terminologique est parfois volontaire, et découle de leur souhait de respecter une norme stylistique qui cherche à éviter les répétitions.

Ainsi, dans un texte expliquant le rôle des théories dans la recherche scientifique (voir l'exemple intitulé *Theories in research* ci-dessous), un étudiant a traduit correctement *theory* par « théorie » une première fois, puis a employé « idée » et « supposition » une deuxième et troisième fois. Dans ce contexte précis, ces deux « synonymes » n'avaient pas le même sens que le concept de théorie.

Exemple 5.1 : Theories in research
(extrait de Anderson, 1980, p. 16)

A theory is not a speculative conjecture : nor is it « the truth ». Rather, a theory is a system for understanding various phenomena that have been researched and for making predictions about phenomena that have yet to be researched. Clearly, there is no way to know for certain whether a cognitive theory describes what actually goes on inside. What is important is that the theory be accurate in predicting a subject's actions under a certain condition.

Traduction possible :

« Le concept de théorie ne relève pas de la pure conjecture, pas plus qu'il ne correspond à « la vérité ». La théorie est une construction conçue pour aider à comprendre différents phénomènes étudiés, et à faire des prévisions sur des phénomènes qui ne l'ont pas encore été. À l'évidence, il n'y a aucun moyen de savoir si une théorie cognitive décrit ce qui se passe réellement à l'intérieur du cerveau. Ce qui est important, c'est qu'elle puisse prédire le comportement d'un sujet dans des conditions données. »

Il est assez facile d'éradiquer ce phénomène de variation à des fins stylistiques en expliquant aux étudiants que dans les domaines spécialisés, la règle stylistique qui bannit les répétitions est moins contraignante que dans le langage général, et que les termes spécialisés désignent souvent de manière précise une entité particulière, de sorte que l'emploi de deux synonymes peut perturber le lecteur en lui faisant croire que le texte fait allusion à deux référents différents.

2.5. L'utilisation inadéquate des sources

Les dictionnaires proposent souvent plusieurs « équivalents » possibles pour un terme en langue de départ sans indiquer les différences de nuances ou d'emploi entre eux (les problèmes liés à l'emploi des « sources terminologiques » sont analysés plus loin). L'expérience montre que certains étudiants et traducteurs débutants choisissent parfois au hasard l'un des « équivalents » indiqués sans vérifier leur sens et leur usage précis. Or, le terme en langue de départ, même spécialisé, peut être polysémique, et chaque équivalent potentiel proposé par la source peut correspondre à l'un de ses sens, qui est ou n'est pas celui qu'appelle le texte à traduire. De nombreuses erreurs en résultent.

Une autre erreur fréquente chez les étudiants qui trouvent une source de bonne qualité consiste à sélectionner un terme ou une tournure qui s'inscrit dans le même contexte que celui du texte à traduire ou qui ressemble au terme ou à la tournure qu'ils ont à traduire sans vérifier que cette similitude morphologique correspond aussi à une identité de sens. Dans le texte sur la cognition humaine présenté au chapitre IV, l'auteur évoque la capacité de l'homme à comprendre des *utterances* (dans le contexte en question, ce terme fait allusion à ce qui se dit par opposition à ce qui s'écrit). Un étudiant a choisi de rendre la phrase par « ... et comprendre... le langage articulé », en expliquant dans ses commentaires : « j'ai trouvé l'expression langage articulé sur le site tecfa.unig.ch/tecfa/teaching/staff/mod-1/perception/st13-1-1-96.htm. Elle me semblait assez appropriée dans le contexte », sans autre forme de procès.

Il arrive aussi que les étudiants et traducteurs débutants, ayant trouvé dans une source adéquate plusieurs solutions possibles à un problème lexicologique ou terminologique, choisissent l'une d'entre elles sans se préoccuper des besoins précis du groupe auquel est destiné le texte. On en trouve un exemple dans ce même texte sur la cognition humaine dans la traduction de la phrase :

One case described in the literature concerns a soldier who suffered brain damage due to accidental carbon monoxide poisoning.

(« La littérature présente le cas d'un soldat ayant subi des lésions cérébrales à la suite d'un empoisonnement accidentel au monoxyde de carbone. »)

En cherchant un équivalent pour *brain damage,* un étudiant a trouvé « encéphalopathie » dans deux dictionnaires médicaux, le

Gladstone (considéré par de nombreux traducteurs comme le meilleur dans ce domaine) et le *Grand Larousse médical.* Sémantiquement, ce terme est correct, mais il met l'accent sur le côté médical, et du fait de sa morphologie, il aurait probablement un aspect rébarbatif pour les étudiants débutants en psychologie. Le choix de « lésions cérébrales » paraît plus adapté au contexte et à la situation. Comme le soulignent les fonctionnalistes allemands (voir chap. VIII) et comme il est expliqué au chapitre II, la qualité est fonction non seulement d'équivalences linguistiques mais aussi de l'adéquation des choix faits par le traducteur au *skopos* de la traduction, en l'occurrence une présentation aussi claire et assimilable que possible de l'information à de jeunes étudiants qui suivent un cours d'initiation. L'exemple du choix entre « encéphalopathie » et « lésions cérébrales » illustre la pertinence du principe fonctionnaliste au niveau terminologique.

Dans le même texte, une autre phrase dit à propos de ce même soldat que son cerveau était capable de *register* des informations visuelles, mais pas de les intégrer en une véritable expérience dotée d'un sens :

His system was able to register visual information, but somehow his brain damage resulted in a loss of ability to combine visual information into perceptual experience.

(« Son cerveau pouvait enregistrer des informations visuelles, mais les lésions l'empêchaient de les intégrer en une expérience perceptuelle. »)

Un étudiant écrit : « J'ai choisi de traduire *register* par stocker (l'information visuelle) qui est une expression qui revenait assez souvent dans de nombreux sites, notamment sur un site très spécialisé puisque dédié à la métacognition ». Or, s'il est vrai que la mémoire « stocke » des informations, ce terme met l'accent sur leur mémorisation dans la durée. Ici, il s'agissait simplement de la prise en compte de l'information visuelle, son « enregistrement » dans le registre sensoriel, voire dans la mémoire de travail, c'est-à-dire une prise en compte à très court terme (le chapitre VI présente quelques notions sur les différents types de mémoire), et le mot « stockage » était inadapté. Il est vrai que le choix d'une bonne solution en langue d'arrivée demandait une connaissance du domaine spécialisé que l'étudiant n'avait pas, mais méthodologiquement, il a fait une erreur en considérant que la fréquence d'occurrence de la collocation liant « mémoire » et « stocker » suffisait à justifier le choix de « stocker ».

Enfin, même les sources humaines, *a priori* les plus fiables (voir plus loin), doivent être écoutées avec une attention critique, car les informations qu'elles fournissent ne sont pas toujours les meilleures. Dans le texte sur la cognition humaine, pour comprendre et traduire la dernière phrase, un étudiant a consulté un professeur de psychologie cognitive et une étudiante en licence de psychologie, et écrit sur la base de leurs explications : « *Perceptual experience* en anglais est difficile à expliquer en français... En psychologie, on dit que le cerveau cherche à transformer les informations qu'il reçoit en une image mentalement catégorisable, c'est-à-dire une image qu'il pourra comprendre et classer. » Sur cette base, il a choisi de traduire la dernière partie de la dernière phrase comme suit : « ... son cerveau était inapte à transformer une information visuelle en une image mentalement catégorisable ».

Sur le fond, l'analyse est correcte, mais elle correspond à une vision très technique de l'expérience perceptuelle, celle qu'ont les psychologues expérimentalistes, pour qui certaines capacités d'intégration de l'information se mesurent à la capacité des sujets de les classer dans différentes catégories prédéfinies. L'étudiant débutant qui lira une « image mentalement catégorisable » comprendra-t-il de quoi il est question ? On peut en douter et supposer que s'il avait expliqué à ses informateurs psychologues la nature et la fonction du texte qu'il avait à traduire, l'étudiant-traducteur aurait pu obtenir d'eux une meilleure suggestion, telle que « expérience perceptuelle ».

Toutes ces faiblesses récurrentes justifient une mise au point, voire un véritable entraînement à l'acquisition de connaissances *ad hoc*.

3. Les sources d'informations : une catégorisation

Afin de présenter un tableau plus ou moins complet des ressources dont on dispose pour le travail d'acquisition d'informations *ad hoc*, sont proposées ici une catégorisation des sources d'informations, puis une analyse de leurs caractéristiques respectives. On distinguera d'abord les *sources humaines* des *sources textuelles.*

Dans le contexte de l'acquisition des informations *ad hoc,* une *source humaine* est une personne consultée par le traducteur pour obtenir une information susceptible d'améliorer sa compréhension de l'original ou sa reformulation en langue d'arrivée. Selon les cas, il peut s'agir d'un autre traducteur, d'un locuteur natif de la langue de départ ou d'arrivée, d'un spécialiste du domaine, d'une personne qui cumule les deux compétences.

Comme leur nom l'indique, les sources textuelles sont des textes (y compris des dessins ou schémas), traditionnels (sur papier) ou « électroniques » (magnétiques, sous forme de CD-ROM par exemple, ou virtuelles, sous forme de sites Internet).

Un troisième type de source est audiovisuel, et prend la forme de films, de fichiers audiovisuels, etc. Par souci de simplicité, ces sources seront assimilées ici à des sources textuelles (peut-être au sens de « hypertextes », c'est-à-dire des textes intégrant différents éléments sonores et graphiques).

Parmi les sources textuelles, on distinguera (de manière quelque peu impropre mais conforme à la tradition terminologique des traducteurs) les sources « terminologiques » et les sources « non terminologiques ». Les premières, glossaires, dictionnaires, unilingues, bilingues ou multilingues, sous forme de livres, de fiches sur papier (en perte de vitesse par rapport aux fichiers informatiques) ou de bases de données terminologiques, sont en réalité des sources lexicographiques en ce sens qu'elles se présentent sous la forme de recueils de termes accompagnés de leur définition ou d'équivalents dans d'autres langues plutôt que de travaux scientifiques sur ces termes (ces sources seraient alors « terminologiques » au sens strict). Les sources « non terminologiques » sont tous les autres textes dont on peut tirer des informations utiles pour une traduction : articles scientifiques, traités, livres de vulgarisation, descriptifs techniques, publicités, récits, articles de périodiques, modes d'emploi, contrats, textes législatifs et réglementaires, etc. Cette division entre une catégorie précise et une catégorie très vaste et hétérogène peut surprendre. Elle se justifie par des considérations pratiques, opérationnelles, comme il apparaîtra plus loin.

4. La valeur des sources pour le traducteur : paramètres fondamentaux

Chacune des sources d'information potentielles pour l'acquisition d'informations *ad hoc* a des propriétés caractéristiques qui guideront le traducteur dans ses choix. Les principaux paramètres sont les suivants :

4.1. L'existence de la source

Conceptuellement, la variable binaire existence / non-existence d'une source paraît triviale ; sur le plan opérationnel de l'acquisition de connaissances *ad hoc*, elle est au contraire importante, car si l'on sait qu'il est probable ou au contraire peu probable qu'une source d'un type particulier existe, on peut souvent gagner du temps (ou ne pas en perdre en recherches inutiles) et améliorer la qualité de l'information obtenue à travers la recherche et la sélection de la source la plus adaptée aux besoins.

4.2. L'accès externe

L'accès externe à la source se mesure en temps, en efforts, en coût financier (l'achat d'un livre, le prix d'une communication téléphonique ou de l'accès à une base de données distante, etc.), et éventuellement en pénibilité. Contrairement à la variable « existence », dont la valeur est binaire et absolue, l'accès externe s'apprécie de manière relative dans l'espace économique (au sens large) dans lequel s'inscrit la traduction. Ainsi, l'investissement d'une certaine somme pour l'accès à des livres de référence ou à une base de donnée peut être rentable pour une traduction volumineuse, mais peu intéressante pour une traduction de deux ou trois pages si elle n'est pas suivie d'autres traductions dans le même domaine.

4.3. L'accès interne

L'accès interne, c'est-à-dire l'accès à l'information recherchée « à l'intérieur » de la source une fois qu'on dispose de celle-ci, se mesure surtout en temps et en effort. Dans une moindre mesure, il peut se mesurer en coût financier, par exemple dans la consultation à distance d'une base de données, ou plus indirectement dans un calcul sur la perte de revenus résultant du temps passé à consulter la source plutôt qu'à rédiger la traduction. En termes financiers, le coût de l'accès interne est en général très inférieur à celui de l'accès externe. En temps et en effort, il peut être supérieur, selon la quantité d'information que contient la source et selon son organisation.

4.4. Le taux de couverture

Les traducteurs occasionnels et les débutants qui s'équipent en dictionnaires, en encyclopédies et en livres de référence ont tendance à privilégier les ouvrages les plus volumineux, en estimant que la quantité brute d'information est un bon indicateur de leur utilité pour eux. Ils sont encouragés dans ce sens par les publicités des éditeurs, qui mettent en avant le nombre d'entrées ou de pages que contient leur ouvrage. Ce calcul n'est pas nécessairement exact. En effet, la quantité brute d'information dans une source n'est pas fortement corrélée avec sa fiabilité et sa pertinence au regard d'un ensemble de besoins précis. De nombreux dictionnaires et ouvrages de référence spécialisés étendent leur couverture bien au-delà de leur domaine de spécialité, sans nécessairement être exhaustifs dans celui-ci. D'autre part, les besoins du traducteur varient beaucoup dans le temps. Quand il débute dans un domaine particulier, ses connaissances sont faibles, et une source donnée peut répondre à une forte proportion de ses interrogations. À mesure qu'il acquiert de l'expérience, ses connaissances s'étoffent et ses besoins s'éloignent progressivement des connaissances de base pour se reporter sur des éléments d'information spécialisés, parfois très récents, parfois pertinents pour un petit nombre de personnes dans un sous-secteur, un pays, voire une entreprise particulière, et qui ont peu de chances de figurer dans une source commerciale ou « généraliste » dans le domaine en question. D'où l'idée de parler non pas de l'information brute que contient une source, mais de son taux de couverture des besoins du traducteur, qui est éminemment variable, d'un individu à l'autre et d'un moment à l'autre.

On peut distinguer deux types de taux de couverture. Le *taux de couverture potentiel* d'une source est le pourcentage des informations recherchées qui sont *présentes* dans la source. Dans une étude de productivité qui mesure le travail effectif sur la source plutôt que sa valeur potentielle, on s'intéressera aussi au *taux de couverture effectif,* qui correspond au pourcentage des informations effectivement *trouvées* dans la source, et qui dépend notamment de l'accès interne (si une information est présente dans un livre mais celui-ci ne suit pas une progression logique très linéaire, n'a pas une table des matières détaillée et ne dispose pas d'un index, il est possible que le traducteur ne la trouve pas).

4.5. La finesse

La finesse ou *résolution* d'une source mesure non pas la présence ou l'absence d'une information, mais la finesse de son cadrage, c'est-à-dire de ce qui permet de l'identifier comme l'information recherchée. Par exemple, un dictionnaire bilingue peut se contenter d'indiquer pour un terme anglais plusieurs équivalents possibles en français sans autres précisions, ou indiquer dans quelle discipline s'utilise chacun des équivalents, ou aller au-delà et donner des exemples avec des commentaires sur la discipline ou sous-discipline concernée et sur l'usage de chaque terme. On notera que dans les sources terminologiques, une plus grande finesse implique une plus grande quantité d'information sur chaque entrée, et se paie souvent par un plus faible taux de couverture pour des raisons d'arbitrages économiques (voir plus loin).

4.6. La fiabilité

Dans l'optique de la traduction à valeur ajoutée qui fait l'objet de ce manuel, pour des raisons évidentes, la recherche d'une fiabilité maximale de la source mérite une priorité des plus élevées. Or, les sources les plus « complètes » ne sont pas nécessairement les plus fiables. Il est donc intéressant de donner aux étudiants et débutants quelques indications susceptibles de leur permettre de mieux identifier ce qui, toutes choses étant égales par ailleurs, rend une source plus ou moins fiable. Ces indications sont générales, et les exceptions sont nombreuses. Sur le plan pratique, pour un domaine donné, dans une paire de langues donnée et à un moment donné, les traducteurs expérimentés et les spécialistes du domaine sont les meilleurs conseillers en matière de qualité et de fiabilité des différentes sources disponibles. Cependant, quand on ne peut bénéficier de telles recommandations, un petit nombre de critères permettent au débutant de s'orienter dans une sécurité relative.

4.6.1. La compétence linguistique des auteurs ou sources humaines

En règle générale, la compétence linguistique en tant que telle est maximale chez un locuteur natif. Son avantage par rapport à un locuteur non natif se situe surtout sur le plan stylistique, alors qu'en matière lexicale et surtout terminologique, les différences peuvent être faibles entre deux personnes qui travaillent dans un environnement linguistique donné, l'un locuteur natif et l'autre non. Pour un renseignement terminologique en français, on peut parfois s'adresser à un étranger travaillant dans le domaine concerné dans une entreprise française avec autant de confiance qu'à un Français. Toutefois, en l'absence d'informations précises sur les auteurs non natifs d'une source textuelle, il est prudent de considérer que leur fiabilité linguistique est inférieure à celle des auteurs natifs.

Dans le présent contexte, l'expression « compétence linguistique » (au sens général, et non chomskyen du terme) désigne la compétence dans la langue de spécialité et dans le milieu socio-professionnel concernés, mais aussi dans la variété nationale concernée. À titre d'exemple, en français, les usages lexicologiques, terminologiques (pour les unités lexicales des langues de spécialité), phraséologiques et parfois grammaticaux peuvent différer selon que l'on est en Belgique, au Canada, en France, en Suisse ou dans un pays francophone d'Afrique, de même qu'ils peuvent différer selon que l'on est en Allemagne, en Autriche ou en Suisse pour l'allemand. De ce fait, une source canadienne, par exemple, peut être fiable pour des textes canadiens, mais proposer des informations peu adaptées à la rédaction d'un texte d'arrivée destiné à des Français.

4.6.2. Les connaissances extralinguistiques des auteurs ou sources humaines

Les sources humaines auxquelles on s'adresse ainsi que les auteurs des sources textuelles ont également une compétence variable en ce qui concerne l'information extralinguistique recherchée. Ainsi, des lexicographes qui travaillent sur un domaine technique ont dans l'ensemble des connaissances extralinguistiques inférieures à celles des spécialistes dont ils étudient le langage, ce qui rend les informations qu'ils recueillent et proposent potentiellement moins fiables que celles des techniciens, même si leur compétence de lexicographes est bonne. Par ailleurs, tout domaine a des sous-domaines, et de manière générale, un spécialiste ne peut avoir une compétence de haut niveau dans l'ensemble des sous-domaines. Un médecin généraliste n'aura pas les mêmes connaissances en cardiologie qu'un cardiologue, et celui-ci n'aura pas les mêmes connaissances en gastro-entérologie qu'un diplômé de cette spécialité. En principe, plus la source est spécialisée dans le thème du texte à traduire, mieux ses auteurs connaissent l'environnement précis dans lequel le texte a été produit ou l'environnement auquel il est destiné (voir plus loin) et plus elle est fiable.

4.6.3. L'authenticité de la source

De nombreuses sources textuelles présentent des informations recueillies dans d'autres sources et non pas rassemblées directement par leurs auteurs. C'est notamment le cas de nombreux ouvrages de vulgarisation et de nombreux ouvrages encyclopédiques. C'est également le cas de nombreux glossaires et autres sources terminologiques, qui sont non pas le résultat d'un travail terminologique ou lexicographique sur corpus, mais, ne serait-ce qu'en partie, un travail de collation de l'information figurant dans des glossaires et autres sources antérieurs. S'il n'est pas exclu qu'un travail de collation sérieux comprenne une réévaluation et d'éventuelles corrections des informations primaires (celles recueillies sur le terrain ou sur corpus), le risque de non correction est élevé. Les sources terminologiques héritent souvent des défauts de celles à partir desquelles elles ont été construites.

Par définition, les traductions ne sont pas des « sources authentiques », et leur fiabilité est en principe inférieure à celle des textes originaux. On admettra toutefois que certaines, notamment des traductions de manuels accompagnant certains matériels informatiques et logiciels, font autorité dans la mesure où elles sont bien plus présentes parmi les destinataires concernés que des textes authentiques, et que les textes authentiques ont tendance à les suivre dans l'usage terminologique, voire dans les structures linguistiques. Ce phénomène est particulièrement frappant dans la haute technologie et dans des disciplines scientifiques où règne l'anglais en tant que langue internationale de publication. Dans certains domaines, les techniciens ne maîtrisant pas très bien l'anglais lisent pour se mettre à jour de nombreux textes qui ne sont que des traductions ; ils reprennent ensuite dans leurs propres textes la terminologie, et parfois la phraséologie de ces traductions, ce qui explique certains xénismes, tant lexicaux que grammaticaux. Par exemple, lors d'une conférence d'ingénieurs du bâtiment, on a pu entendre des spécialistes français parler de « fissures injectées », c'est-à-dire des fissures dans lesquelles on avait injecté des produits destinés à limiter la progression de la détérioration de l'ouvrage, et dans des groupes industriels français, on entend parfois parler de tel directeur qui « rapporte directement au directeur général ».

Le transfert d'informations d'une source à l'autre entraîne des erreurs, ainsi qu'une perte de contact avec les données sur le terrain qui sont à la base de ces informations. Les sources authentiques peuvent donc être considérées en principe comme plus fiables que les sources secondaires.

4.6.4. L'âge de la source

À mesure que le monde évolue, les connaissances s'accumulent, de nouvelles catégories d'objets, d'activités, de fonctions, de produits, de pathologies, de théories sont définies, et d'autres disparaissent ; les langues accompagnent ces changements, surtout sur le plan terminologique. Cette évolution est lente dans certains sous-domaines de l'architecture, de la philosophie ou de l'histoire de l'art, et rapide dans d'autres, notamment ceux qui relèvent des nouvelles technologies à base d'électronique. L'espace linguistico-culturel dans lequel s'inscrit tout texte se détermine entre autres dans le temps. En général, pour la compréhension d'un texte de départ, des sources qui lui sont contemporaines sont plus fiables que des sources antérieures ou plus récentes. Pour sa reformulation en langue d'arrivée, il est préférable de rechercher des sources récentes.

4.6.5. *La similitude entre la nature du texte source et la nature du texte à traduire*

Enfin, outre le niveau de compétence des auteurs de la source, sa similitude catégorielle par rapport au texte à traduire revêt une grande importance, surtout sur le plan linguistique, car tant la terminologie que la syntaxe et des caractéristiques stylistiques plus discrètes dépendent grandement du type de texte : un ouvrage de vulgarisation n'emploie pas les mêmes termes qu'un texte spécialisé, un texte interne à une entreprise s'écrit différemment d'un texte destiné à la diffusion pour le grand public, un catalogue préparé à des fins commerciales ou de stockage et de manutention ne s'écrit pas comme une norme pour la fabrication des mêmes pièces. Toutes choses étant égales par ailleurs, la fiabilité maximale est atteinte quand le texte à traduire et la source sont de même nature (catalogue, manuel de l'utilisateur, texte administratif officiel, brevet, article scientifique ou de vulgarisation, etc.).

En résumé, sous forme d'exemple, on pourrait dire que théoriquement, la source la plus fiable pour la reformulation en français d'un article sur le droit de l'informatique qui vient de paraître dans une revue juridique étrangère serait une collection d'articles français récents publiés par des spécialistes français de la question dans des revues juridiques françaises. Tout écart par rapport à ces critères (articles suisses, revue canadienne, auteurs non spécialisés dans cette partie du droit, publication ancienne) augmente les risques d'une fiabilité inférieure. Dans la pratique, ces risques ne sont pas toujours réalisés même quand on travaille avec des sources qui en dévient sensiblement, mais il est bon de sensibiliser les étudiants aux règles pour obtenir la meilleure qualité possible.

5. Analyse des types de sources en fonction des paramètres

Jusqu'ici dans ce chapitre, les sources ont été classées par catégories, et des paramètres d'évaluation ont été proposés *in abstracto*. Dans la mesure où la traduction s'inscrit dans un espace économique, au sens où le temps et l'argent disponibles ne sont pas illimités et où l'opération de traduction doit être rentable pour le traducteur, il est important de voir aussi comment ces paramètres se combinent pour caractériser les sources disponibles sur le terrain, puis comment utiliser ces dernières.

5.1. L'existence

On a tendance à oublier une évidence, pourtant fort utile quand son potentiel est exploité : dans la mesure où le texte à traduire a un auteur, et où cet auteur écrit pour d'autres destinataires potentiellement intéressés par son texte, toutes ces personnes constituent des sources humaines potentielles (auxquelles l'accès est facilité, depuis quelques années, par la généralisation des adresses électroniques et des sites Web des entreprises, universités, laboratoires de recherche et autres organisations). De même, le texte à traduire n'est en général pas le premier à traiter du thème en question, et tout texte sur le sujet est de nature à apporter des informations complémentaires. On peut donc considérer qu'il existe *toujours* des sources humaines et des sources textuelles non terminologiques pour le thème dont traite le texte de départ. En revanche, il n'existe pas toujours de sources terminologiques correspondantes. En effet, avant que l'on songe à les produire, il faut que le thème en question intéresse un nombre suffisant de personnes sur une certaine durée, que ces personnes soient suffisamment dispersées pour que la nécessité d'une telle référence terminologique se fasse sentir (ce qui n'est pas le cas si elles se connaissent toutes et interagissent régulièrement), et que l'investissement dans sa préparation soit considéré comme rentable. Il faut également que la communauté concernée dispose de ressources suffisantes pour ce travail. C'est pourquoi pour certains thèmes, il n'existe pas de sources terminologiques commerciales telles que des dictionnaires.

Il existe en revanche de nombreuses sources terminologiques dont on ne soupçonne pas l'existence parce qu'elles sont internes à une organisation internationale (les Nations Unies, la Banque mondiale, le Fonds monétaire international, l'OCDE ont chacun des glossaires), à une entreprise, à une équipe, voire parce qu'elles sont faites par un particulier (notamment un traducteur) pour son usage personnel. Bien évidemment, ces sources ne figurent pas dans les catalogues des éditeurs. Enfin, on notera que des sources non terminologiques (livres, articles, contrats) peuvent contenir des sources terminologiques telles que des glossaires sous forme de section, de chapitre ou d'annexe. Par exemple, dans un livre sur la théorie de la communication (Cobley, 1996), on trouve un glossaire de près de 80 noms communs spécialisés que l'on a peu de chances de trouver dans des dictionnaires, même très complets *(constative statement, dicent, différance, firstness, interpretant, sinsign)*, ou qui, dans le contexte de la théorie de la communication, ont une acception et un emploi spécifiques *(empty speech, firstness, full speech, ground, meaning, object, tenor)*. Autre exemple, dans un livre en français sur l'intelligence artificielle (Antomarchi, Castiel et Seyden, 1986), on trouve un lexique qui, pour ne contenir que 15 entrées, n'en est pas moins utile pour comprendre ce que sont une base de connaissances, une base de faits, la cinquième génération, une heuristique, une inférence dans le domaine de l'intelligence artificielle.

5.2. L'accès externe

Dans les sociétés occidentales et dans beaucoup d'autres parties du monde, depuis la fin des années 1990, les sources électroniques sont les plus accessibles, et ce grâce à Internet et aux moteurs de recherche. Depuis quelques années, le passage d'une connexion relativement lente et payante à la minute à une connexion forfaitaire rapide et moins onéreuse, ainsi que la multiplication des sites Web de tous genres, ont encore multiplié les possibilités, et la tendance à la diffusion générale de ces technologies devrait accentuer cet avantage.

En deuxième position, on trouve des sources textuelles sur papier, dont le prix et l'éloignement géographique (des bibliothèques) peuvent constituer un sérieux obstacle, surtout pour un traducteur vivant loin des grands centres urbains. Les sources humaines se trouvent en troisième position ; elles sont de plus en plus faciles à identifier et à localiser grâce à Internet et à la diffusion des adresses électroniques, mais restent difficiles à mobiliser pour obtenir des informations (voir plus loin).

Il va de soi que ce classement est général et n'exprime que des tendances, qui peuvent servir de base à l'élaboration d'une stratégie d'acquisition de connaissances *ad hoc*. Toute situation particulière, par exemple celle où un auteur est le client direct du traducteur et sait qu'il a tout intérêt à coopérer avec lui, peut présenter des caractéristiques très différentes et appeler des stratégies différentes.

5.3. L'accès interne

En général, l'accès interne le plus rapide aux informations proprement dites se trouve chez la source humaine. Un expert interrogé réagit à la vitesse de la réflexion et de la parole, avec un accès immédiat ou quasiment immédiat aux connaissances stockées dans sa mémoire à long terme, et élimine d'office de sa réponse les éléments d'information non pertinents que le traducteur pourrait trouver dans une source textuelle sans savoir s'ils correspondent à ses besoins. Il est vrai que l'accès de la source humaine à ses connaissances peut être sélectif et que des « trous de mémoire » peuvent se produire et le ralentir, mais ce sont des phénomènes marginaux face à la réactivité humaine habituelle.

En deuxième position, on retrouve les sources électroniques, surtout en matière d'informations terminologiques grâce à la fonction « recherche » qui permet de trouver à très grande vitesse un terme ou groupe de termes donné. On notera à ce propos que les moteurs de recherche actuels permettent de trouver directement des termes ainsi que des collocations sur un grand nombre de sites Web sans même passer par la sélection préalable de ces sites par l'interrogateur ; dans la recherche sur des sources classiques « en dur », l'étape préalable de sélection des documents est obligatoire.

Les sources terminologiques sur papier, dont la présentation, généralement organisée autour du tri alphabétique, facilite la recherche, sont en troisième position. Les sources non terminologiques sur papier donnent l'accès interne le moins aisé. Toutefois, celui-ci est amélioré quand l'ouvrage en question dispose d'un index ou d'une table des matières détaillée.

5.4. Le taux de couverture des sources terminologiques

Comme il est expliqué plus haut, le taux de couverture d'une source est très variable, puisqu'il est fonction de besoins également variables. C'est pourquoi il est difficile d'établir des règles générales comparant le taux de couverture en fonction des types de sources, bien qu'avec les moteurs de recherche actuels (en 2004) et le nombre toujours croissant de pages Web sur tous les sujets, on puisse probablement considérer qu'Internet dans son ensemble est la (res)source offrant le plus grand taux de couverture dans la majorité des cas. Il est important, en revanche, de sensibiliser les traducteurs débutants aux limites des sources terminologiques en matière de fiabilité en soulignant les aspects suivants :

5.4.1. Le décalage temporel

Les sources terminologiques sont élaborées soit à partir d'autres sources terminologiques, soit à partir d'un corpus, soit à partir des deux. Dans tous les cas, l'exploitation d'un corpus se situe en amont de la source terminologique. Or, cette exploitation, qui comprend la lecture d'un grand nombre de textes, la sélection de termes, l'étude de leurs sens et emplois, la formulation des résultats du travail par écrit et la préparation d'un support papier ou électronique, est un travail long, qui se fait en général sur plusieurs années, et au minimum sur plusieurs mois pour n'importe quelle source commerciale (on notera toutefois que des glossaires personnels conséquents peuvent être préparés par des traducteurs en quelques semaines, voire en quelques jours à l'occasion d'un travail sur une série de textes relevant du même domaine). Il en résulte que la plupart des sources terminologiques ont un retard plus ou moins important par rapport aux textes récents que le traducteur peut avoir à traduire. Comme il est expliqué plus haut, dans certains domaines, ce retard n'a pas d'incidences sérieuses, mais dans d'autres, et notamment les nouvelles technologies, il est susceptible de réduire très sensiblement le taux de couverture, car entre sa parution et le moment de la traduction, de nouveaux termes ont pu apparaître et d'autres changer de sens ou d'emploi, ou encore disparaître. Par exemple, dans le domaine de l'informatique, on ne trouve pas, en ce début de l'année 2004, des termes devenus courants parmi de simples utilisateurs d'ordinateurs personnels tels que *USB*, *WiFi*, *ADSL* ou *business engineering* dans certains dictionnaires spécialisés datant de quelques années seulement.

5.4.2. *La contrainte économique*

L'élaboration d'une source terminologique est coûteuse en travail et souvent en argent, dans la mesure où des équipes entières sont mobilisées et doivent être rémunérées pour le temps passé. Quand cette source est commerciale, elle doit être rentabilisée par son éditeur. Celui-ci doit donc chercher un certain équilibre entre le prix de revient du produit et les revenus qu'il en tirera, et ne peut se permettre ni de déployer des effectifs trop nombreux, ni d'inclure un trop grand nombre d'informations, qui demanderont davantage de travail, donc d'argent, et qui, sur support papier, risquent de rendre l'ouvrage trop cher pour les clients. Cette dernière contrainte est moins forte dans les sources électroniques, qu'elles soient virtuelles (sur le Web) ou vendues sur support magnétique (CD-ROM). Par ailleurs, une mise à jour trop fréquente de ces sources, surtout sur papier, réduit les revenus escomptés, car les clients ne renouvellent généralement pas leurs dictionnaires très souvent compte tenu de leur prix élevé. Il en résulte un décalage temporel lié non plus à la durée de la préparation, mais à des considérations économiques.

5.4.3. *Les contraintes pratiques*

S'agissant des sources sur papier, il existe également une contrainte pratique, dans la mesure où un poids et un volume excessifs rendent un livre difficile à manier. Cette contrainte s'ajoute aux facteurs économiques pour limiter le volume d'information qu'il peut présenter. Les supports magnétiques éliminent cette contrainte, car un CD-ROM peut contenir une quantité d'information qu'il n'est pas possible d'inclure dans un livre, voire dans plusieurs dizaines de livres.

5.4.4. L'accès à des corpus et la sélection des entrées

Une contrainte bien plus fondamentale est celle de l'accès pour les lexicographes à un corpus complet et représentatif. Les sources commerciales sont surtout fondées sur un corpus public, celui des textes publiés et lus par tous. Elles ne couvrent pas, ou peu, les textes internes à des entreprises, administrations, associations et laboratoires, surtout en ce qui concerne les usages terminologiques qui leur sont propres. En revanche, les sources préparées au sein de ces organisations pour leur communication interne proposent une couverture spécifique qui correspond à leurs besoins internes. Dans le cas idéal, la traduction pour un tel groupe de destinataires appelle le recours à deux types de sources, les sources générales et les sources internes disponibles au sein du groupe, plus limitées dans leur couverture mais plus fiables.

5.4.5. La question normative

Enfin, dans la pratique, même dans des domaines de spécialité, plusieurs termes peuvent être employés pour nommer une même entité (concept, produit, fonction, propriété, théorie, action, etc.). Or, dans les sources terminologiques, on n'en sélectionne qu'une partie, que ce soit par économie (de temps et de place), par souci de normalisation (qui aide à réduire les ambiguïtés), ou par volonté de défendre une langue nationale (en éliminant les xénismes). De telles sélections normatives ne sont pas sans fondement idéologique ou théorique, mais ont bien du mal à s'imposer dans la société de manière uniforme. Sur le plan sociolinguistique, les sociolectes aident à marquer et à renforcer l'identité et la cohésion interne du groupe et ont une assez grande force, qui résiste souvent à la normalisation. Sur le plan cognitif, plus on lit un terme et plus on l'emploie soi-même, plus il « vient » naturellement lorsqu'il s'agit de s'exprimer (voir chap. VI). Quand, à l'intérieur d'un groupe (société, laboratoire de recherche, organisation internationale, administration, etc.), une personne entend souvent un terme donné, c'est lui qui prédominera dans son esprit, qu'il soit conforme aux normes officielles ou non. Si dans des domaines tels que l'informatique, la gestion d'entreprise, les finances, etc. et dans la plupart des disciplines scientifiques, on lit une majorité de textes en anglais, ce seront les termes anglais qui prédomineront, plutôt que les termes normalisés dans la langue du pays. Il en résulte qu'une sélection normative lors de la préparation d'un glossaire risque de laisser de côté un nombre considérable de termes utiles, voire nécessaires au traducteur.

5.5. La finesse

La rapidité du cerveau rend la finesse de la source humaine supérieure à celle des sources textuelles. En outre, la source humaine présente l'avantage d'une adaptation du degré de finesse à la demande. Ainsi, un spécialiste interrogé peut commencer par donner une information brute, puis, si celle-ci ne suffit pas, préciser en fonction des questions du traducteur. Une source terminologique ou textuelle sur papier a en général un degré de finesse donné. S'il est trop faible, l'information risque de ne pas être utilisable, et s'il est trop fort, il risque de rendre la consultation de la source trop longue.

Les sources terminologiques ont une finesse variable, qui ne peut qu'être limitée pour les raisons économiques et pratiques évoquées plus haut (sauf les sources créées à des fins terminologiques au sens strict du terme, par opposition aux dictionnaires et autres sources commerciales). La finesse des sources électroniques peut être supérieure, dans la mesure où leur volume n'ajoute pas à leur encombrement physique. Certaines bases de données terminologiques sont d'une très grande finesse. Cependant, en dehors des sources humaines, ce sont surtout les sources non terminologiques qui ont potentiellement la plus grande finesse, dans la mesure où elles présentent l'information en contexte, tant sur le plan linguistique que sur le plan conceptuel. On trouve en effet dans un texte spécialisé les termes recherchés dans leur milieu naturel, ce qui permet de vérifier leur sens et leur emploi avec une plus grande fiabilité que sur la seule base d'une source terminologique.

5.6. La fiabilité

La fiabilité des sources est également très variable. Elle est dans l'ensemble relativement facile à évaluer chez les sources humaines quand leurs qualifications sont connues (diplômes, activités professionnelles, réputation), et dans les sources non terminologiques sur papier quand celles-ci portent la date de leur parution et des indications sur leur origine (revue scientifique, organisme associatif, organisation internationale, etc.) et sur les qualifications de leurs auteurs. La fiabilité des sources électroniques sur CD-ROM est comparable à celle des sources sur papier, mais celle des sites Web non terminologiques est parfois plus difficile à évaluer, car ces sites ne portent pas nécessairement toutes les indications sur les paramètres pertinents. Enfin, la fiabilité des sources terminologiques est la plus difficile à évaluer *a priori*, car si les noms et parfois les titres des auteurs et collaborateurs sont indiqués, on ne connaît pas, sauf dans les bases de données terminologiques au sens strict, la date à laquelle les informations qu'elles contiennent ont été recueillies, ni leurs sources précises. Il existe des exceptions à cette règle. Par exemple, les glossaires internes d'organisations internationales sont dans l'ensemble des sources fiables pour la traduction de textes préparés dans et pour ces mêmes organisations.

6. L'utilisation des sources dans la recherche terminologique

6.1. Sources de départ et sources d'arrivée

De l'analyse qui précède, il ressort que les sources terminologiques bilingues ne sont pas nécessairement les meilleures, surtout au regard de leur fiabilité. Sauf exception, elles présentent l'inconvénient majeur de proposer des informations hors contexte, ce qui, du point de vue du traducteur, constitue une importante faiblesse. Si l'on a tendance à penser à elles en première intention, c'est que la plupart des problèmes de traduction pour lesquels on recherche des sources d'information se présentent initialement sous forme de questions terminologiques, que les sources terminologiques, surtout multilingues, sont en principes créées pour y répondre, et parce que la consultation du dictionnaire bilingue est un réflexe acquis à la suite d'un long conditionnement au fil des études de langues étrangères dès l'école.

Quand on dispose de sources terminologiques appropriées, il est effectivement intéressant de commencer par les consulter pour obtenir une première piste. Toutefois, quand leur fiabilité est incertaine, c'est-à-dire dans la majorité des cas, il est indispensable de vérifier les informations obtenues en faisant appel à des sources plus fiables. De ce fait, on peut parler d'un processus en plusieurs temps, démarrant avec une *source de départ* et aboutissant à une *source d'arrivée,* éventuellement en passant par des *sources intermédiaires.* Par exemple, dans la traduction spécialisée japonais-français, étant donné l'existence de nombreux dictionnaires japonais-anglais et la pénurie de dictionnaires japonais-français, il peut être intéressant, face à un terme japonais inconnu, de chercher d'abord un équivalent potentiel anglais, puis de chercher une équivalence potentielle dans le sens anglais-français, pour vérifier en fin de processus la qualité de l'équivalence ainsi trouvée entre le japonais et le français dans le contexte en question. Il n'est donc pas exclu, en début de processus, de faire appel à des sources dont l'accès est aisé sans trop se préoccuper de leur fiabilité, mais c'est une grave erreur que de considérer les informations ainsi acquises comme définitives et de les utiliser telles quelles dans la traduction sans vérification.

On notera que ce processus en étapes peut être pratique pour démarrer une acquisition de connaissances, mais que rien n'empêche le traducteur de chercher à utiliser directement des sources fiables si elles sont accessibles. Le Web constitue une véritable révolution en la matière (voir plus loin).

6.2. La loi des rendements décroissants

Dans la pratique, il est rare qu'une première source textuelle couvre l'ensemble des besoins pour une traduction donnée (la chose est moins rare dans le cas d'une source humaine). On fera donc appel à plusieurs sources successivement. De manière générale, si l'on a la possibilité de commencer par une source réputée « complète » pour un ensemble d'informations requises, on peut s'attendre à ce que l'apport des sources successives du même type en taux de couverture effectif aille en décroissant. En effet, si la source la plus complète ne contient pas ces informations, il est plausible que dans l'ensemble, les sources moins complètes ne les contiendront pas non plus. Cette tendance est particulièrement forte en ce qui concerne les sources terminologiques. Si tel dictionnaire spécialisé et réputé complet ne contient pas des informations recherchées, il est souvent plus intéressant de changer complètement de type de source et de chercher par exemple une solution au problème sur Internet plutôt que de consulter d'autres dictionnaires de la même spécialité. En corollaire, l'achat de plusieurs dictionnaires dans la même spécialité n'est pas nécessairement très rentable, car la valeur ajoutée de chacun par rapport au plus complet d'entre eux est relativement faible.

6.3. La constitution de sources « maison »

L'expérience montre que pour une proportion non négligeable des textes à traduire, les sources terminologiques commerciales ne sont ni suffisantes ni très fiables, surtout dans des contextes très spécifiques tels qu'une sous-spécialité disciplinaire ou l'environnement d'une entreprise qui a son propre sociolecte. De ce fait, il apparaît très utile pour les traducteurs de constituer leurs propres sources, terminologiques ou autres. La plupart d'entre eux préparent des glossaires, des fiches terminologiques ou des bases de données terminologiques, par spécialité, et souvent avec des indications précises sur l'usage du terme selon le contexte et le client. Ces sources « maison » sont en général plus fiables que les sources commerciales quand elles sont faites après travail sur corpus et non pas en recopiant les entrées à partir d'une autre source. Bien qu'elles soient relativement peu volumineuses par rapport à une source commerciale (souvent quelques dizaines à quelques centaines d'entrées par opposition à plusieurs milliers ou plusieurs dizaines de milliers d'entrées dans la plupart des sources commerciales), elles peuvent comporter une proportion importante d'informations difficiles à trouver dans les sources commerciales, ainsi que des méta-indications qui leur donnent une grande finesse, et sont donc particulièrement précieuses.

6.4. Le recours à des sources humaines

Les sources humaines sont supérieures aux sources textuelles en matière d'accès interne et de finesse. Autrefois, le principal problème était celui de l'accès externe : il était souvent difficile d'identifier un spécialiste du domaine potentiellement accessible. Ce problème a partiellement disparu du fait que des publications de plus en plus nombreuses indiquent l'adresse électronique de leurs auteurs. En outre, il existe maintenant de nombreux « groupes de discussion » de traducteurs sur Internet, et on y voit des membres diffuser des questions terminologiques et d'autres membres leur répondre très rapidement. Le problème de ces groupes est celui de la fiabilité, car ces réponses sont rarement accompagnées de toutes les informations qui permettent de les valider, et il est délicat de demander des indications complémentaires à ceux qui ont pris l'initiative de les envoyer. Dans cet usage des sources humaines, on peut considérer ces réponses comme des pistes provisoires, à vérifier par la suite dans d'autres sources dont la fiabilité est plus facile à évaluer.

Dans le recours direct à des spécialistes, si le problème de la prise de contact est en passe de disparaître grâce à Internet, une fois le contact établi, il peut être difficile de mobiliser leur attention sur une durée suffisante pour obtenir des réponses fiables et complètes à toutes les questions. Sans partager le pessimisme de Christine Durieux, pour qui « ils n'apprécient guère d'être dérangés par des néophytes » (1990 : p. 672), on peut penser comme elle que « s'il veut obtenir des spécialistes des réponses utiles, le traducteur a intérêt à bien circonscrire et préparer ses questions en précisant à partir de quel point il ne comprend plus le fonctionnement d'un mécanisme ou le déroulement d'un processus, et ce qu'il a besoin exactement de savoir et de comprendre ». On peut esquisser un classement général de l'efficacité des spécialistes face à différentes catégories de problèmes :

— Les questions auxquelles ils répondent le plus volontiers (oralement – dans les contacts écrits, ils sont moins généreux) sont généralement *les demandes d'explications sur le fond* d'un texte ou d'un passage, ou sur le sens d'un concept désignant une théorie, un procédé, un matériel, etc. De telles explications sont valorisantes et souvent intellectuellement intéressantes pour eux.

— Les questions linguistiques portant sur des *équivalences* terminologiques sont moins intéressantes pour les spécialistes, dans la mesure où elles ne font pas appel à leur intellect. Toutefois, quand ils connaissent les termes en question, ils peuvent les indiquer au traducteur sans une dépense excessive de temps et d'énergie.

— Enfin, pour relire une traduction et faire des suggestions pour son *amélioration stylistique*, il faut consentir un effort important, intellectuellement moins valorisant que l'explication d'un concept et bien plus consommateur de temps. Les spécialistes qui ne sont pas directement concernés par la traduction sont peu efficaces dans cette tâche et laissent fréquemment sans corrections des textes maladroits faute de se sentir suffisamment impliqués et de pouvoir offrir une solution immédiate aux problèmes de reformulation du traducteur. Ajoutons à cela qu'un spécialiste n'est pas obligatoirement bon rédacteur et qu'il ne s'intéresse pas nécessairement à des questions stylistiques. Ces deux éléments expliquent la mauvaise qualité de certaines traductions que rendent des étudiants après consultation de spécialistes qui ont pourtant lu et approuvé leur texte. Gile (2004) cite l'exemple d'une étudiante qui, dans ses commentaires sur un projet de traduction de fin d'année d'un texte sur la chirurgie esthétique, remercie deux chirurgiens de leur aide, y compris la relecture de son texte d'arrivée, alors que celui-ci contient de nombreuses fautes de sens.

En résumé, un spécialiste sollicité à titre occasionnel et non professionnel peut faire preuve de bonne volonté et répondre avec efficacité à un petit nombre de demandes simples d'explications et d'équivalents terminologiques. Une contribution plus conséquente en temps et en effort sera plutôt rare. Pour améliorer l'efficacité du recours à ces sources humaines, il peut être intéressant, dans une relation suivie, de professionnaliser la coopération à travers une rémunération. Le système peut être rentable pour le traducteur, qui y gagne en temps et en qualité du travail, et pour le spécialiste collaborateur dans la mesure où sa familiarité avec le domaine concerné et la disponibilité mentale de ses connaissances conceptuelles et terminologiques peut lui permettre d'aller très vite, pour une rémunération horaire relativement élevée qui ne coûte au traducteur qu'une faible proportion du revenu de sa traduction (voir chap. IV et Gile, 1986).

6.5. L'utilisation du Web

Depuis quelques années, en dehors des groupes de discussion, Internet offre l'accès à une quantité considérable de documents électroniques dans chaque domaine à travers le Web. L'accès externe à ces documents est remarquablement commode grâce à des moteurs de recherche performants : il suffit de préciser des mots clés, éventuellement avec d'autres indications, pour trouver un grand nombre de sources textuelles potentielles. Si ces sources s'avèrent contenir l'information recherchée, il faut également s'assurer de leur fiabilité, notamment à travers des recherches sur leur provenance (qui est souvent indiquée dans l'adresse du site, où figurent éventuellement le pays et l'institution concernés, ou dans le contenu même, présenté comme un cours, un article de référence, etc. avec des précisions sur son ou ses auteurs). Jamais jusqu'ici les traducteurs n'ont disposé d'une telle quantité de documents de référence dans un si grand nombre de langues à un coût si faible et avec un accès externe et interne aussi commode. D'une récente étude de K. Bouderradji (2004 : p. 78-80) auprès de traducteurs et d'entreprises et de services internes de traduction en France, il ressort que la recherche documentaire, y compris (et probablement surtout) sur Internet, est davantage utilisée que la consultation de sources terminologiques classiques ; par exemple, l'une des entreprises de traduction qu'elle a consultées sur leurs sources d'information habituelles a placé les sites Web trouvés par le biais du moteur de recherche Google en première place, et des dictionnaires en ligne en deuxième place.

Pourtant, cette manne ne résout pas tous les problèmes. On constate chez les étudiants un certain nombre de faiblesses méthodologiques dans l'emploi de l'outil, qui complètent la liste présentée plus haut.

La première est l'utilisation des informations trouvées sur des sites Web sans vérification de leur fiabilité. La liberté avec laquelle chacun peut publier son site personnel sans contrôle engendre naturellement le risque que les informations trouvées par un moteur de recherche sans passer par une sélection du site ne soient pas fiables. La commodité de la recherche par mots clés est telle qu'il n'est pas réaliste d'espérer que les traducteurs fassent comme pour les sources traditionnelles sur papier, en sélectionnant d'abord des sources fiables, et en y recherchant les informations précises dans un deuxième temps ; ils ont naturellement tendance à chercher directement par mots clés. Il est donc plus important que jamais, quand une information est trouvée dans un site Web, de vérifier les caractéristiques de celui-ci avant de considérer l'information comme fiable.

Une deuxième faiblesse liée à la commodité et à la grande richesse du Web consiste à le considérer comme un super-dictionnaire particulièrement complet. De ce fait, que ce soit pour des termes isolés ou pour des collocations (la possibilité de chercher des collocations est un autre avantage très apprécié des traducteurs en raison de son intérêt phraséologique), les étudiants ont parfois tendance à considérer qu'une collocation non trouvée sur le Web est linguistiquement inacceptable. Dans la traduction d'un texte sur le cerveau, l'un d'eux a décidé de ne pas employer l'expression « étudier le cerveau » à laquelle il avait pensé initialement car il n'avait pas trouvé sur le Web d'exemples d'association du verbe « étudier » et du substantif « cerveau ». S'il est effectivement bon de vérifier l'existence de collocations que l'on se propose d'utiliser dans d'autres textes relevant de la même spécialité, il n'est pas exclu pour autant de garder sa liberté de formulation, quitte à vérifier par d'autres moyens (par exemple en consultant des locuteurs natifs de la langue d'arrivée spécialistes du domaine) l'acceptabilité d'un libellé que l'on aura construit soi-même.

Troisièmement, quand la recherche sur le Web aboutit à plusieurs solutions possibles, certains ont tendance à privilégier automatiquement la solution que le moteur de recherche indique avoir trouvé le plus grand nombre de fois : s'il indique avoir trouvé le terme A 2 000 fois et le terme B 4 000 fois, ils auront tendance à choisir ce dernier. Le raisonnement sous-tendant ce choix est mauvais. En effet, il est possible qu'une proportion importante des pages proviennent de sources peu fiables ou forment un contexte qui n'est pas celui du texte à traduire, ou que la supériorité numérique d'un terme corresponde non pas à un plus grand nombre de sites distincts, mais à un plus grand nombre de pages dans des sites moins nombreux. À cet égard, une différence quantitative ne reflète pas nécessairement une différence qualitative. Pour décider, il convient d'examiner de plus près des facteurs qualitatifs tels que les caractéristiques des sites en question.

7. Conclusion

L'acquisition d'informations *ad hoc* dans le cadre de la traduction représentait par le passé non seulement une partie quantitativement importante du travail, mais aussi des efforts souvent pénibles. La difficulté d'accès aux informations constituait aussi un obstacle important à l'élargissement de la gamme de spécialités que pouvait aborder le traducteur. Comme le souligne Gouadec (2002, chap. 15), le développement du Web constitue une véritable révolution. Il modifie considérablement les possibilités et la manière de conduire une recherche d'informations. Le foisonnement de sites dans de nombreuses spécialités et dans de nombreuses langues permet maintenant au traducteur d'accéder instantanément à une énorme quantité d'informations depuis son poste de travail. Qui plus est, il peut souvent choisir de progresser dans l'acquisition de connaissances par ce biais en sélectionnant d'abord un texte simple et didactique, et en évoluant ensuite vers des textes plus techniques sans avoir à se soucier du prix de ces textes comme c'était le cas au temps où il fallait en acheter des versions « en dur ». Il est donc en mesure d'élargir sa gamme de spécialités, à condition de garder à l'esprit et de continuer à mettre en œuvre les règles de sérieux et de prudence qu'il appliquait dans ses recherches sur des documents plus traditionnels. Ce qui est peut-être tout aussi important, tant pour le bien-être psychologique du traducteur que pour la qualité de son travail, c'est que cet outil peut éliminer en grande partie l'aspect pénible du travail de vérification et d'enrichissement en connaissances qui fait partie intégrante de l'activité du traducteur, et le transformer en une expérience agréable.

Chapitre VI

LES LANGUES DE TRAVAIL DU TRADUCTEUR PROFESSIONNEL

1. Introduction

Aux yeux de l'observateur non initié, la première caractéristique du traducteur (et parfois la seule) est son bilinguisme ou son multilinguisme, selon les cas. Au-delà de cette évidence, en dehors des traducteurs eux-mêmes, peu de gens, même parmi les linguistes, comprennent en profondeur la nature spécifique de ce multilinguisme, de son étendue, de sa dynamique. Le présent chapitre apporte sous l'éclairage cognitif quelques éléments d'explication sur des aspects méconnus de la maîtrise linguistique du traducteur, montre qu'elle diffère sensiblement du multilinguisme « ordinaire » et du multilinguisme de l'interprète, et qu'elle appelle des stratégies de perfectionnement et d'entretien dont certaines peuvent paraître étonnantes au premier abord.

2. Les langues actives

2.1. Connaissances générales

Rappelons (voir chap. I) que le traducteur se définit notamment par rapport à ses langues de travail *actives* et *passives*. Les premières sont celles *vers lesquelles* il travaille, et les secondes celles *à partir desquelles* il travaille. Bien que le pluriel soit utilisé ici à titre générique, de nombreux traducteurs n'ont que deux langues de travail, l'une active et l'autre passive, et parmi ceux qui visent un haut niveau de qualité, la plupart ont une seule langue active (mais peut-être plusieurs langues passives).

Pour mieux expliquer les besoins afférents à la langue active du traducteur, il est peut-être bon de rappeler qu'indépendamment de l'intervention d'une langue étrangère en amont, le traducteur est chargé de rédiger en langue d'arrivée un texte dont les qualités de clarté, de logique et de style doivent lui permettre d'être performant dans sa fonction principale et dans son éventuelle fonction secondaire (voir chap. III), le plus souvent en tant que texte autonome. Autrement dit, le traducteur doit réunir toutes les qualités d'un bon rédacteur. Dans la traduction littéraire, il doit en plus avoir des qualités littéraires (mais il n'est pas nécessairement écrivain à part entière, puisqu'il n'a pas à imaginer des personnages, un environnement ou une histoire).

Aux exigences intrinsèques de la rédaction en langue d'arrivée s'ajoute une difficulté majeure dont on s'aperçoit dès les premiers contacts avec la traduction : les informations induites par les contraintes linguistiques étant différentes pour chaque langue (voir chap. III), il est souvent difficile de traduire une phrase dans le texte de départ par une phrase en langue d'arrivée stylistiquement acceptable qui contienne strictement les mêmes informations. Pour surmonter cette difficulté, les traducteurs doivent faire preuve d'une certaine ingéniosité, et surtout faire appel à toutes les ressources linguistiques dont ils disposent pour atténuer ou renforcer tel aspect de la phrase, contourner un élément indésirable ou au contraire introduire un élément nécessaire dans une phrase qui *a priori* ne s'y prête pas. C'est là le principal argument sous-jacent au principe de la traduction vers la langue maternelle du traducteur que préconisent la majorité des enseignants et professionnels.

2.2. Langues de spécialité

Par ailleurs, si certains traducteurs ne travaillent que dans un domaine de spécialité qu'ils connaissent bien, parfois pour y avoir été formés comme spécialistes avant d'exercer des fonctions de traduction, dans la majorité des cas, dans le monde de la traduction professionnelle, on est amené à traduire dans plusieurs domaines, dont certains dans lesquels on est moins spécialisé ou qu'on connaît mal. Or, chaque domaine de spécialité a au moins une langue de spécialité distincte du langage général et des autres langues de spécialité. L'aspect le plus apparent de ces différences est celui de la terminologie, sous la forme des termes spécialisés, qui font parfois croire que la rédaction technique n'est qu'une affaire de dictionnaires. À un niveau plus subtil, certains mots du langage général ont une acception ou un usage particulier dans des domaines de spécialité, mais leur morphologie n'attire pas l'attention, ce qui les transforme en pièges pour les non initiés. Lola la Torre (2001) en donne des exemples dans le domaine médical. Au fil de mes enseignements, j'ai constitué un corpus d'exemples. Dans la traduction de textes sur la science, par exemple, j'ai vu des étudiants rejeter des mots tels que « prédiction » (à propos du pouvoir prédictif d'une théorie) sous prétexte que dans le langage général, la prédiction relève des mediums et autres voyants extra-lucides, et non pas d'une anticipation raisonnée. Une vérification sur corpus montre que dans le domaine concerné, le terme s'emploie bien.

Au-delà des unités lexicales, les langues de spécialité se caractérisent par une phraséologie particulière, voire, selon les domaines, par une morphologie textuelle particulière (parmi les exemples les plus connus on trouve les contrats, les décisions de justice, les brevets et les articles scientifiques, avec leur structure normalisée sous la forme *IMRD* : Introduction, Matériaux et Méthodes, Résultats, Discussion). Ces exemples illustrent la difficulté *a priori* que pose au traducteur la rédaction technique dans des domaines qu'il ne connaît pas, avant même que l'on aborde les termes techniques, les concepts abstraits et les raisonnements complexes.

3. Les langues passives

3.1. Connaissances générales

La connaissance des langues passives requise pour la traduction est différente de la maîtrise linguistique nécessaire en langue active. Comme il est expliqué dans les chapitres II et III et rappelé plus haut, dans celle-ci, le traducteur est appelé à exprimer des idées et un ensemble d'informations qui les accompagnent, en choisissant, en dépit des non-concordances entre les deux systèmes linguistico-culturels concernés, des mots et des structures qui s'accordent harmonieusement, sans omettre des informations pertinentes, sans ajouter des informations superflues ou incertaines, et en respectant les choix fondamentaux de l'auteur du texte original. La tâche est souvent difficile, et comporte des risques d'erreurs et de pertes ou de coûts qui y sont associés (chap. IV). En revanche, la connaissance de la langue passive requise chez le traducteur travaillant sur des textes non littéraires doit lui permettre de comprendre les idées, les informations et les intentions véhiculées et servies par l'énoncé de départ sans qu'il ait à arbitrer entre différentes options d'expression, puisque celles-ci ont déjà été choisies par l'auteur du texte source.

Comme il est expliqué et illustré au chapitre IV, on ne saurait en conclure que la compréhension du texte de départ est évidente. Indépendamment des questions de technicité de textes relevant de domaines que le traducteur connaît mal, les textes sur lesquels il travaille sont souvent mal rédigés. Pour Hönig (1988 : p. 162), ces déficiences sont très répandues mais ne sont pas remarquées par le lecteur ordinaire. Ces observations concordent avec les nôtres, et plus spécifiquement avec un phénomène que je constate régulièrement depuis plus de vingt-cinq ans : des textes à traduire transmis par des clients ou sélectionnés pour les cours de traduction paraissent ne pas comporter de difficultés à la première lecture, mais s'avèrent présenter des ambiguïtés et autres défauts rédactionnels dès que l'on commence à les traduire. La chose est probablement liée au fait que tant que l'on n'a pas à réaliser une action précise sur la base d'un texte (par exemple pour monter un meuble ou faire fonctionner une machine), on a tendance à le lire superficiellement, et l'absence de termes techniques inconnus et d'une structure syntaxique compliquée donne une impression fallacieuse de compréhension. Les problèmes apparaissent quand une véritable compréhension de son contenu devient indispensable pour une action, une évaluation ou une décision. D'ailleurs, chez le lecteur ordinaire, le plus souvent, l'action, l'évaluation ou la décision dépend d'une partie seulement des faits ou idées que véhicule le contenu, et non pas de l'ensemble de ce contenu. Quand une partie de l'énoncé est ambiguë ou erronée, pour peu qu'elle ne soit pas très pertinente au regard des besoins du lecteur, celui-ci ne remarque même pas ses faiblesses. Le traducteur, en revanche, doit agir sur l'ensemble du texte de départ, ce qui rend pertinente chacune d'entre elles.

Comme il est expliqué au chapitre IV, la compréhension est la résultante de la mise en œuvre de deux compétences complémentaires du récepteur de l'énoncé, la compétence linguistique et le bagage extralinguistique. Dans la mesure où il n'est pas spécialiste du domaine, le traducteur a tout intérêt à bénéficier d'une compétence linguistique solide qui l'aidera à combler ses lacunes. Toutefois, en traduction (par opposition à l'interprétation), à quelques exceptions près, il dispose d'un certain temps, dans la plupart des cas suffisamment pour consulter des sources textuelles ou humaines pour combler ses éventuelles lacunes. Il a également la possibilité de conforter les résultats de son analyse et de l'information apportée par ses sources à travers le raisonnement. Enfin, quand il connaît un tant soit peu le domaine, ses connaissances extralinguistiques l'aident à combler d'éventuelles faiblesses linguistiques, de même d'ailleurs que d'éventuelles faiblesses linguistiques ou rédactionnelles de l'auteur du texte de départ, comme le montre l'exemple suivant :

Exemple 6.1 : Qu'est-ce que la science ?
(extrait de Y. M. Plastow, et Y. Igarashi,
The Mind of Science, Tokyo,
Kyoritsushuppankabushikigaisha, 1989)

Science is the group of subjects that is in some sense engaged in the search for and application of natural laws. We study science because we believe that the universe is fundamentally law-like and thus reducible to scientific ideas, and we also study it because we expect it to be useful. Science needs to be both narrow and universal.

Ce texte anglais est très maladroit. Mot à mot, on pourrait le transcoder par :

« La science est le groupe de sujets qui, dans un certain sens, est engagé dans la recherche et l'application de lois naturelles. Nous étudions la science parce que nous croyons que l'univers est fondamentalement comme des lois et donc réductible à des idées scientifiques, et nous l'étudions aussi parce que nous nous attendons à ce que ce soit utile. La science doit être en même tant étroite et universelle. »

La science est-elle un groupe de « sujets » ? Par « sujets », faut-il entendre « domaines » ou « disciplines », ou plutôt « personnes » ? S'il s'agit de personnes, donc des scientifiques qui *mènent* la recherche, pourquoi les appeler « sujets », terme qui désigne des personnages plutôt passifs, et pourquoi parler de « groupe », entité trop petite pour l'ensemble des chercheurs scientifiques ? S'il s'agit de « disciplines », le terme *subjects* est très maladroit, de même que l'accord entre *group* et *is engaged*. Que veut dire l'idée que l'univers est « comme des lois », comment peut-on « réduire » l'univers à des idées scientifiques, et que peut bien vouloir dire l'idée d'une science « étroite » ?

Si l'on connaît les principes de la recherche scientifique, il est possible de rétablir le sens du passage en dépit de ces maladresses. Ce que les auteurs veulent probablement dire, c'est que la science *regroupe* des *disciplines* dans lesquelles des scientifiques cherchent à découvrir des lois naturelles, ce qui correspond à la recherche fondamentale, ou à les appliquer, ce qui correspond à la recherche appliquée. La méthode scientifique est utilisée parce que les chercheurs croient que l'univers présente des régularités qui peuvent être décrites par des « lois » scientifiques et que la démarche scientifique permet de les découvrir. Enfin, la science doit être en même temps *spécifique*, c'est-à-dire se focaliser sur des éléments précis, et universelle, dans le sens où il doit être possible de généraliser ses résultats.

3.3. Langues de spécialité

Comme il a été souligné précédemment, en production, le traducteur doit trouver des termes et une phraséologie adaptés et les assembler pour construire un texte, alors qu'en compréhension, il doit interpréter les choix de l'auteur. Une utopie terminologique que de nombreux étudiants débutants prennent pour une réalité veut que dans les domaines de spécialité, les termes soient monosémiques et que leur usage soit bien défini. Les problèmes de la traduction des textes spécialisés se résoudraient alors en grande partie à l'aide de dictionnaires techniques, qui, s'ils sont plus ou moins complets, élimineraient les difficultés terminologiques. La réalité est tout autre. D'une part, s'il existe bien certaines correspondances régulières entre des termes et des concepts dans chaque langue de spécialité, la polysémie et les variantes sont légion. En traductologie, comme on peut le voir dans ce livre, on trouve, pour le même concept, les expressions « texte de départ », « texte original » et « texte source » ; en informatique, le français emploie souvent le terme anglais original ainsi que le terme français correspondant, par exemple avec *software* et « logiciel », *depository* et « référentiel » ; dans le domaine des télécommunications, on trouve pour le même objet « téléphone cellulaire », « téléphone portable », « portable » et « terminal ». Les règles d'usage sont partiellement normées, par exemple dans des organismes gouvernementaux qui imposent ou interdisent tel terme, mais elles peuvent également répondre à un besoin sociolinguistique de différenciation identitaire de la société ou du groupe concerné, et correspondent parfois à des préférences individuelles, variables dans le temps. L'expérience montre, notamment à travers les commentaires des étudiants sur leurs difficultés et leurs choix dans les exercices de traduction, que sans une certaine connaissance des secteurs concernés, il est difficile de résoudre les problèmes de compréhension des termes avec une fiabilité minimum au moyen du seul dictionnaire.

À ce problème s'ajoute celui de la non-reconnaissance de termes et de tournures spécialisés en tant que tels du fait de leur ressemblance morphologique à des termes et tournures du langage général. Baker (1992 : p. 52) souligne que des collocations rares dans le langage quotidien peuvent être fréquentes dans les registres spécialisés, et cite un exemple météorologique de Sinclair (1966), *vigorous depressions,* où le couple adjectif-substantif est pour le moins étonnant si l'on s'en tient à leur usage non spécialisé : comment une dépression peut-elle être « vigoureuse » ?

4. Aspects cognitifs des connaissances linguistiques

4.1. Trois types de mémoire

Pour aller plus loin dans l'analyse des besoins des traducteurs en matière de connaissances linguistiques, certains éléments de psychologie cognitive méritent d'être rappelés. Premièrement, les cogniticiens distinguent les opérations « automatiques » des opérations « contrôlées ». Ces dernières se caractérisent notamment par le fait qu'elles se réalisent au prix d'un certain coût en capacité de traitement, ressource mentale disponible en quantité limitée à tout moment que l'on compare souvent, métaphoriquement parlant, à l' « énergie » que nécessitent ces opérations. Parmi les opérations contrôlées figurent la compréhension et la production d'énoncés. Toutes les composantes de la compréhension et de la production d'énoncés ne sont pas contrôlées (la perception du signal auditif ou visuel de l'énoncé, par exemple, est automatique), mais il suffit que certaines le soient pour que l'ensemble ne puisse plus être considéré comme automatique. En compréhension, on note par exemple le temps plus long (généralement considéré en psychologie cognitive comme un indicateur de complexité ou de difficulté d'un traitement) mis pour interpréter une phrase un peu complexe ou abstraite ou pour reconnaître un mot rare ; en production, les pauses d'hésitation devant des choix lexicaux ou syntaxiques sont un indice aisément perçu de la nature non automatique du processus (voir par exemple Clark & Clark, 1977 ; Fortin et Rousseau, 1997).

Un deuxième élément conceptuel pertinent est l'interaction, dans la compréhension et la production du discours, entre différents types de mémoire. Les théories cognitives sont en constante évolution et leur conceptualisation du fonctionnement de la mémoire est également dynamique, mais l'on peut retenir pour les besoins de la présente discussion un modèle impliquant trois types de mémoire :

— Les registres sensoriels, en l'occurrence visuels et auditifs (respectivement pour l'écrit et pour l'oral), qui enregistrent pendant un très court instant, inférieur à une seconde, les informations transmises par les organes sensoriels. Ces informations sont ensuite transmises à la mémoire de travail (voir ci-dessous), ou sont perdues.

— La mémoire de travail, qui traite ces informations pour leur donner un sens, et qui consomme de la capacité de traitement. Cette mémoire de travail a elle aussi une capacité très limitée, de l'ordre de moins de dix éléments d'information distincts, et le maintien de cette information requiert de la capacité de traitement. En principe, la mémoire de travail transmet le résultat du traitement des informations qu'elle reçoit soit à la mémoire à long terme (voir ci-dessous), soit à des organes qui déclenchent une action après quelques secondes tout au plus, faute de quoi elle risque de saturer, donc de ne pas pouvoir traiter les nouvelles informations qui lui parviennent.

— La mémoire à long terme, qui a une capacité de stockage très importante en volume et dans la durée. C'est celle qui recueille et stocke les informations transmises par la mémoire de travail ; elle lui fournit aussi des informations en cas de besoin, par exemple pour traiter un signal linguistique reçu ou pour produire un énoncé (voir ci-dessous).

Très schématiquement, en production comme en compréhension, l'essentiel du traitement se fait en mémoire de travail. En compréhension, les informations enregistrées dans le registre sensoriel pertinent (auditif ou visuel) à partir de l'énoncé lu ou entendu sont transmises à la mémoire de travail. Celle-ci se sert des connaissances linguistiques et extralinguistiques que lui « envoie » la mémoire à long terme pour interpréter les signaux reçus. Une fois ce traitement terminé, la mémoire de travail en transmet le résultat à la mémoire à long terme, puis traite de nouvelles informations transmises par le registre sensoriel pertinent, et ainsi de suite. En production, la mémoire de travail reçoit de la mémoire à long terme des informations linguistiques et extralinguistiques nécessaires à la composition de l'énoncé, puis transmet les instructions adéquates aux organes de parole ou d'écriture, contrôle en partie les opérations de ces organes (notamment quand on écrit à la main et quand on s'efforce d'articuler de manière particulièrement claire), puis passe à la tâche d'énonciation suivante.

Dans ces processus de compréhension et de production, la *disponibilité* des connaissances est un élément central (on parle parfois de *degré d'activation*). La disponibilité en production est fonction de la capacité de traitement nécessaire à la récupération des éléments linguistiques à partir des idées (plus une connaissance est disponible, moins il faut de capacité de traitement pour la récupérer). En compréhension, elle est fonction de la capacité de traitement nécessaire à l'extraction du sens à partir des éléments linguistiques perçus. Concrètement, dans des tâches expérimentales, la disponibilité peut se mesurer en temps d'accès, à l'échelle des fractions de seconde (les chiffres rapportés dans les expériences cognitives tournent en général autour des centaines de millisecondes).

En guise de métaphore (partielle et très simplifiée), on pourrait comparer la mémoire de travail à un plan de travail sur un bureau, et la mémoire à long terme à des rayonnages où l'on range les documents une fois traités (fig. 6.1).

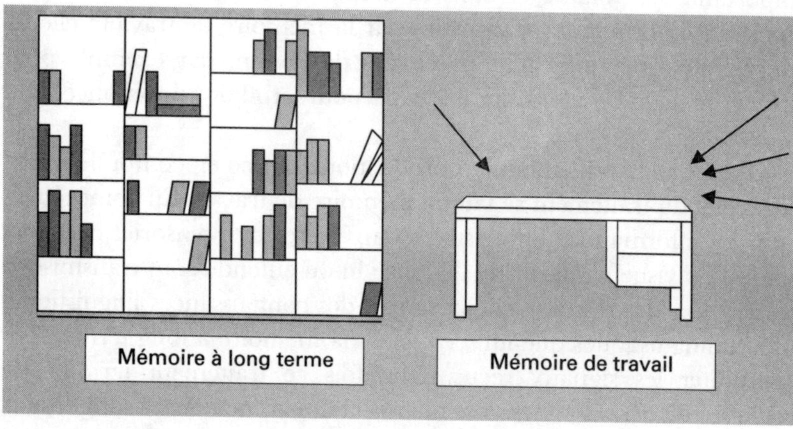

Fig. 6.1. — Les mémoires : la métaphore du bureau

En production, les instructions (les idées à exprimer) viennent de l'extérieur ; le locuteur prend des dossiers (des connaissances linguistiques et extralinguistiques) dans les rayonnages (en mémoire à long terme) et y travaille sur le bureau (la mémoire de travail) ; le produit (l'énoncé) est ensuite envoyé au destinataire et les dossiers sont remis dans les rayonnages pour faire de la place sur le bureau.

En compréhension, des documents (un énoncé) viennent de l'extérieur, sont analysés sur le bureau à l'aide d'autres documents pris dans les rayonnages (des connaissances linguistiques et extralinguistiques), et le résultat du travail (le sens de l'énoncé dégagé par son traitement en mémoire de travail) est lui aussi stocké dans les mêmes rayonnages en attendant de servir.

Le plan de travail a une capacité limitée en raison de sa surface finie, et ne peut traiter qu'un certain nombre de documents à la fois. Si le flux de documents est supérieur à sa capacité de traitement, il est saturé. Dans ces conditions, soit il ne peut plus accepter de nouveaux documents (à l'écoute, l'auditeur a dans ce cas l'impression de ne pas avoir « entendu » une parole pourtant bien perçue par ses organes auditifs), soit il leur fait place en se débarrassant de documents qu'il n'a pas fini de traiter (ce qui peut être ressenti par l'individu concerné comme un « oubli » rapide). Par ailleurs, si, pour le traitement des informations sur le plan de travail, on se sert souvent des mêmes documents, on aura tendance à les stocker dans des rayonnages proches du bureau, afin de pouvoir y accéder rapidement. Si au contraire on ne s'en sert que rarement, on les mettra plus loin. Dans cette métaphore, la distance entre le lieu de stockage d'un document et le plan de travail représente sa disponibilité. La dynamique de la disponibilité telle qu'elle est décrite à travers l'image de ce « bureau », faible ou élevée en fonction de la fréquence d'utilisation des « documents » concernés, est proche de la dynamique de la disponibilité d'éléments de connaissance, linguistiques ou non, telle qu'elle est constatée dans la vie quotidienne en fonction de la fréquence de leur utilisation.

On notera aussi que la métaphore du bureau peut s'adapter à un point de vue plus récent des psychologues cogniticiens, selon lequel la mémoire de travail ne serait pas une entité à part, mais plutôt une partie des ressources de la mémoire à long terme qui seraient fortement activées. On pourrait considérer, pour les besoins des analyses faites plus loin, que le plan de travail du bureau correspond à la partie la plus « active » d'un espace de stockage global dont les rayonnages font également partie.

4.2. Langues actives, langues passives et interférences linguistiques

Ces concepts cognitifs s'avèrent utiles pour analyser des questions centrales en matière de traduction liées aux interférences entre les langues de travail. Celles-ci seront définies ici comme l'irruption d'éléments d'une langue « parasite » dans une opération en principe interne à une langue donnée ; il peut s'agir d'éléments lexicaux ou syntaxiques, phonologiques ou pragmatiques, voire d'éléments culturels à un niveau plus abstrait, comme le souligne Kupsch-Losereit (1999).

Par exemple, en production, quand un locuteur cherche un mot en français pour exprimer une idée, il arrive que se présente spontanément à son esprit non pas le mot français idoine, mais un mot anglais. Quand il s'en rend compte, il peut y résister, le rejeter et continuer sa recherche du mot français visé jusqu'à ce qu'il le trouve. Dans ce cas, l'interférence se manifeste par un ralentissement de la production, sous la forme d'une pause ou d'un ralentissement de l'articulation. Il peut être gênant dans une conversation et très gênant en interprétation simultanée, mais il ne l'est généralement pas en traduction. En effet, la vitesse mécanique de l'écriture est faible, et ce petit ralentissement est le plus souvent imperceptible. Le problème se pose essentiellement quand l'énonciateur ne se rend pas compte que le mot ou la tournure qui se présente à son esprit relève d'une autre langue, et l'intègre dans son énoncé. Celui-ci devient alors maladroit ou grammaticalement ou sémantiquement incorrect (quand il s'agit d'un faux ami). En compréhension, le phénomène est plus discret, mais peut conduire à une interprétation sémantique erronée de l'énoncé lu. Ces faux amis sont des pièges particulièrement dangereux dans la traduction de textes spécialisés, où le traducteur, qui n'est pas spécialiste du domaine, est doublement handicapé par la faiblesse de ses connaissances linguistiques et extralinguistiques pertinentes.

On peut proposer une explication du phénomène des interférences linguistiques en s'aidant de la métaphore présentée plus haut : les connaissances linguistiques (unités lexicales, tournures, règles grammaticales, stylistiques et pragmatiques) pour chaque langue connue du locuteur sont stockées plus ou moins près du bureau en fonction de la fréquence de leur utilisation ; celles qui sont utilisées très souvent sont stockées à proximité pour pouvoir être très accessibles, et celles qui ne le sont que rarement sont stockées plus loin. Les interférences linguistiques chez les bilingues actifs seraient assimilables à des erreurs de sélection des dossiers, plus fréquentes que chez les locuteurs ordinaires du fait que des dossiers des deux langues sont stockés sur les mêmes étagères ou sur des étagères voisines à proximité du bureau. Chez les locuteurs unilingues ayant une connaissance peu poussée d'une langue étrangère et la pratiquant peu, ce risque est plus faible, car leurs connaissances dans cette langue sont stockées plus loin que celles relevant de la langue maternelle, qui sont utilisées souvent.

Par ailleurs, parmi les interprètes de conférence, particulièrement sensibles aux problèmes d'interférence, il est communément admis que les langues actives sont davantage source d'interférences linguistiques que les langues passives (voir par exemple Déjean Le Féal, 1978). Pour intégrer cette idée dans la métaphore du bureau et des rayonnages, on peut imaginer une règle stipulant qu'après chaque utilisation d'un document en production, en prévision d'une nouvelle utilisation en production, on le place dans les rayonnages proches du bureau, alors qu'après une utilisation d'un document en compréhension, on le place un peu plus loin. Dans cette représentation métaphorique, l'utilisation active de deux langues entraînerait la présence d'éléments de connaissance sur les étagères les plus proches du bureau, avec des risques relativement importants de confusion entre les deux langues dans le prélèvement d'un document en cas de besoin. En revanche, si seule une langue de travail du traducteur est active et les autres sont passives, les documents proches du bureau sont tous dans cette même langue active, et les autres sont stockés plus loin, d'où un moindre risque de confusion.

Il résulte de cette différence qu'au regard des interférences, il est plus avantageux pour les traducteurs d'avoir une ou plusieurs langues passives et une langue active que deux ou plusieurs langues actives. Ce principe revêt une importance particulièrement grande en interprétation simultanée, où deux phénomènes se conjuguent pour multiplier les risques d'interférence : d'une part l'urgence dans laquelle se fait la production du discours en langue d'arrivée, et d'autre part la simultanéité de la compréhension d'un discours source et de la production du discours cible, qui fait que des segments d'énoncés dans les deux langues sont présents simultanément en mémoire de travail. C'est pourquoi les interprètes de conférence visant le plus haut niveau de qualité tentent autant que possible de ne travailler que vers leur langue maternelle en interprétation simultanée. En interprétation consécutive (voir plus loin), la situation est différente : on ne produit un énoncé en langue d'arrivée qu'après avoir écouté tout un passage du discours de départ et pris des notes, et on ne commence la restitution que quelques secondes après la fin du discours de l'orateur. Ce décalage permet à la mémoire de travail de traiter les sons entendus en langue de départ et d'en envoyer une représentation sémantique en grande partie déverbalisée à la mémoire à long terme. De ce fait, lors de la reformulation, n'interviennent essentiellement en mémoire de travail que cette représentation sémantique, ainsi que les éléments de langue d'arrivée activés pour l'expression et les mots ou signes isolés qui ont été notés par l'interprète lors de la première phase. Les risques d'interférence linguistique sont donc bien plus faibles, et les interprètes acceptent plus volontiers de travailler en consécutive vers une langue non maternelle.

De manière analogue, dans la traduction écrite, l'un des inconvénients du passage direct de la lecture d'un énoncé source à sa formulation en langue d'arrivée sans passer par une analyse et un test de plausibilité (voir chap. IV) se situe dans le fait que ce passage direct implique la présence de traces importantes d'éléments de la langue source en mémoire de travail en même temps que les éléments activés de la langue cible, ce qui entraîne d'importants risques de confusion. La séparation de l'étape de compréhension de l'étape de reformulation et la reformulation à partir d'une représentation essentiellement sémantique du contenu de l'énoncé de départ (la « déverbalisation ») préconisées au chapitre IV permettent de réduire ce risque.

5. La directionnalité en traduction

Comme il est expliqué au chapitre IV, la règle largement majoritaire dans les milieux de traducteurs qui visent la qualité la plus élevée est la traduction exclusive vers la langue maternelle. C'est d'ailleurs une très vieille règle : depuis le XVIIe siècle, avec Johann Gottlieb Herder, on tiendrait pour acquis que la traduction vers une langue étrangère n'aurait pas de sens (voir Beeby Lonsdale, 1996 : 58). Pour Jean-René Ladmiral (1979 : p. 50), « le thème n'existe pas », c'est un exercice artificiel (p. 47), « au mieux une espérance démesurée et de plus une exigence absurde » (p. 48) (cité dans Kelly et coll., 2003 *b*). Peter Newmark, importante personnalité dans les milieux de l'enseignement de la traduction en Grande-Bretagne, considère que la traduction vers la langue maternelle ou assimilée est la seule vers laquelle il soit possible de traduire avec naturel, précision et une efficacité maximale, et que les traducteurs qui travaillent dans le sens inverse provoquent l'hilarité de leurs lecteurs (Newmark, 1988 : 3). En Espagne, García Yebra (1983 : p. 348 – cité dans Kelly *et al.*, 2003 *b*) partage lui aussi la même opinion et affirme que la traduction vers une langue non maternelle au même niveau que la traduction vers une langue maternelle est quasiment impossible, sauf pour certains « bilingues parfaits », et là aussi avec certaines limites. Pour Mona Baker (1992 : p. 64), la compétence en matière d'expressions idiomatiques et figées d'un locuteur non natif n'est quasiment jamais égale à celle d'un locuteur natif, et la majorité des traducteurs travaillant vers une langue étrangère ne peuvent espérer atteindre la même sensibilité linguistique que les locuteurs natifs quant aux expressions idiomatiques qui peuvent ou ne peuvent pas être manipulées.

L'exigence du travail exclusif vers la langue maternelle du traducteur est souvent institutionnalisée dans des codes déontologiques, par exemple dans le code de déontologie professionnelle de la Translator's Guild of Great Britain (voir Baker, 1992 : p. 64) et dans la recommandation dite de Nairobi de l'UNESCO portant sur la protection et l'amélioration du statut social et juridique des traductions et des traducteurs (1976). Les traducteurs sont convaincus qu'un travail de rédaction optimal ne peut être réalisé que vers une langue maternelle, et les considérations sur les interférences linguistiques évoquées plus haut vont dans ce même sens.

Toutefois, les exigences du marché et la pénurie en traducteurs ayant les combinaisons linguistiques nécessaires pour respecter cette règle font que dans de nombreux pays, une proportion non négligeable des traducteurs travaillent également vers une langue étrangère. C'est ce qui ressort de nombreux articles dans la littérature (le volume collectif Kelly et coll., 2003 *a* résume bien le sujet ; voir aussi Hatim, 2001 : p. 164-168). *A priori*, le résultat de cette traduction vers la langue étrangère devrait être moins bon que celui de la traduction vers la langue maternelle. En réalité, il n'en est pas nécessairement ainsi. En effet, il s'avère que contrairement à une idée reçue, les traducteurs, même expérimentés, n'ont pas nécessairement une maîtrise suffisante de leurs langues passives, et leurs traductions comportent parfois des erreurs dues à une connaissance imparfaite du sens ou des usages de certains mots et tournures. Ce handicap en matière de compréhension peut donc peser lourd, parfois au point de réduire à néant l'avantage que donne la production dans la langue maternelle.

Un point de vue pragmatique est celui qu'adopte N. Kocijancic Pokorn, de Slovénie. Partant de l'idée que la traduction est affaire de communication et que l'évaluation de sa qualité devrait tenir compte des réactions de ses destinataires sur le terrain, elle a eu l'idée de demander à des lecteurs si les auteurs de traductions qu'elle leur montrait, en l'occurrence des traductions littéraires, les avaient réalisées vers leur langue maternelle (Kocijancic Pokorn, 2003). Des résultats de l'étude, qui montrent une capacité incertaine de ces lecteurs de reconnaître des locuteurs natifs et non natifs parmi les traducteurs, elle tire des éléments d'argumentation contre le principe de la traduction vers la seule langue maternelle. On peut contester le bien-fondé de cette conclusion et demander des arguments plus solides : le fait de ne pas pouvoir identifier des locuteurs non natifs parmi les traducteurs n'implique pas qu'il n'y a pas de différence qualitative entre leurs traductions et celles des locuteurs natifs ; il se pourrait que les répondants n'aient pas une sensibilité suffisante pour la détecter, ou que la question qui leur a été posée ait focalisé leur attention sur certaines caractéristiques des traductions seulement. L'étude démontre tout de même l'absence, dans les traductions réalisées dans ce cas d'espèce par des locuteurs non natifs, d'éléments flagrants qui les trahiraient en tant que tels.

Dans la formation des traducteurs, surtout en premier et deuxième cycle universitaires, il est néanmoins important de respecter le principe du travail vers la langue maternelle, et ce pour deux raisons. D'une part, le travail de sensibilisation aux difficultés de la traduction et l'apprentissage des stratégies appropriées pour les combattre ou les contourner est plus efficace si l'apprenti traducteur reconnaît les difficultés de compréhension qu'il peut avoir en langue étrangère et se rend compte du caractère imparfait de son énoncé en langue d'arrivée tant que celui-ci n'a pas été beaucoup travaillé. En apprenant à traduire à partir de sa langue maternelle vers une langue étrangère, il risque de ne pas connaître les mêmes difficultés de compréhension dans le texte de départ, et de ne pas se rendre compte des faiblesses d'un énoncé qu'il produit lui-même dans une langue qu'il ne maîtrise pas avec toutes ses nuances (voir à ce propos Hansen, 2002 *b*). En outre, quand il traduit vers sa langue maternelle, l'enseignant peut le pousser plus loin dans les efforts de reformulation, compte tenu des ressources linguistiques dont il dispose ; dans la traduction vers une langue étrangère, la prudence est de mise.

Dans certains pays ou environnements où le marché exige un travail dans les deux sens, il n'est pas exclu de former également les étudiants à une traduction vers une langue étrangère, mais en soulignant les risques et limites y afférant et en proposant des stratégies d'optimisation, notamment le travail en équipe avec un locuteur natif.

6. Disponibilité et langues de travail

Comme il ressort des considérations présentées jusqu'ici, le concept de maîtrise des langues recouvre une réalité complexe. Une partie de sa complexité tient au fait qu'elle est non pas statique mais fluctuante. Un traducteur qui maîtrise bien une langue passive au début de sa carrière peut la « perdre » au fil du temps, et un traducteur qui ne maîtrise pas suffisamment une langue étrangère pour en faire un outil de travail peut s'y perfectionner jusqu'à la transformer en langue passive solide. En poussant l'analyse un peu plus loin, on se rend compte que ce principe s'applique non pas à des langues uniques et réputées homogènes (le français, l'anglais, l'allemand, l'espagnol, etc.), mais à chacun des sociolectes dont elles se composent, qu'il s'agisse de variantes nationales ou régionales, de registres ou de langues de spécialité.

Pour le béotien, ces modifications dans le degré de maîtrise des langues se résument à deux types de mouvement, l'acquisition et l'oubli. En réalité, les choses sont bien plus complexes, et l'analyse gagne en finesse si elle s'appuie sur la notion de disponibilité.

Par commodité, on peut représenter celle-ci sous la forme visuelle d'un *Modèle gravitationnel*, composé d'un ensemble de cercles concentriques rappelant le modèle de l'atome de Niels Bohr (fig. 6.2).

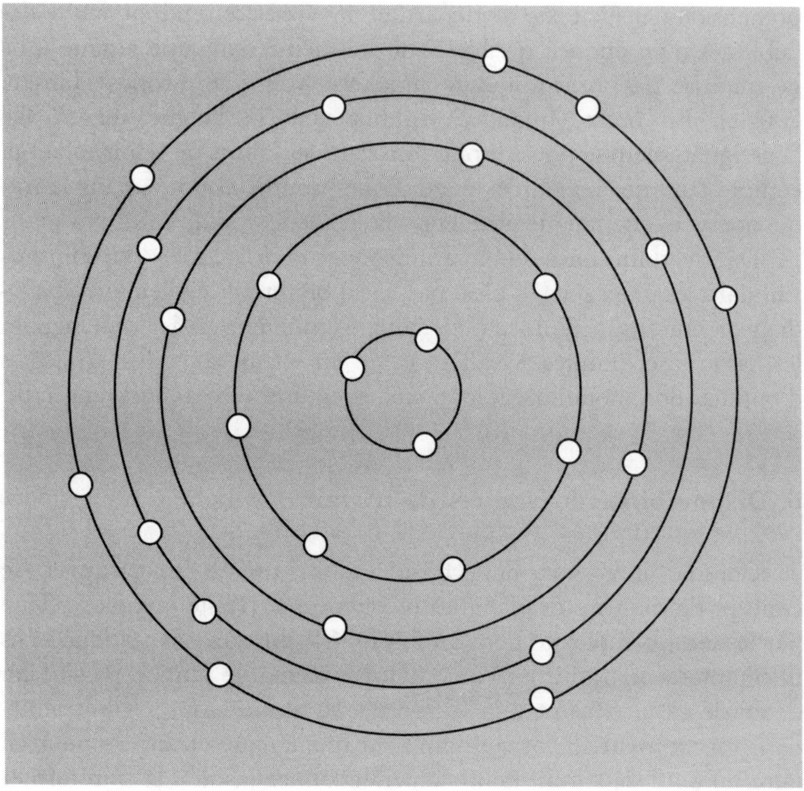

Fig. 6.2. — Le Modèle gravitationnel de la disponibilité linguistique

Dans ce modèle, chaque connaissance linguistique, qu'elle soit lexicale, syntaxique ou autre, se situe sur une orbite plus ou moins proche du centre du système, ou au contraire excentrée. Par convention, sa proximité relative par rapport au centre représente sa disponibilité : plus elle est proche, plus elle est disponible. Un tel modèle ne présente en réalité qu'un cliché instantané des connaissances linguistiques du locuteur, car la disponibilité des éléments est très variable, comme il est expliqué plus loin. Qui plus est, à tout moment, chaquc locuteur peut être caractérisé par au moins deux systèmes distincts pour chaque langue qu'il connaît, l'un pour l'écrit, et l'autre pour l'oral. En effet, les systèmes écrits et oraux de chaque langue diffèrent quelque peu, et parfois beaucoup, notamment dans leur vocabulaire et dans leur syntaxe (par exemple en grec ou en arabe), et un locuteur peu cultivé peut connaître certains mots sans savoir les écrire (dans toutes les langues), voire sans savoir les lire (notamment dans les langues à idéogrammes telles que le chinois et le japonais). Par ailleurs, les circuits physiologiques de reconnaissance et de production des éléments linguistiques ne sont pas identiques à l'écrit et à l'oral. La compréhension de l'écrit passe par l'analyse d'une image, et la compréhension de l'oral par l'analyse d'un signal sonore. La production à l'écrit passe par la ou les mains (selon qu'on écrit à la main ou sur machine), et à l'oral, par les organes vocaux. Même si l'on postule une mobilisation subconsciente des formes écrites pour la reconnaissance et la production de l'oral et *vice versa,* il est très probable que les processus ne sont pas identiques.

Le plus important pour le traducteur est la dynamique de la disponibilité linguistique. En effet, celle-ci n'est pas statique. D'une part, elle peut connaître des modifications de courte durée assez brusques Par exemple, le stress, un état affectif intensif, voire, plus simplement, la fatigue, peuvent réduire la disponibilité momentanément. Le phénomène de *restriction lexicale* qui résulte de certaines situations est bien connu. Inversement, une situation précise, un contexte précis peuvent activer certaines connaissances linguistiques et en engendrer une disponibilité très forte. Mais au-delà de ces variations rapides, on peut parler de variations à plus long terme.

Deux lois générales sont à la base de ces variations dans la disponibilité des connaissances linguistiques. La première, la *dérive centrifuge,* veut que des connaissances non sollicitées (pour comprendre ou produire un énoncé) tendent à perdre leur disponibilité. Dans le modèle, elles dérivent vers la périphérie du système. La seconde, l'*effet centripète,* postule une augmentation de la disponibilité, qui équivaut dans le modèle à la migration vers le centre du système d'une connaissance sollicitée. Hormis les cas de traumatisme, la dérive centrifuge est plutôt lente, et ne se fait sentir qu'au bout de plusieurs semaines, mois ou années, essentiellement par le fait qu'on commence à chercher ses mots, même en langue maternelle. L'effet centripète lié à l'utilisation de ces connaissances, lui, est très rapide et peut se faire sentir instantanément ou presque, comme on le voit par exemple chez des locuteurs qui retrouvent dans un texte un mot « oublié » depuis longtemps et qui sont immédiatement capables de le réutiliser avec aisance.

Dans la métaphore du bureau présentée plus haut, cette dynamique peut être représentée de la manière suivante : un document non utilisé pendant un moment sera progressivement déplacé vers des rayonnages plus lointains, à mesure que les rayonnages plus proches se remplissent de documents utilisés plus fréquemment. Dès qu'il est réutilisé, après traitement, il est rangé à proximité du bureau et redevient très accessible ou disponible.

Ces règles sont dérivées de constatations sur le terrain, et non pas d'études expérimentales rigoureuses. Elles s'observent régulièrement, mais de manière holistique ; il serait difficile de prédire la vitesse de la perte ou du gain de disponibilité pour tel type de connaissance chez tel type de locuteur dans telles circonstances. Tout au plus peut-on mesurer certains aspects pratiques de la perte de disponibilité, parfois anecdotiques, comme le recours au dictionnaire par des Japonais qui écrivent à leurs proches pour retrouver la graphie des *kanji* (caractères dits chinois) après quelques mois hors de leur pays, c'est-à-dire sans rencontres quotidiennes avec eux.

Ces règles de la dynamique gravitationnelle expliquent pourquoi l'utilisation d'une langue de travail est un antidote efficace contre son oubli. Mais au-delà de cette banalité, elles attirent l'attention sur le fait que l'entretien des langues de travail, y compris la langue maternelle, est important pour préserver la disponibilité des connaissances du traducteur. Si, contrairement à l'interprétation, la traduction ne se fait pas sous une pression cognitive demandant des décisions instantanées non réversibles, dans la pratique, le rythme de la traduction professionnelle est néanmoins soutenu, et le traducteur n'a pas nécessairement beaucoup de temps pour revoir et réécrire toutes ses traductions avant de les livrer au client. De ce fait, même au niveau de la phrase, l'énoncé initial choisi pour un premier jet restera le plus souvent la charpente et la base du texte définitif, même après correction. Dans ces conditions, pour que le texte garde un potentiel d'expression varié et ne tombe pas dans un jargon standard et appauvri, il paraît important pour le traducteur de posséder un répertoire lexical, syntaxique et idiomatique relativement riche et très disponible. On constate d'ailleurs chez certains traducteurs expatriés qui ne font pas d'efforts d'entretien de leur langue maternelle un appauvrissement de l'expression au fil des années. Ils gardent la capacité de traduire correctement, mais leurs textes semblent moins vivants. On peut également supposer que la disponibilité élevée d'un ensemble d'éléments linguistiques relativement fourni en langue active permet de mieux résister aux interférences linguistiques résultant de la force d'attraction exercée par la structure et les choix lexicaux du texte de départ.

7. Le perfectionnement linguistique du traducteur : principes

Comme le soulignent régulièrement les professeurs dans les grandes écoles de traduction (voir par exemple Gravier, 1978), une maîtrise suffisante des langues de travail est un préalable à la traduction, et l'école de traduction n'a pas pour vocation l'enseignement des langues ou le perfectionnement linguistique. Toutefois, une maîtrise suffisante n'est pas une maîtrise maximale, et le traducteur peut progresser au fil du temps au-delà de son niveau de départ. Dans les programmes de formation à la traduction de plus d'un an, il n'est pas non plus inconcevable d'aider les étudiants à combler certaines lacunes, quand celles-ci sont ponctuelles plutôt que fondamentales. Nombreux sont d'ailleurs les professeurs de traduction qui se plaignent du niveau linguistique médiocre de leurs étudiants. Dans un article sur le français des étudiants en traduction scientifique japonais-français à l'INALCO (Gile, 1984 *b*), il est fait état de faiblesses en français des étudiants français, notamment dans les accords du participe passé, dans la ponctuation (voir aussi Ballard, 1996, à ce sujet), dans des confusions constatées entre les registres de l'écrit et de l'oral, et dans l'impropriété lexicale. J'ai retrouvé au cours des vingt années écoulées depuis la publication de cet article les mêmes faiblesses chez mes étudiants francophones dans d'autres établissements universitaires.

7.1. Le perfectionnement en langue active

L'apprentissage initial de la langue maternelle se fait en amont de la formation à la traduction, pendant les études secondaires, et éventuellement au cours d'autres études ou d'une activité professionnelle comportant une activité de rédaction. Comme il a déjà été souligné à plusieurs reprises dans les chapitres précédents, pour parvenir à une compétence de haut niveau en traduction, l'étudiant doit être bon rédacteur dans sa langue maternelle. Une grammaire défaillante, un manque de sensibilité stylistique sont en général de mauvais augure pour l'avenir d'un candidat à la traduction.

En revanche, de nombreux étudiants ont des lacunes ponctuelles, circonscrites dans un nombre limité de tournures, d'emplois lexicaux impropres, etc. Ces lacunes peuvent être comblées au fil d'opérations de correction attentive de la part des professeurs, à condition que le programme contienne une quantité suffisante d'exercices de traduction et de rédaction pour leur permettre de les détecter. Des cours de rédaction distincts, sans rapport avec la traduction, peuvent également être utiles dans cette optique, d'autant plus qu'ils stimulent les connaissances en langue d'arrivée sans la présence (et l'interférence potentielle) d'un texte écrit dans une autre langue comme c'est le cas dans les exercices de traduction.

Deux cas intéressants sont celui du locuteur non natif de haut niveau et celui du « bilingue » plus ou moins « vrai » (c'est ainsi que C. Thiéry (1975) appelle un bilingue qui maîtrise chacune de ses langues à tel point que les locuteurs natifs cultivés de chacune le considèrent comme l'un des leurs). Le premier est en général un étranger parti s'installer à l'étranger une fois sa scolarité terminée et ayant acquis, au cours de longues années de séjour et de travail, une excellente connaissance de la langue de son pays d'accueil. Il parle sans accent (mais l'accent n'est pas un problème dans l'écrit) et dispose d'un vocabulaire actif très riche, parfois bien plus riche que celui de la plupart des locuteurs natifs, et donne ainsi l'impression d'avoir acquis une maîtrise linguistique parfaite dans sa deuxième langue. Et pourtant, à l'épreuve de la traduction apparaissent des faiblesses insoupçonnées : utilisation impropre de certaines expressions, faux amis, collocations peu naturelles et autres manifestations d'interférence linguistique. Le « bilingue vrai » a souvent grandi dans une famille bilingue ou fréquenté des écoles dans deux pays, et parle les deux langues avec une aisance plus ou moins égale et sans accent. Là aussi, l'absence de signes de faiblesse dans la conversation courante peut cacher des interférences plus ou moins nombreuses que l'on découvre au fil des cours et examens de traduction, et surtout au cours des examens d'interprétation, étant donné la plus grande vulnérabilité de l'interprétation aux interférences (voir plus loin).

Du point de vue de la langue passive, ces deux cas de bilinguisme très poussé constituent un avantage certain, dans la mesure où ils assurent en principe une excellente compréhension *linguistique* du texte de départ (pour des raisons expliquées au chapitre IV, une telle compréhension linguistique ne suffit pas nécessairement à assurer une compréhension parfaite du sens du texte concerné). En revanche, ils présentent aussi un risque d'interférences accru, et demandent un travail de perfectionnement et d'entretien qui peut se faire en partie dans le cadre de cours de rédaction, mais qui se déploie plus généralement dans la vie quotidienne. Dans sa thèse sur le « bilinguisme vrai » chez les interprètes de conférence, C. Thiéry (1975) note que les interprètes ayant deux langues classées A (langues maternelles ou rigoureusement équivalentes) à l'AIIC (Association internationale des interprètes de conférence) travaillent beaucoup à leur entretien.

Enfin, on peut envisager, dans des cadres précis où l'on se trouve dans l'obligation de traduire vers une langue non maternelle, des cours de perfectionnement linguistique spécifiquement conçus pour les besoins des traducteurs qui sont dans ce cas. À la différence des cours destinés à des locuteurs natifs pour une amélioration générale de leur maîtrise linguistique répartie sur tout un ensemble de registres, ces cours de traduction vers la langue étrangère doivent, pour être optimisés, être orientés avant tout vers la correction des faiblesses diagnostiquées. Étant donné le grand nombre de traductions qui se font effectivement vers des langues étrangères, les faiblesses spécifiques de locuteurs non natifs en fonction de leur langue maternelle et de la langue active étrangère concernée méritent d'être étudiées dans le cadre de projets de recherche fondamentale, pour permettre la mise au point de programmes de perfectionnement efficaces.

7.2. Le perfectionnement en langue passive

En principe, pour présenter un ensemble de langues de travail comme faisant partie de sa qualification personnelle, le traducteur doit avoir une maîtrise suffisante de toutes, langues actives ou langues passives. Il s'agit là d'un préalable à un travail de traduction suffisamment fiable et rapide pour être rentable et préserver la qualité.

Rappelons toutefois qu'en langue passive, les exigences sont moins strictes qu'en langue active, d'autant plus que d'éventuelles faiblesses peuvent être compensées plus facilement par des sources extérieures au texte à traduire. De ce fait, il n'est pas totalement exclu de commencer à traduire à partir d'une langue avant d'en avoir une excellente connaissance, à condition de rester dans certains types de textes et de disposer d'un temps et de sources de bonne qualité. Sur le plan didactique, on peut aussi envisager, dans des programmes de formation à la traduction de plusieurs années, notamment dans les départements de LEA en France, de mener de front une initiation à la traduction et un enseignement de perfectionnement linguistique pendant un ou deux ans. Ce scénario devient plus problématique dans les formations courtes de haut niveau. En tout état de cause, comme l'indiquent à juste titre ses opposants, la formule n'est pas sans risques, le premier d'entre eux étant la confusion chez les étudiants entre les problèmes de langue et les problèmes de traduction. Il est donc particulièrement important, quand ils n'ont pas une très bonne maîtrise de leur langue de travail passive, de confier l'enseignement à un pédagogue averti et connaissant bien les principes de la traduction professionnelle, afin qu'il puisse les aider à comprendre la véritable nature de chacun des phénomènes qu'ils rencontreront et les guider vers une bonne démarche.

8. Stratégies pratiques de perfectionnement linguistique pour le traducteur

8.1. Langues actives et langues passives

Un premier principe important du perfectionnement linguistique du traducteur est la différenciation entre l'amélioration des langues passives et l'amélioration de la langue active, les langues passives faisant l'objet d'un travail en compréhension, et les langues actives d'efforts en production. Les raisons de cette différenciation sont faciles à dériver des considérations précédentes :

— Premièrement, la langue passive n'a pas besoin d'être travaillée en production, puisque, par définition, elle ne sert qu'en compréhension.

— Deuxièmement, si la langue passive est travaillée en production, elle risque de provoquer davantage d'interférences avec la langue active. Ce problème se pose surtout en interprétation, et plus spécifiquement en interprétation simultanée où la charge cognitive est très lourde, mais reste pertinent en traduction.

— Troisièmement, en traduction, le perfectionnement en langue active vise à l'enrichir et à l'affiner (surtout sur le plan stylistique, car il est important de savoir trouver le ton juste), afin de disposer d'un spectre d'outils aussi large que possible pour contourner les obstacles qui se posent du fait de la non correspondance entre la langue de départ et la langue d'arrivée. Ces besoins n'apparaissent pas pour la langue passive. En interprétation, le travail en langue active porte surtout sur le renforcement de la disponibilité pour la production, qui n'est pas nécessaire en langue passive. Les traducteurs et interprètes peuvent donc avoir une excellente compréhension d'une langue passive mais la parler ou l'écrire mal.

8.2. Consolidation et enrichissement de la capacité rédactionnelle en langue active

Le travail sur la langue active vise à consolider le sens que peut avoir le traducteur de la bonne écriture dans cette langue, tant au niveau de la correction lexicale et stylistique qu'au niveau de la logique et de la clarté d'exposition des idées, avec l'éradication d'éventuelles mauvaises habitudes et un entretien « de nettoyage ». Il vise aussi un enrichissement du répertoire disponible en lexique et en tournures.

Chez les professionnels en exercice, ce travail se fait naturellement à travers la lecture attentive de textes de bonne qualité dans la langue concernée, dans la presse et dans différents types de documents. Dans les programmes de formation, certains enseignants recommandent aussi la lecture de textes littéraires, au motif que les écrivains ont un langage riche et que l'on gagne à être exposé à des phrases bien construites et à un vocabulaire varié. Cet argument paraît effectivement intéressant, mais l'on peut soulever deux réserves. La première, marginale, est le fait qu'une grande partie de cette richesse ne trouvera pas son expression dans la traduction de textes informatifs. La seconde, plus substantielle, tient aux interférences entre le registre littéraire et les registres des textes informationnels que l'on constate chez certains étudiants « littéraires ». L'irruption de mots et de tournures littéraires dans un texte technique peut gêner autant que des maladresses stylistiques générales, et l'apport des belles-lettres peut être contre-productif chez certains étudiants.

Cette stimulation passive des connaissances linguistiques étant moins efficace que la stimulation active (voir plus haut), des exercices de rédaction autonomes, sous forme d'analyses, de synthèses, de résumés, de descriptifs, de dissertations, etc. sous la conduite d'un enseignant spécialisé paraissent également souhaitables. Les professeurs de français ont leur place dans la formation des traducteurs, de même que les professeurs de rédaction technique.

8.3. L'apprentissage des langues de spécialié

Dans une optique de la traduction comme prestation professionnelle destinée à faciliter la communication entre des groupes précis ne partageant pas la même langue, le traducteur professionnel ne peut se contenter de suivre ses préférences rédactionnelles personnelles. Dans la plupart des cas, il doit s'adapter à celles des destinataires de la traduction, même si elles ne lui conviennent pas. Dans d'autres, il doit suivre les instructions ou normes du client (qui peut insister sur un certain style, ou encore imposer un purisme qui ne rend pas nécessairement le texte plus clair ou plus convaincant pour les lecteurs). Dans tous les cas, le traducteur doit apprendre un ou plusieurs sociolectes spécialisés, selon ses domaines de spécialisation et les destinataires pour lesquels il écrit.

L'acquisition d'une bonne capacité d'expression dans ces langues de spécialité passe elle aussi par la lecture de textes relevant du domaine concerné, mais les professeurs de français ou de rédaction technique ne peuvent en général être mobilisés pour aider comme c'est le cas dans le perfectionnement de l'aptitude à la rédaction non spécialisée. Par ailleurs, il est difficile de demander à des spécialistes du domaine de donner des cours de rédaction spécialisée, sauf, éventuellement, dans le cas de stages de formation organisés *ad hoc*. Dans la pratique, hormis les cas où le traducteur est lui-même spécialiste du domaine concerné (ingénieur, médecin, juriste, etc.), l'essentiel de l'acquisition de cette compétence viendra donc de la lecture attentive des sources documentaires à l'occasion de recherches faites pour résoudre des problèmes de traduction, et des corrections qu'apportera éventuellement aux traductions rendues le client ou un réviseur spécialisé.

L'expérience montre que les traducteurs apprennent assez rapidement les langues de spécialité. Selon le volume des traductions qu'ils effectuent dans un domaine donné, ils peuvent éventuellement acquérir une bonne maîtrise du langage concerné en quelques mois. En même temps que la langue de spécialité, ils apprennent des concepts, des modes de raisonnement, ainsi que des éléments des théories ou techniques sous-jacentes, ce qui donne parfois l'impression qu'ils sont eux-mêmes spécialistes du domaine. En réalité, à quelques îlots près, les connaissances acquises de cette manière sont généralement parcellaires et relativement superficielles : le traducteur juridique ne devient pas juriste, et le traducteur médical n'acquiert pas les compétences du médecin en traduisant. À titre anecdotique, on observe ce décalage dans la littérature traductologique : de nombreux articles sont rédigés par des traducteurs devenus traductologues sans formation à la recherche dans un langage scientifique impeccable, mais avec des faiblesses considérables sur le fond (voir Gile et Hansen, 2004).

9. L'interprétation et les langues

Un aspect des compétences traductionnelles souvent méconnu des traducteurs comme du grand public est la grande différence entre les besoins des traducteurs et ceux des interprètes en matière de maîtrise linguistique. Rappelons que l'interprétation consiste à traduire de l'oral vers l'oral (à l'exception de l'interprétation en langue des signes, où la communication se fait entre l'oral et la langue des signes), alors que la traduction va de l'écrit à l'écrit (avec certaines exceptions comme la traduction à vue, qui va de l'écrit à l'oral). L'interprétation se fait en mode simultané ou en mode consécutif. En interprétation simultanée, l'interprète parle en même temps que l'orateur, avec un léger décalage de l'ordre de quelques secondes, car hormis les cas d'anticipation, il entend d'abord ce qu'il va reformuler lui-même ensuite. En interprétation consécutive, l'orateur prononce un segment de discours, puis s'arrête pendant que l'interprète traduit ce segment, puis fait un nouveau segment de discours, s'arrête pour que l'interprète puisse le traduire, et ainsi de suite. Les interprètes de conférence distinguent la « vraie consécutive », celle où les segments de discours prononcés sans interruption sont de plusieurs minutes ou davantage, de la « consécutive phrase par phrase », où chaque segment correspond à une phrase, voire à un groupe de mots.

Au regard des compétences et aptitudes requises, les caractéristiques les plus fondamentales qui distinguent l'interprétation de la traduction sont les suivantes :

a) La communication en interprétation passe par le langage oral, qui se distingue du langage écrit par son lexique, sa syntaxe et son style à un degré plus ou moins marqué selon la langue, mais surtout par le fait qu'il passe par des sons. Dans la phase de compréhension, la perception du discours nécessite l'identification d'éléments linguistiques (consonnes, voyelles, syllabes, unités lexicales, etc.) à travers des sons, et non pas à travers des images comme c'est le cas à l'écrit. Cette spécificité de la compréhension à l'écoute fait l'objet d'une analyse à part plus loin.

b) En interprétation, la communication se fait sous une très forte pression du temps. Contrairement au traducteur, l'interprète n'a pas le temps de consulter des sources, de relire l'original pour mieux le comprendre et de relire le texte d'arrivée pour l'améliorer : il entend l'original une fois, et doit formuler son discours d'arrivée immédiatement, sans possibilité de revenir en arrière. Face à des difficultés, il doit prendre des décisions instantanées, notamment en matière de formulation.

D'autre part, il est soumis à une très forte pression du temps à l'échelle chronologique des traitements cognitifs. En effet, le discours parlé défile à une vitesse de quelque 100 à 200 mots par minute, soit plusieurs syllabes par seconde. C'est là qu'intervient la capacité limitée de la mémoire de travail (le bureau dans la métaphore utilisée plus haut). Si, dans le lexique mental de l'interprète, les éléments linguistiques concernés sont suffisamment disponibles pour être traités au même rythme qu'ils interviennent dans le discours de l'orateur, au niveau linguistique, la compréhension peut en principe se réaliser. Si en revanche ils sont insuffisamment disponibles, ils s'accumulent en mémoire de travail, qui est rapidement saturée. Il en résulte des pertes en compréhension à travers ce qui est perçu comme un « oubli », ou l'impossibilité de traiter des informations entendues, qui se traduit par l'impression de ne pas avoir entendu les mots concernés, selon des mécanismes expliqués plus haut.

Le problème se pose surtout dans la « vraie consécutive » et en simultanée. Dans la « vraie consécutive », l'orateur prononce des segments d'au moins plusieurs phrases, et étant donné l'importante quantité d'information concernée, pour pallier d'éventuelles faiblesses de la mémoire à long terme, l'interprète prend des notes en même temps qu'il écoute. Or, la prise de notes consomme elle aussi de la capacité de traitement et réduit d'autant la capacité de traitement disponible pour l'écoute, d'où une charge cognitive très forte et des risques de saturation accrus (Gile, 1995 *a*, *b*). Dans la consécutive phrase par phrase, la quantité d'information est plus faible, et il n'est pas nécessaire de prendre des notes. En simultanée, le problème est plus complexe : l'interprète ne prend pas de notes non plus (sauf en ce qui concerne certains chiffres et noms propres), mais il doit prononcer le discours en langue d'arrivée en même temps qu'il écoute le discours de départ. La charge cognitive s'alourdit avec l'effet cumulé de trois opérations : la compréhension en ligne du discours de départ, la formulation immédiate d'un discours informationnellement fidèle, cohérent et linguistiquement acceptable en langue d'arrivée, et le contrôle de ce discours d'arrivée, notamment au regard du risque d'interférences linguistiques.

Il en résulte qu'en consécutive, il est important que la langue passive soit très disponible. En simultanée, il faut en outre une grande disponibilité de la langue active ainsi qu'une bonne capacité de séparation entre les deux langues. Par ailleurs, pour ne pas se trouver en situation de saturation en quelques secondes face à des difficultés telles qu'un discours de départ mal entendu, mal articulé ou ambigu, ou encore une difficulté à trouver le terme idoine en langue d'arrivée, l'interprète doit réagir très vite, même quand il ne dispose pas d'une solution optimale. Il doit notamment avoir la capacité de décider rapidement, le cas échéant, d'abandonner la recherche du mot le plus juste ou de la tournure la plus élégante en faveur de l'efficacité. Il doit aussi pouvoir user de l'intonation, des pauses et autres éléments prosodiques pour compenser ce qui peut lui manquer sur le plan linguistique.

Une partie de ce savoir-faire relève de traits de personnalité fondamentaux et de talents d'orateur, mais il existe aussi un important travail d'acquisition et d'entretien des langues de travail. Pour l'interprète, par opposition au traducteur, deux aspects de ce travail sont particulièrement importants : l'un est le maintien d'une forte disponibilité à la production pour la langue active et à la compréhension pour la langue passive ; l'autre est la familiarisation avec les accents régionaux et étrangers.

Pour mieux comprendre la spécificité du problème, il faut se rappeler que la compréhension du langage est axée autour de la perception sensorielle de formes (à l'écrit) et de sons (à l'oral), mais que ces formes et sons ne correspondent pas de manière univoque à des éléments linguistiques ; ils doivent être interprétés. À l'écrit, la chose est évidente dans les textes manuscrits étant donné la grande variété des écritures individuelles, mais même les caractères imprimés ne sont pas uniformes, comme le montre le fait que les premiers logiciels de reconnaissance de caractères avaient des taux de réussite relativement faibles et que même les logiciels les plus récents et perfectionnés n'ont pas un taux de réussite de cent pour cent. La compréhension du discours parlé est plus difficile, car les sons entendus doivent être analysés rapidement (sous peine de saturation de la mémoire de travail) en fonction d'éléments de connaissance stockés en mémoire à long terme et en fonction de ce que le contexte et la situation rendent le plus plausible. Un accent, une prosodie, une syntaxe inhabituels rendent cette analyse d'autant plus lourde sur le plan cognitif. Il est donc important que les interprètes s'habituent à une large gamme d'accents, et plus généralement à toute une variété de manières de parler, afin de réduire le coût de la compréhension en capacité de traitement.

De ce fait, la méthode de perfectionnement linguistique en langues passives la plus adaptée pour l'interprétation n'est pas la lecture, mais l'écoute. Là aussi, l'amélioration vient au fil du travail de l'interprète, à mesure qu'il interprète des locuteurs aux voix, accents et styles variés, mais pour atteindre le minimum indispensable, il lui faut soit vivre dans des pays où sont parlées ses langues de travail passives, soit trouver d'autres moyens, tels que l'écoute de la radio dans ces mêmes langues. Avec le développement d'Internet, la chose est maintenant possible même pour des langues de pays lointains.

Les aptitudes linguistiques des traducteurs et des interprètes dans leurs langues de travail respectives ne sont pas comparables. C'est l'une des raisons pour lesquelles un bon interprète n'est pas nécessairement un bon traducteur, et un traducteur ayant une excellente maîtrise écrite de ses langues de travail peut se trouver incapable d'interpréter, voire de comprendre un discours oral un tant soit peu rapide dans l'une de ses langues passives.

10. La linguistique contrastive et l'apprentissage de la traduction

Dans le milieu des enseignants de la traduction professionnelle, on constate une forte opposition à la linguistique contrastive. Celle-ci est perçue comme peu pertinente, car le traducteur compétent analyse le texte de départ, le déverbalise et traduit à partir du message sans se préoccuper des ressemblances et différences entre les deux langues concernées. On craint aussi que la linguistique contrastive conduise l'étudiant à adopter des « équivalences » interlinguistiques toutes faites. Or, si celles-ci sont souvent acceptables dans le texte d'arrivée, il n'est pas rare non plus qu'elles soient maladroites, voire fausses, et elles court-circuitent le processus de lecture critique du texte de départ et de formulation et relecture critique de projets successifs de texte d'arrivée.

Dans la pratique, ce pessimisme n'est pas sans fondement. Parmi les étudiants en premier cycle et même au-delà, on trouve fréquemment des maladresses et erreurs dues à l'application de règles d'« équivalence » apprises lors des cours de langue. Pourtant, la sensibilisation des étudiants à certaines différences linguistico-culturelles entres leurs langues de travail n'est pas sans intérêt. J'ai trouvé utile, dans mes cours de traduction scientifique et technique japonais-français, de sensibiliser les étudiants à plusieurs éléments qui leur posaient problème. La conjonction *ga*, qui, avaient-ils appris en cours de japonais, marquait une opposition (comme « mais » en français), était souvent utilisée sans idée d'opposition, et il fallait bien analyser le texte japonais pour décider comment l'interpréter ; la conjonction « ya », qui, avaient-ils appris, correspondait à « et » dans une énumération non exhaustive, pouvait être utilisée dans une énumération exhaustive ; les catégories logiques étaient parfois mélangées, notamment dans un alignement de concepts et de sous-concepts, tels que les circuits intégrés d'une part, et des circuits intégrés d'un type particulier d'autre part (voir Gile, 1984 *c*, 1988). À travers cette sensibilisation contrastive, les étudiants étaient mieux armés contre de mauvaises interprétations du texte et appliquaient mieux le test de plausibilité (chap. IV).

Faut-il pour autant se lancer dans un cours de linguistique comparative ? On peut en douter, et préconiser plutôt une sensibilisation aux éléments les plus pertinents dans la combinaison linguistique concernée, qui peut se faire au fil des exercices de traduction. La grande majorité des enseignants de la traduction professionnelle pensent que l'apprentissage de la traduction *par* la linguistique contrastive, c'est-à-dire à base de comparaisons entre les caractéristiques de la langue de départ et de la langue d'arrivée, est peu efficace et dangereux : il risque de détourner l'attention de l'étudiant de l'indispensable analyse du sens et de brider sa créativité dans l'expression.

11. Conclusion

Si les chapitres précédents montrent que la connaissance des langues n'est que l'un des éléments de base de la compétence du traducteur, le présent chapitre montre que la maîtrise requise a des caractéristiques spécifiques dans le cadre de la traduction. On y voit notamment que le traducteur doit avoir au départ la même maîtrise de sa langue active qu'un rédacteur technique, mais qu'il doit savoir en plus surmonter les obstacles qui découlent des différences entre ce que peut et doit dire la langue de départ et ce que peut et doit dire la langue d'arrivée (Jakobson, 1959), et du fait qu'il doit souvent s'exprimer dans un sociolecte qui n'est pas le sien. Il en résulte la nécessité d'efforts de perfectionnement et de maintenance permanents. On voit aussi dans ce chapitre que le traducteur doit compenser des lacunes par une analyse dans laquelle interviennent des éléments de connaissances extralinguistiques et se méfier des interférences entre ses langues de travail. Les exigences sont donc très supérieures à une « bonne maîtrise globale » de ces langues. D'un autre côté, le traducteur n'a pas besoin de savoir s'exprimer dans ses langues passives. Ces caractéristiques devraient fournir matière à réflexion sur les rapports entre différents types d'exercices de traduction et l'apprentissage des langues.

Chapitre VII

ÉLÉMENTS PRATIQUES POUR LA DIDACTIQUE DE LA TRADUCTION

1. Introduction

Le premier chapitre de ce livre est une introduction conceptuelle à la formation à la traduction dans une démarche orientée processus. Cette option appelle l'explicitation d'une base théorico-méthodologique qui fait l'objet des chapitres suivants, où les lecteurs, notamment des étudiants, trouveront un ensemble d'éléments de contenu. Le présent chapitre s'adresse plus particulièrement aux enseignants, avec des considérations et des recommandations pratiques pour la mise en œuvre de la démarche proposée. On ne prétendra pas présenter ici un programme complet de formation à la traduction – comme il est expliqué au chapitre I, les cas de figure sont bien trop variés, et l'optimisation appelle une adaptation à chaque cas. On ne prétendra pas non plus passer en revue l'ensemble des exercices pratiques que l'on peut proposer dans le cadre d'une formation spécialisée à la traduction. Il existe toute une littérature sur ce sujet : voir par exemple Delisle, 1980 ; Dollerup et Loddegaard, 1992 ; Dollerup et Lindegaard, 1994 ; Kiraly, 1995 ; Kussmaul, 1995 ; Dollerup et Appel, 1996 ; Freihoff, 1999 ; Gouadec, 2000, ainsi que de nombreux articles dans les revues professionnelles telles que *Lebende Sprachen, Meta, Traduire, TTR,* etc. L'objectif de ce chapitre est plus modeste. On se bornera ici à proposer quelques recommandations sur ce que l'on peut considérer comme le noyau d'une formation à la traduction, à savoir les concepts, modèles et éléments méthodologiques de base, et les exercices de traduction qui permettent de les assimiler et de s'entraîner.

2. Théorie et modèles

Rappelons que l'enseignement orienté processus se concentre sur le processus de traduction en cherchant à optimiser la démarche et les méthodes mises en œuvre par les étudiants. Le chapitre I plaide en faveur de l'enseignement de certains éléments méthodologico-conceptuels, tant pour proposer aux étudiants une base conceptuelle que pour augmenter l'efficacité pédagogique des interventions de l'enseignant. L'expérience donne à penser que les concepts et modèles présentés dans les chapitres précédents répondent aux besoins de manière satisfaisante, dans la mesure où ils sont relativement simples et leur assimilation demande peu de temps et d'énergie de la part des étudiants. La « théorie du sens » et la théorie du *skopos,* plus simples mais moins raisonnées et plus prescriptives, peuvent remplir une fonction analogue. En revanche, la catégorisation des stratégies de traduction de la *Stylistique comparée du français et de l'anglais* (Vinay et Darbelnet, 1958) est moins utile et quelque peu dangereuse, dans la mesure où, si elle est enseignée en tant que méthode de traduction, elle risque de favoriser la traduction par équivalences linguistiques.

Les éléments théorico-méthodologiques sont probablement d'autant plus efficaces dans leur fonction d'orientation que les plus fondamentaux d'entre eux sont présentés d'emblée, avant de commencer les exercices de traduction proprement dits, afin que dès les premiers exercices les étudiants aient un cadre de référence pour les guider, mais également pour expliquer d'éventuelles suggestions et critiques de la part de l'enseignant.

Parmi les éléments introductifs, on peut proposer le modèle de communication et les critères textuels et extratextuels de qualité (chap. II), l'expérience de formulation d'une idée et l'analyse de la composition informationnelle des énoncés informatifs (chap. III), et le Modèle séquentiel (chap. IV). En revanche, l'analyse des sources d'informations et la présentation de stratégies d'acquisition d'informations *ad hoc* (chap. V) peuvent éventuellement attendre que l'on aborde des textes spécialisés, sous réserve que jusqu'à ce moment-là, on fournisse aux étudiants pour leurs traductions des sources d'information fiables sous la forme de textes de référence en langue d'arrivée (voir plus loin). Quant aux notions conceptuelles sur les langues, et notamment sur les aspects cognitifs de leur maîtrise (chap. VI), elles peuvent attendre que les étudiants abordent eux-mêmes des questions de perfectionnement linguistique, que se posent des problèmes d'interférence linguistique, ou que les étudiants en traduction soient initiés à l'interprétation.

Pour gagner du temps et éventuellement favoriser une réflexion plus complète sur des éléments théoriques intéressants mais peut-être trop consommateurs de temps dans le cadre d'un cursus court, on peut également les enseigner partiellement sous forme d'exercices de traduction. Dans les exercices de traduction spécialisée, j'introduis souvent quelques textes de psycholinguistique ou de psychologie cognitive où sont expliqués des concepts tels que les différents types de mémoire ou les mécanismes de compréhension et de production du langage. L'analyse de ces textes, ainsi que la lecture de textes de référence lors de l'acquisition d'informations *ad hoc,* complètent ce qui a pu être assimilé en cours magistral.

3. Textes et progression

Dans tous les programmes existants, la formation à la traduction se fait d'abord et avant tout à travers des exercices de traduction. Dans certaines institutions, on trouve également des exercices de rédaction technique, d'analyse de textes, de révision de traductions, de recherche documentaire et de préparation de glossaires, des exercices de gestion de projets de traduction, des exercices d'entraînement à l'utilisation de différents logiciels, etc., mais ils restent périphériques par rapport à l'activité centrale de l'apprenant, à savoir l'entraînement à la traduction proprement dite. Dès lors, une sélection adéquate des textes à traduire, le matériau fondamental sur lequel travaillent les étudiants, a une grande importance.

3.1. Les textes

Un premier principe qui semble faire l'objet d'un consensus parmi les enseignants spécialistes veut que seuls des textes authentiques soient proposés à la traduction. Qu'ils soient généraux, tirés de la presse, ou spécialisés, par exemple dans le cadre d'une formation à la traduction médicale ou à la traduction juridique, les auteurs qui s'expriment sur ce sujet préconisent tous l'utilisation de « vrais » textes, par opposition à des textes « fabriqués ». Ce principe se justifie par deux soucis : le premier est la crainte d'introduire dans des textes artificiels des éléments peu naturels susceptibles de fausser le processus de traduction, et le second est le souhait d'habituer le futur traducteur aux types de textes qu'il rencontrera par la suite dans son environnement professionnel.

On peut ajouter que les textes authentiques que l'enseignant a traduits lui-même à titre professionnel, ainsi que des textes déjà utilisés sur au moins une cohorte d'étudiants, présentent un avantage important : leurs pièges et difficultés sont déjà connus de l'enseignant et permettent une sélection adaptée au niveau du groupe d'étudiants concernés, ainsi qu'un meilleur traitement de chacun des problèmes qui s'y présenteront pour eux. Dans les textes nouveaux, il est difficile de les prévoir avec précision, en dehors d'éléments flagrants tels que des termes spécialisés rares, des structures agrammaticales, des phrases particulièrement longues ou une variété linguistique spéciale.

Il faut éviter toutefois de transformer ce principe d'authenticité en dogme inflexible. Il est rare, par exemple, qu'un traducteur travaille sur un texte très court, de quelques centaines de mots seulement. En revanche, faire travailler des étudiants sur un texte de plusieurs milliers de mots n'est pas possible dans bien des cas, et n'apparaît pas souhaitable en début de formation. En effet, pour pouvoir traiter le texte en profondeur, il faut beaucoup de temps, surtout en début de formation, et surtout si l'on veut faire bénéficier l'étudiant de réactions constructives à l'ensemble de sa prestation (voir plus loin). En outre, la traduction d'un petit nombre de textes longs ne permet pas de varier l'expérience acquise en cours de formation.

Les collègues nouvellement chargés d'enseigner la traduction, notamment la traduction spécialisée, s'interrogent souvent sur la manière d'obtenir des textes adéquats. Depuis quelques années, la solution est toute simple grâce à Internet. Il suffit de sélectionner un mot clé dans le domaine recherché, que ce soit la médecine, le droit, la discipline scientifique ou la technologie visées, pour qu'un moteur de recherche trouve des sites Web traitant de ce sujet. Il suffit alors d'explorer ces sites pour trouver des textes qui se prêtent à des exercices de traduction. On peut utiliser le Web de la même manière pour s'assurer qu'il existe bien des textes de référence dans la langue de départ et dans la langue d'arrivée. On peut également en imprimer un certain nombre et les mettre à la disposition des étudiants comme sources textuelles, et leur donner ainsi de bonnes habitudes d'acquisition d'informations *ad hoc*.

Pour la première partie de la phase d'initiation, avant que des textes spécialisés soient abordés, on peut utiliser comme textes d'entraînement de courts articles ou dépêches des agences de presse (100 à 200 mots) sur des sujets d'actualité, notamment la politique internationale. Pour des exercices de traduction spécialisée, on peut prendre des extraits de livres d'initiation à des domaines technologiques ou scientifiques, des extraits d'articles de revues spécialisées, et des extraits de textes trouvés sur le Web.

3.2. La progression

Le principe fondamental généralement adopté dans les programmes de formation à la traduction (comme dans d'autres domaines) est celui de la progression dans le sens d'une difficulté croissante. Les étudiants débutants sont confrontés à des textes relativement simples, puis à des textes demandant un savoir et un savoir-faire de plus en plus poussés. Deux observations s'imposent à ce propos :

Premièrement, le degré de spécialisation d'un texte n'est pas nécessairement corrélé fortement avec la difficulté de sa traduction. On a pu voir dans les chapitres précédents des exemples de textes non ou peu spécialisés qui sont difficiles à comprendre ou à reformuler en languc d'arrivée, et l'on trouve des textes très spécialisés simples et bien écrits où la seule difficulté est terminologique et se surmonte facilement à l'aide de sources documentaires adaptées. Il n'est donc pas exclu de dissocier le degré de spécialisation d'un texte de départ de sa difficulté présumée et de sélectionner dès le début de la formation des textes assez spécialisés, à condition de fournir aux étudiants des outils ou sources documentaires adaptés. Une telle démarche présente l'avantage de dédramatiser la traduction spécialisée aux yeux des débutants, surtout chez les étudiants issus de la filière littéraire.

Deuxièmement, en phase d'initiation, dans le cadre d'une formation orientée processus, on peut choisir de se concentrer sur un élément précis de savoir-faire, puis passer à un autre élément et ainsi de suite, pour n'intégrer l'ensemble qu'à un stade ultérieur. Par exemple, on peut choisir de travailler séparément sur le test de plausibilité (voir chap. IV), qui est un moyen privilégié de faire réfléchir l'étudiant au sens d'un texte qu'il lit avant de le traduire, afin de réduire autant que possible les risques de faux sens inhérents à une reformulation plus ou moins directe. Dans cet esprit, on peut choisir au moment voulu de faire travailler les étudiants sur des textes courts contenant une phrase maladroite, ambiguë ou illogique sans autre difficulté, voire leur faire traduire cette seule phrase pour les sensibiliser au problème. À une autre étape de l'apprentissage, on peut choisir de se concentrer sur les méthodes d'acquisition de connaissances *ad hoc,* et proposer aux étudiants des textes dont la principale difficulté se situe dans les concepts ou termes spécialisés. Autrement dit, le principe de la difficulté croissante n'est pas nécessairement le seul critère de progression efficace.

Un deuxième principe qui semble faire l'objet d'un consensus est celui de la sélection de textes « complets » qui aient une véritable identité textuelle par opposition à des extraits hors contexte. *A priori,* ce principe n'est pas facile à suivre, car rares sont les textes « complets » courts, et comme il a été expliqué plus haut, il est peu intéressant de faire traduire à des étudiants des textes longs de plusieurs pages, voire plusieurs dizaines de pages. Le problème peut être contourné si on leur propose des extraits de textes, mais en expliquant le contexte. On peut sélectionner par exemple une suite de courts passages d'un manuel, encadrés par des explications sur leur emplacement et leur fonction : début de l'introduction du livre, extrait d'un chapitre sur l'historique de l'industrie concernée, extrait d'un chapitre qui explique le fonctionnement des machines outils utilisées pour fabriquer un produit, extrait des conclusions d'une étude qui examine la réaction de deux groupes de patients à deux types de traitement antituberculeux, etc.

Ce procédé permet de faire intervenir dans les exercices une large gamme de textes, y compris des extraits de livres. Comme il est expliqué plus haut, lc développement récent d'Internet multiplie les possibilités de recherche de textes ; il facilite aussi leur préparation pour les étudiants (il n'est plus nécessaire de les copier manuellement au risque de faire des erreurs), avec une grande variété de langues, de sujets, de niveaux de qualité (de nombreux documents publiés sur Internet, notamment sur des sites Web personnels, ne passent pas par un processus de filtrage et de sélection comme les textes publiés par des éditeurs).

Les mêmes types de textes peuvent servir à des exercices d'analyse ou de recherche documentaire. Quand ils sont accompagnés de traductions professionnelles authentiques (on trouve une multitude de sites Web bilingues ou multilingues, avec une qualité de traduction très variable), celles-ci peuvent être utilisées pour des exercices de révision (voir, à propos de l'utilité de ce type d'exercices, Ammour, 2002).

À la fin de chaque étape du parcours, qui peut être un cours semestriel ou annuel, on peut prévoir pour chaque étudiant un projet de traduction plus conséquent, afin de lui donner une idée plus réaliste de ce que peut être le travail sur un texte plus long. Un tel projet de traduction peut d'ailleurs être la base de l'évaluation en fin de parcours de préférence à un examen sur table (voir plus loin).

4. Schémas de travail

Dans les programmes de formation de tous types et de tout niveau, le schéma de base des exercices de traduction est quasiment toujours le même : un texte en langue de départ est proposé par l'enseignant, les étudiants le traduisent, et les traductions sont corrigées et commentées par l'enseignant. Derrière cette uniformité apparente se cachent de nombreuses variantes. Le schéma ci-dessous est celui que je pratique dans les cours de traduction pour débutants et qui semble bien adapté à leurs besoins.

Préparation par l'enseignant
(au bureau de l'enseignant) :
– recherche initiale des textes
– sélection d'un texte de départ (T_D)
– traduction du T_D et repérage des problèmes

↓

Remise du T_D aux étudiants

↓

Traduction par les étudiants
Préparation du compte rendu intégré des problèmes et décisions (CRIPD)

↓

Remise des textes d'arrivée à l'enseignant

↓

Lecture et correction des textes d'arrivée par l'enseignant
Préparation d'une synthèse des problèmes

↓

Travail en classe :
– présentation d'une synthèse générale des problèmes diagnostiqués
– travail collectif sur un texte d'arrivée d'étudiant au tableau
(travail sur texte d'arrivée autonome, puis sur fidélité)
– restitution des textes d'arrivée aux étudiants

Fig. 7.1. — Un schéma de travail dans le traitement des traductions

4.1. Rythme des exercices et longueur des textes

Une première question se pose à propos du rythme des exercices de traduction. Certains enseignants privilégient la quantité, donc une succession rapide de textes à traduire, aux motifs que la pratique et l'expérience sont le meilleur moyen d'apprendre. Cette argumentation tient, sous réserve que l'expérience s'acquière dans une démarche bien encadrée, sous peine de laisser les étudiants prendre de mauvaises habitudes dont ils auront du mal à se débarrasser par la suite. Il est important qu'en début de formation, lors de l'acquisition du savoir-faire de base, ils aient le temps de bien appréhender toutes les dimensions des problèmes qu'ils rencontrent et d'assimiler les meilleures stratégies à mettre en œuvre pour les résoudre ou les contourner. On peut donc, pendant cette première phase, accorder la préférence à la traduction successive de textes très courts (souvent de l'ordre de 150 à 250 mots seulement, qui peuvent être des extraits de textes plus longs), avec un délai relativement confortable, d'une semaine à quinze jours dans un programme universitaire classique, et de plusieurs jours dans une formation plus intensive. Les dépêches des agences de presse offrent des textes authentiques de la longueur voulue.

4.2. Les comptes rendus intégrés

Avec des textes courts et de tels délais, on peut demander aux étudiants non seulement de réaliser un travail approfondi, mais également d'intégrer à la traduction, sous forme de notes de bas de page ou de fin de texte, un compte rendu des problèmes rencontrés, des stratégies mises en œuvre et des solutions adoptées. Ce compte rendu systématique (CRIPD – Compte rendu intégré sur les problèmes et décisions) a deux fonctions : la première est d'approfondir leur sensibilisation et leur compréhension des différents aspects et composantes du processus de traduction ; la seconde est d'aider l'enseignant à établir son diagnostic de l'acquis et des faiblesses de chacun (à propos de ces comptes rendus intégrés, voir Gile, 2004). À un stade ultérieur, quand il s'agit non plus de l'acquisition du savoir-faire de base mais d'un perfectionnement, les textes peuvent être plus longs et les délais plus courts.

4.3. Le travail en classe

En préparation au travail en classe, l'enseignant traduit lui-même chaque texte et en analyse les difficultés telles qu'il les perçoit. Une fois les traductions des étudiants recueillies, il les étudie et les annote, sans oublier les comptes rendus intégrés, et prépare une synthèse des problèmes observés par lui-même et par les étudiants.

En classe, avant de rendre aux étudiants les traductions annotées, il peut faire une présentation de cette synthèse, en répondant à des questions et à des problèmes évoqués dans les comptes rendus et en expliquant des éléments du texte de départ qui ont posé des problèmes de compréhension. Avant même la restitution des copies, il peut ainsi faire passer des commentaires critiques d'intérêt général sans nommer les auteurs des fautes et maladresses. D'un autre côté, il peut mentionner de bonnes solutions proposées par des étudiants en les nommant et en les félicitant. Il est plus facile d'accepter d'éventuels commentaires critiques quand on a été félicité par ailleurs, et cette démarche où la critique est dépersonnalisée et les félicitations sont personnalisées permet d'être plus exigeant.

Quantitativement parlant, l'essentiel du travail se fait par l'étudiant travaillant seul à la préparation de sa traduction et par l'enseignant travaillant seul à la correction des exercices. Qualitativement, les interfaces entre les deux, à savoir les commentaires et évaluations de l'enseignant et les heures de contact en classe (depuis quelques années, la technologie moderne permet de prolonger ces heures de contact à travers le courrier électronique), sont particulièrement importantes, tant pour orienter l'étudiant que pour le motiver. Une partie de cette orientation est conceptuelle, comme le montrent les modèles et explications des chapitres précédents, et peut faire l'objet de cours magistraux. Une autre partie de l'orientation individuelle passe par les commentaires écrits que l'enseignant peut faire sur les copies des étudiants. Le contact face à face en classe est un moment d'interaction privilégié, où plusieurs échanges sur une même question peuvent se faire en quelques minutes, et où l'environnement social que constitue le groupe d'étudiants présents peut être utilisé pour mieux faire passer des messages. Il est proposé ici de le faire en deux phases :

4.3.1. L'examen de la traduction en tant que texte autonome

Un étudiant est invité à écrire au tableau sa traduction préparée préalablement à domicile (ou un extrait de quelques phrases de sa traduction). Il est demandé aux autres étudiants présents de l'examiner en tant que texte autonome (sans se reporter au texte de départ) et de signaler toute faiblesse qu'ils perçoivent dans sa qualité linguistique et dans sa logique, ainsi que tout passage manquant de clarté. Les étudiants simulent ainsi partiellement la situation du destinataire final qui lit un texte d'arrivée sans connaître le texte de départ, et sont à même de mieux se rendre compte de l'effet d'une formulation ambiguë et maladroite que lorsqu'ils comparent l'original et leur propre traduction, les deux systèmes linguistiques étant activés dans leur mémoire de travail. L'expérience montre que l'étudiant qui a écrit son énoncé au tableau prend lui aussi à ce moment-là un certain recul qu'il ne peut avoir par rapport à sa propre copie quand elle est sous ses yeux.

Lors de la première séance de travail selon cette formule, les étudiants ont parfois du mal à se distancier du texte de départ et à signaler des faux sens et contresens, c'est-à-dire à juger le texte au tableau par rapport à l'original et non pas en tant que texte autonome. Après quelques rappels des règles du jeu, ils arrivent toutefois à concentrer leur regard sur le seul texte d'arrivée. Un autre problème que l'on rencontre parfois est une certaine réticence à critiquer le texte d'un camarade de classe. Si l'enseignant a une attitude ni pénalisante ni culpabilisante mais encourageante, c'est un obstacle qui peut être vite franchi.

Lors de l'exercice, les étudiants relèvent surtout des fautes et maladresses de langue, parfois des problèmes de clarté, très souvent des incohérences entre ce que dit le texte et ce qu'ils savent du sujet, et parfois des incohérences internes dans le texte. Ils ne détectent pas nécessairement tous les problèmes, et selon l'importance de ceux-ci, il n'est pas toujours nécessaire, ni même souhaitable, de relever et de discuter toutes les faiblesses qu'il contient. Si un texte au tableau présente de très nombreuses fautes, il peut être préférable de déclarer qu'il ne convient pas à l'exercice et de demander à un autre étudiant d'écrire le sien, plutôt que de passer une heure ou une heure et demie à énumérer des fautes qui sont dues à un niveau particulièrement faible de l'étudiant en question et que la plupart des autres membres du groupe n'ont pas faites.

4.3.1.1. Faiblesses de forme

En ce qui concerne les fautes et maladresses de langue, il est intéressant, chaque fois que les critiques des étudiants ne portent pas sur une faiblesse flagrante, de demander lesquels d'entre eux considèrent que le mot ou le segment en question est maladroit ou incorrect, lesquels considèrent qu'il ne l'est pas, et lesquels ne se prononcent pas. Il s'avère régulièrement qu'une forte proportion des segments considérés maladroits par les uns ne le sont pas pour d'autres. Ce constat répété permet de sensibiliser les étudiants à l'existence d'une certaine diversité dans les normes linguistiques au sein d'une population de même âge et de même milieu. Cette prise de conscience est importante pour plusieurs raisons :

— Elle les aide à accepter l'idée qu'il n'y a pas un seul « bon français » (ou anglais, allemand, espagnol, etc.), qu'il existe des idiolectes et des sociolectes, et que leur travail comportera aussi une part d'adaptation au sociolecte des destinataires de leur traduction.

— Elle les prépare à l'idée que dans la vie professionnelle, ils auront peut-être un réviseur dont les normes ne seront pas les mêmes que les leurs, et que ses exigences linguistiques peuvent être légitimes même si elles ne correspondent pas à leurs préférences personnelles.

— Dans la formation orientée processus, elles présentent surtout l'avantage de dédramatiser les éventuels commentaires et critiques de l'enseignant sur leur français, et lui permettent de présenter celles-ci comme fondées sur des normes relatives et non pas absolues, et d'être par là moins autoritaire et potentiellement blessant que dans des corrections de type classique.

Autre constat, les fautes et maladresses de langue relevées dans cet exercice comportent souvent une forte proportion d'impropriétés et de tournures résultant d'interférences linguistiques, ce que les étudiants voient sans peine dans un énoncé présenté au tableau sans la présence immédiate du texte de départ.

Dès qu'une faiblesse linguistique est détectée (et même si elle ne fait pas l'objet d'un consensus), l'enseignant demande aux étudiants des suggestions pour l'amélioration de l'énoncé. La discussion qui s'ensuit permet une participation active de tous. Elle montre régulièrement aux étudiants que le problème de la rédaction en langue d'arrivée se situe souvent non pas dans la recherche d'un mot ou d'une tournure « équivalents », mais dans l'intégration de ce mot ou cette tournure dans une phrase stylistiquement acceptable. L'enseignant peut alors exprimer son avis, mais il est préférable, tant que le groupe se trouve en phase d'orientation processus, qu'il l'exprime en tant que préférence personnelle et non pas en tant que « vérité » prescriptive, surtout si l'auteur de la traduction défend son choix et qu'il est soutenu par plusieurs autres étudiants. Il sera toujours temps plus tard d'agir avec davantage d'autorité, en phase orientée produit.

4.3.1.2. *Faiblesses de fond*

En ce qui concerne le fond, la situation des étudiants en classe n'est pas la même que celle du lecteur d'une traduction professionnelle. D'une part, ils connaissent tous le texte de départ, ce qui n'est pas le cas du lecteur ordinaire. D'autre part, le lecteur ordinaire s'intéresse généralement à l'information que véhicule le texte pour un certain usage, par exemple le montage d'un meuble en kit. Les étudiants, pour leur part, s'intéressent non pas à cette information, mais à l'exercice que représente la transformation du texte de départ en texte d'arrivée. Il y a donc là deux sensibilités différentes. L'approximation lors de l'exercice d'évaluation collective en classe est cependant suffisamment efficace pour leur faire prendre conscience de l'effet que peut produire un texte d'arrivée incohérent, manquant de clarté ou non conforme à la réalité que connaît son destinataire. Cet effet n'est pas très perceptible pour eux quand ils produisent leur traduction à domicile, mais prend un certain relief en classe, quand elle est au tableau et que plusieurs lecteurs la scrutent en dehors de son auteur.

4.3.2. *L'examen de la fidélité*

Une fois terminée la phase d'évaluation et éventuellement d'amélioration de l'énoncé au tableau en tant que texte autonome, les étudiants sont invités à se prononcer sur la correspondance entre le texte de départ et le texte d'arrivée.

On constate à cette occasion que de nombreux passages de l'énoncé au tableau qui étaient signalés comme peu clairs ou illogiques lors de l'évaluation du texte autonome correspondent en réalité à des fautes de sens. Les étudiants peuvent en conclure que si, à la lecture de leur traduction, certains passages les mettent mal à l'aise quant à leur fond, il y a une forte chance qu'ils aient mal lu ou mal interprété le texte de départ, et il est bon de procéder à une nouvelle vérification de leur fidélité en les relisant et en les analysant à nouveau (c'est le test de plausibilité dans le Modèle séquentiel du chapitre V).

Pour l'étudiant auteur de la traduction, la phase d'examen de la fidélité en classe est l'occasion d'expliquer sa démarche en fonction des difficultés rencontrées. C'est également l'occasion pour l'ensemble des étudiants de proposer leurs propres solutions et pour l'enseignant de les commenter. Dans cet environnement de discussion collective, les désaccords individuels perdent de leur mordant, et l'ambiance peut devenir constructive.

Le « corrigé » traditionnel n'est pas indispensable, et il risque d'accréditer l'idée qu'il existe *une* traduction optimale, celle de l'enseignant. Toutefois, quand les étudiants le réclament, l'enseignant peut leur lire sa traduction, de préférence en rappelant de bonnes solutions proposées par eux-mêmes et en remplaçant éventuellement ses propres choix par des propositions des étudiants qu'il estime meilleures, tout cela afin de les sensibiliser à l'existence d'une valeur ajoutée qu'ils peuvent chercher au fond d'eux-mêmes, par opposition à l'apprentissage passif de recettes de traduction.

5. Diagnostics et traitements individuels des erreurs et maladresses

Les séances de travail collectives peuvent être très productives, mais il n'est pas rare que l'on traite individuellement le cas d'un étudiant particulier. Sur la base des principes énoncés jusqu'ici, on peut proposer un schéma type pour un tel traitement. Ce schéma permet de résoudre bon nombre de problèmes, mais n'est donné ici qu'à titre indicatif et peut être adapté et enrichi selon les circonstances.

5.1. Traitement des fautes de sens

Comme il ressort des explications du chapitre IV, les fautes de sens sont généralement attribuables aux raisons suivantes :

a) une connaissance insuffisante de la langue de départ ;
b) une lecture insuffisamment attentive du texte de départ ;
c) une mauvaise qualité du texte de départ ;
d) une reformulation insuffisamment attentive du texte d'arrivée ;
e) une erreur « mécanique » au moment de l'écriture ;
f) une erreur d'appréciation par rapport à la norme de fidélité applicable ;
g) une connaissance insuffisante de la langue d'arrivée (étrangère) ;
h) un problème d'acquisition d'informations *ad hoc*.

Une partie de ces erreurs peuvent être rattrapées par le test de plausibilité. En conséquence, quand on détecte une faute de sens, on peut demander à l'étudiant si ce que dit son texte en langue d'arrivée lui semble plausible. Si la réponse est négative, on lui demande de relire le segment concerné dans le texte de départ. Le plus souvent, il trouvera lui-même l'erreur au moment de cette relecture.

Si l'erreur n'entraîne pas un problème de plausibilité, elle ne sera pas détectée par le test correspondant. Une relecture attentive du texte de départ et une comparaison de son contenu avec le contenu informationnel du texte d'arrivée permettront quand même à l'étudiant de repérer une grande partie des erreurs. Si ce n'est pas le cas, il y a probablement faiblesse dans ses connaissances, linguistiques ou extralinguistiques. L'enseignant pourra alors vérifier la qualité de l'acquisition d'informations *ad hoc* effectuée (voir plus loin) et expliquer l'erreur.

Si l'étudiant a bien compris le texte de départ et s'il est conscient d'un écart entre ce texte et le texte en langue d'arrivée mais confirme son choix, lui expliquer pourquoi sa solution peut être considérée comme non justifiée (énoncé engageant l'auteur au-delà de ce qu'il a dit, information trop générale alors que l'auteur a été précis, information peu pertinente qui risque de détourner l'attention du lecteur du message, etc.).

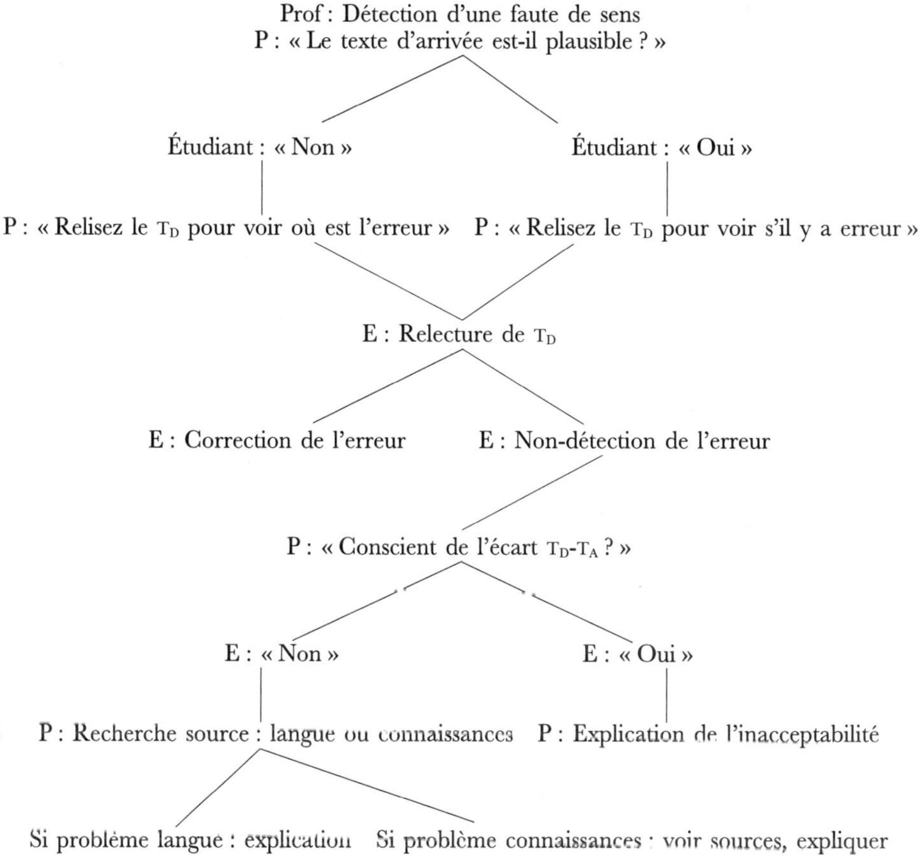

Fig. 7.2. — Traitement des fautes de sens

5.2. Traitement des fautes et maladresses de langue

Les faiblesses dans la forme sont généralement dues aux raisons suivantes :

a) une maîtrise insuffisante de la langue d'arrivée ;
b) une contamination momentanée de la langue d'arrivée par la langue de départ ;

c) une incapacité plus fondamentale du traducteur de se distancier des structures linguistiques du texte de départ lors de la reformulation en langue d'arrivée ;

d) une reformulation insuffisamment attentive, et l'absence de vérification de l'acceptabilité de l'énoncé produit en langue d'arrivée.

Quand l'enseignant détecte de telles faiblesses, il peut commencer par demander à l'étudiant ce qu'il pense de son texte sur le plan linguistique indépendamment du texte de départ. Si l'étudiant répond qu'il le considère comme linguistiquement acceptable, il peut lui montrer les passages où les normes linguistiques ne sont pas respectées. S'il considère que son texte est maladroit, lui demander s'il en

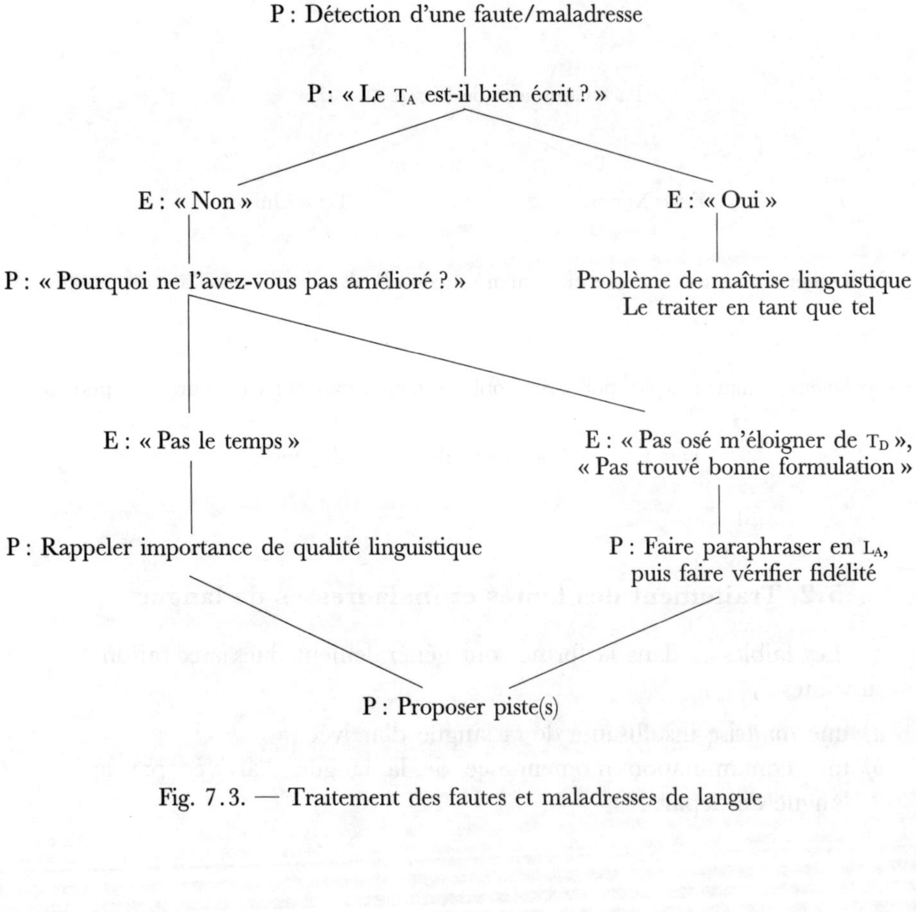

Fig. 7.3. — Traitement des fautes et maladresses de langue

était conscient avant de le remettre à l'enseignant. Dans la négative, lui rappeler la nécessité de réaliser un test d'acceptabilité pour chaque unité de traduction, puis au niveau des agrégats. S'il dit avoir été conscient de la faiblesse de son texte au moment où il l'a rendu, lui demander pourquoi il ne l'a pas amélioré. S'il dit que le temps lui a manqué (alors que d'autres étudiants du même groupe n'ont pas souffert du même problème), lui rappeler l'importance d'une bonne qualité linguistique du texte d'arrivée, afin qu'il accorde une plus grande priorité à cet aspect du travail. Très souvent, les étudiants expliquent la faiblesse de leur énoncé par une difficulté à s'exprimer correctement en langue d'arrivée tout en restant fidèles au texte de départ. On peut alors leur demander de paraphraser les passages maladroits dans leur texte d'arrivée sans regarder le texte de départ. Une fois une paraphrase linguistiquement acceptable obtenue, on peut vérifier avec eux que son contenu informationnel est le même que celui du passage maladroit dans leur traduction, et leur proposer de remplacer ce passage par la paraphrase. On peut aussi aider l'étudiant en lui proposant des pistes pour la reformulation de l'unité concernée, par exemple un début de phrase, une tournure, etc.

5.3. Traitement des faiblesses dans la terminologie et la phraséologie spécialisées

En général (sous réserve que l'enseignant se soit assuré de l'existence et de l'accessibilité de sources adéquates), ces faiblesses sont dues à l'absence d'une recherche appropriée, à un mauvais choix des sources, ou à une mauvaise utilisation de ces sources.

Demander à l'étudiant des précisions sur les sources d'information qu'il a utilisées. Si elles s'avèrent peu fiables, lui demander quelles sont leurs caractéristiques, et lui demander s'il considère que ces caractéristiques assurent leur fiabilité. S'il répond par la négative, lui demander pourquoi il n'est pas allé chercher ailleurs et insister sur l'importance du sérieux dans l'acquisition des informations *ad hoc*. Rappeler notamment la nécessité de vérifier dans une source fiable toute information obtenue dans une source qui l'est moins. Si l'étudiant ne se rend pas compte de la mauvaise fiabilité de sa source, lui rappeler les critères de fiabilité.

6. L'évaluation en phase orientée processus

Il est important, en début de formation dans le cadre de la démarche orientée processus, de faire une distinction entre la qualité de la démarche et la qualité du résultat obtenu à chaque exercice. En effet, à ce stade, les étudiants ne maîtrisent pas encore tous les outils et n'ont pas toutes les connaissances requises ; ils risquent donc d'aboutir à un résultat incorrect ou médiocre tout en ayant suivi une démarche saine. Or, ce qui importe lors de cette étape de l'apprentissage, c'est l'acquisition d'un savoir-faire adapté et d'une attitude favorisant la qualité. Il semble donc logique de renforcer la motivation de l'étudiant qui s'efforce de suivre la bonne méthode en l'encourageant, même si le résultat n'est pas encore satisfaisant. Cet encouragement peut prendre la forme d'un commentaire général sur la démarche à côté d'une appréciation générale sur la traduction, voire appeler deux appréciations séparées, l'une pour la démarche, et l'autre pour le résultat, tant que ce dernier n'est pas satisfaisant.

6.1. Évaluation des fautes et maladresses individuelles

Il est de tradition d'évaluer les traductions en fonction des fautes et maladresses commises par les étudiants. Cette pratique de l'évaluation par le côté négatif s'explique par le fait que les fautes sont énumérables, et fournissent ainsi un indicateur de qualité plus facilement mesurable qu'une évaluation générale du positif. Toutefois, la méthode présente des inconvénients techniques et psychologiques.

Sur le plan psychologique, elle peut induire chez les étudiants une attitude défensive. Ils pourraient alors être tentés de réduire les risques d'erreurs en restant aussi près que possible du texte de départ et en évitant de prendre des décisions audacieuses, pourtant nécessaires dans bien des cas. Cette frilosité les empêcherait de déployer toute leur créativité linguistique, et les priverait d'une partie du plaisir que l'on peut éprouver à chercher, trouver et mettre en œuvre des solutions créatives. Tous ces facteurs ne sont pas favorables à un développement optimal de la compétence traductive.

Sur le plan technique, la pondération des fautes et maladresses ne fait pas l'unanimité parmi les enseignants. D'une part, l'opérationnalisation même du concept de « faute » pose problème, car ce qui est classé comme faux par les uns peut être considéré comme acceptable, voire bon par d'autres. Par exemple, l'omission d'un élément du texte original en raison de sa redondance ou de sa non pertinence pour les destinataires de la traduction peut être considérée comme une stratégie justifiée par un évaluateur, et comme un manquement à la fidélité par un autre. La même variabilité se retrouve dans l'évaluation de la décision d'un traducteur d'expliciter, de corriger, d'atténuer ou au contraire de renforcer dans le texte d'arrivée des éléments du texte de départ.

Dans les cas où l'erreur est flagrante, la pondération de sa gravité n'est pas non plus consensuelle. Certains considèrent qu'elle doit être fonction de la distance entre le contenu de l'original et le contenu de la traduction. Ainsi, un contresens serait plus grave qu'un faux sens, et celui-ci serait plus grave qu'un glissement de sens. D'autres pensent que la gravité d'une faute dépend de ses conséquences pour le lecteur. Ces positions ne sont pas nécessairement compatibles ; un petit glissement de sens qui passe inaperçu peut avoir pour les parties concernées des conséquences bien plus importantes qu'une erreur grossière qui attire immédiatement l'attention. Dans le cadre de la formation orientée processus, l'intérêt de l'erreur réside surtout dans sa fonction d'indicateur sur les processus et connaissances sous-jacents. Certes, dans l'évaluation, on s'intéressera à la question de savoir si l'étudiant a pensé à l'effet potentiel sur le lecteur de ce qu'il a écrit, et dans les commentaires qui lui seront faits, on lui expliquera pourquoi telle solution choisie n'était pas bonne à cet égard, mais contrairement à l'évaluation d'une traduction professionnelle, cet effet sur le destinataire en tant que tel peut ne pas être au centre de l'évaluation.

Par ailleurs, pour prévenir l'effet psychologique inhibiteur de la pénalisation des erreurs, il apparaît intéressant d'éviter en début de formation de parler de « gravité » des erreurs, et *a fortiori* de « faute éliminatoire ». Il est souhaitable de dédramatiser, en parlant plutôt d'une erreur qui indique telle faiblesse dans telle partie du processus, par exemple dans le test de plausibilité, dans telle partie de la procédure d'acquisition d'informations *ad hoc,* dans le test d'acceptabilité, etc.

On peut toutefois parler du degré de gravité d'une faiblesse même dans une optique de formation orientée processus, par exemple sur une échelle à trois niveaux : non réalisation d'une composante du processus, réalisation incomplète ou incorrecte, et réalisation complète mais présentant des lacunes. Par exemple, l'acquisition d'informations *ad hoc,* une composante du processus de traduction, peut ne pas se faire du tout si le traducteur se fonde sur sa seule intuition pour comprendre un passage ou pour traduire un terme. Elle peut se faire à travers un dictionnaire bilingue sans vérification, c'est-à-dire être incomplète. Enfin, si elle se fait à travers la consultation de plusieurs sources adéquates, mais avec une vérification insuffisante de leur fiabilité ou du contexte dans lequel l'information est présentée, la réalisation est complète mais présente des lacunes.

Quand une composante du processus est absente, et parfois quand elle est incomplète, selon la cause du problème, l'enseignant peut procéder à une nouvelle explication de son rôle afin que l'étudiant en comprenne l'importance, ou travailler sur la motivation de ce dernier. Quand cette composante est réalisée de manière incorrecte ou avec des lacunes de faible gravité, l'intervention la plus efficace prend la forme d'un ensemble d'explications complémentaires.

La réalisation imparfaite d'une composante du processus n'aboutit pas nécessairement à une erreur ou une maladresse. Pour reprendre l'exemple de l'acquisition d'information *ad hoc,* parfois, l'intuition du traducteur lui suffit pour trouver la bonne solution ; parfois, le dictionnaire bilingue donne l'information recherchée, et la vérification dans une source complémentaire ne fera que confirmer cette solution. Ce que l'enseignant cherchera à évaluer et à améliorer, ce n'est pas le résultat de la recherche en tant que tel, mais le processus. C'est là un autre avantage du Compte rendu intégré des problèmes et décisions (voir plus haut).

Enfin, soulignons que la prévenance vis-à-vis de l'apprenant conseillée ici n'est pas un appel au laxisme. Bien au contraire, on peut considérer qu'en évitant de le blesser ou de le braquer, on se donne de meilleurs moyens d'être exigeant et de traquer les insuffisances.

6.2. Évaluation globale

À quelques exceptions près, le système universitaire français impose des normes d'évaluation chiffrées qui se traduisent par des notes. Ce système est mal adapté à l'évaluation dans la formation orientée processus à la traduction professionnelle. Non seulement on trouve une variabilité interindividuelle et intra-individuelle non négligeable dans l'appréciation de la qualité linguistique et dans les normes de fidélité des enseignants (on le constate lors des doubles corrections et lors des deuxièmes corrections faites par un même correcteur pour vérifier des cas limites), mais il est plus difficile encore de chiffrer avec précision une démarche qu'un produit. Les systèmes de points de pénalité pour fautes de langue et de sens à différents degrés de gravité, qui aboutissent à une note globale en fonction d'un barème, sont également inadaptés dans une démarche qui vise à enseigner des processus.

Dans le cas idéal, pendant la durée de la progression initiale, soit plusieurs semaines à un semestre, il semble préférable d'opter pour une évaluation holistique axée sur la démarche. Dans cet esprit, une évaluation en échelons correspondant aux « mentions » françaises classiques (TB pour « Très Bien », B pour « Bien », AB pour « Assez Bien », P pour « Passable »), augmentée des échelons « Insuffisant » (I) et « Très Insuffisant » (TI), paraît intéressante. Ces correspondances avec les « mentions » scolaires présentent l'avantage de permettre de passer facilement à un système de notes classique si l'institution universitaire l'exige pour les contrôles institutionnels et les relevés de notes correspondants. Dans ce système, la mention « Insuffisant » correspond à 8 sur 20 et la mention « Très Insuffisant » à 6 sur 20.

Par ailleurs, il est important, dans une formation professionnalisante, de sensibiliser les étudiants au fait que pour le client et le destinataire de la traduction, le travail de fond fait par le traducteur est en général invisible : ils ne se rendent pas compte de l'étendue des efforts d'analyse, de recherche et de prise de décisions déployés quand le texte de départ est peu clair, quand il manque au traducteur un bagage extralinguistique suffisant, et quand les problèmes d'incompatibilité interlinguistique et interculturelle entre les deux cultures en présence sont nombreux. En revanche, ils sont sensibles à un éventuel retard de livraison de la traduction (ce qui relève de la dimension extratextuelle de la qualité), aux fautes de frappe, aux maladresses dans l'emploi des termes spécialisés, et à une phraséologie non conforme à leurs normes dans le texte qui leur est livré. Leur réaction peut donc être négative face à la traduction dans son ensemble s'ils trouvent une seule faute de frappe en première page de la traduction, même si le reste est excellent.

7. L'évaluation en phase orientée produit

Comme il est expliqué au chapitre I, une démarche orientée processus présente des avantages en début de parcours, mais ne suffit pas à assurer la formation dans sa totalité. Dans un cursus professionnalisant, en fin de parcours, les évaluateurs auront à décider non pas si le processus est bien maîtrisé, mais si le candidat au diplôme peut être « mis sur le marché » avec des garanties de moyens et de résultat suffisants. Si le processus est bien maîtrisé, mais des lacunes linguistiques graves ou des faiblesses majeures dans les connaissances extralinguistiques subsistent, la réponse ne peut être que négative. C'est pourquoi la démarche orientée processus doit progressivement céder la place à une démarche orientée produit. Cette transition est également rendue nécessaire par le fait, expliqué plus haut, que l'orientation processus et le travail de fond qui l'accompagne pour chaque texte limite fortement la longueur de chacun de ces textes. Il est important qu'après avoir assimilé la méthode, chaque étudiant acquière une certaine expérience à travers la traduction de textes plus nombreux et plus variés que ce qu'autoriserait la progression orientée processus.

La durée de chaque phase dépend des circonstances, des objectifs de la formation et de sa durée. À titre indicatif, dans une formation professionnalisante de trois ou quatre ans, il est envisageable de consacrer une année entière à une initiation en douceur avec une évaluation entièrement orientée processus avant de passer à l'orientation produit. En revanche, dans une formation accélérée de quelques mois à un an, il paraît souhaitable d'effectuer la transition aussi vite que possible. Dans une formation universitaire non professionnalisante, il n'est pas inconcevable de rester dans une orientation processus pendant toute la durée du parcours, surtout s'il s'agit d'un enseignement du premier cycle. Toutefois, quand cet enseignement fait partie d'une formation en langues, il est judicieux, voire nécessaire d'être dès le départ très strict par rapport aux faiblesses linguistiques.

Au moment où l'enseignement se recentre sur le produit, on cherche à favoriser l'acquisition par l'étudiant d'une plus grande vitesse dans ses réactions ainsi que d'éléments de connaissances linguistiques et extralinguistiques complémentaires. On change alors de méthode d'évaluation pour juger le produit en tant que tel et sanctionner les fautes et maladresses qui s'y trouvent. Dans cette optique, les méthodes plus traditionnelles mises en œuvre dans les universités et affectant différents poids à différentes catégories de fautes de langue peuvent être utilisées sans encombre. En revanche, la question de la pondération de la gravité relative des fautes de sens reste posée.

Quant à l'évaluation de fin de parcours, elle peut prendre des formes différentes selon que la formation est professionnalisante ou non. Dans un cours de formation à la traduction spécialisée (par opposition à des cours de rédaction, d'utilisation des outils informatiques, de perfectionnement linguistique, etc. qui peuvent l'accompagner dans un même programme), une traduction de fin de parcours est la méthode la plus classique et probablement la plus efficace pour évaluer les acquis et le niveau de l'étudiant. Elle peut prendre la forme d'un projet de traduction réalisé à domicile ou celle d'une ou plusieurs traductions réalisées en salle d'examen à l'université, selon les normes en vigueur dans l'institution concernée.

S'il s'agit d'un examen de traduction de type classique, même dans une formation non professionnalisante, compte tenu de la méthodologie apprise durant les cours, il est important de fournir aux étudiants des sources de documentation pour leur recherche sous peine de décrédibiliser l'enseignement prodigué. Quand les étudiants sont relativement nombreux, on peut donner à chacun un dossier préparé à l'avance avec des textes de référence. Selon les effectifs et les équipements disponibles, on peut également envisager l'examen dans une salle d'ordinateurs si le nombre de postes de travail est suffisant.

La méthode du projet de traduction préparé à domicile présente des avantages. Théoriquement, elle est moins fiable, car elle donne aux étudiants la possibilité de frauder en sollicitant l'aide de traducteurs professionnels. Cependant, la corrélation entre la qualité des traductions rendues en cours de formation et la qualité de la traduction-examen réalisée à domicile semble forte. Certes, on ne peut écarter la possibilité que les étudiants mobilisent des spécialistes pour leur fournir des explications ou pour leur proposer des termes en langue d'arrivée, mais :

— La sollicitation des spécialistes fait partie des méthodes d'acquisition de connaissances *ad hoc* et n'est pas nécessairement une démarche condamnable dans le cadre d'un tel projet à domicile.

— Dans leur Compte rendu intégré sur les problèmes et décisions, les étudiants doivent faire état des sources utilisées et justifier leurs choix. De ce fait, même si un terme leur a été « soufflé » par un spécialiste, ils sont obligés de documenter sa sélection, ne serait-ce qu'*a posteriori*, pour le justifier.

— Enfin, le travail de reformulation, avec l'ensemble des problèmes et stratégies de contournement qui interviennent immanquablement, semble encourager les étudiants à faire le travail eux-mêmes, plutôt que de demander à un tiers de traduire pour eux et de repasser derrière lui pour justifier chacune de ses décisions.

Sur un corpus de plusieurs centaines d'étudiants, je n'ai pas le souvenir d'un cas où le résultat de l'évaluation de la traduction à domicile fût très différent du résultat de l'évaluation en formation continue.

8. Enseigner l'acquisition des connaissances *ad hoc*

La formation à l'acquisition de connaissances *ad hoc* ne présente pas de problèmes théoriques, conceptuels ou techniques particuliers. Les éventuelles difficultés se posent essentiellement en termes de sensibilisation et de motivation. En début de formation, la plupart des apprenants débutants, habitués au thème et à la version en milieu scolaire, ne sont pas conscients de la nécessité d'acquérir des connaissances complémentaires pour traduire. Pour eux, l'exercice, qui est linguistique, est entièrement circonscrit dans le cadre de l'apprentissage des langues, les connaissances linguistiques manquantes sont à rechercher dans des dictionnaires bilingues, et les informations extra-linguistiques n'ont que peu d'importance. Une récente étude de Laurent Lagarde (2002) auprès d'étudiants en LEA de deuxième, troisième et quatrième année montre que dans l'ensemble, ils ne sont pas conscients des problèmes lexicaux et terminologiques susceptibles de se poser et optent souvent pour une traduction intuitive des unités lexicales spécialisées dans le texte de départ sans vérifier l'existence de termes consacrés en langue d'arrivée.

Une première sensibilisation peut s'obtenir à travers la présentation en cours magistral de la traduction dans une optique de prestation de service professionnel et des paramètres de qualité (chap. II). L'enseignant rappellera notamment que pour le lecteur-destinataire spécialiste, une terminologie incorrecte ou maladroite est au mieux un indice montrant que le traducteur n'est pas lui-même spécialiste du domaine, avec une crédibilité limitée en conséquence, et qu'elle l'irrite souvent même si l'information donnée dans le texte d'arrivée est correcte. Le cas échéant, on peut essayer de mettre les étudiants en situation concrète, par exemple en leur présentant en classe une traduction informationnellement exacte mais terminologiquement maladroite dans un domaine qu'ils connaissent déjà (qu'il ait été étudié dans le cadre d'un autre cours ou qu'il ait fait l'objet de traductions précédentes qui les auront familiarisés avec la bonne terminologie). Une fois qu'ils auront réagi à de telles maladresses en tant que lecteurs, ils pourront mieux comprendre les réactions d'un lecteur-destinataire sur le terrain.

Pour motiver les étudiants dans l'acquisition d'informations *ad hoc*, la pression peut être maintenue par des rappels répétés de la part de l'enseignant, et, plus fermement, par la « pénalisation » des insuffisances à travers la note globale de la traduction : même une traduction sémantiquement et stylistiquement correcte sera évaluée comme insuffisante (avec une note correspondante) si l'emploi terminologique y est maladroit.

Une autre démarche, moins dure et donc plus acceptable selon la culture de l'établissement où se déroule l'enseignement et selon la personnalité de l'enseignant, consiste à exiger que les étudiants précisent les sources utilisées pour résoudre leurs problèmes lexicaux et terminologiques, avec ou sans explications complémentaires sur les dilemmes éventuels et les décisions, et ce pour chacun des problèmes rencontrés (une simple liste des sources utilisées ne sera pas acceptée). Cette procédure (le CRIPD) les encourage à travailler plus sérieusement, et donne à l'enseignant de meilleurs outils de diagnostic.

Une composante importante de la formation à l'acquisition d'informations *ad hoc* est la lutte contre l'emploi exclusif des sources terminologiques, fussent-elles électroniques. La tentation de s'en contenter est en effet assez forte chez les étudiants. Les explications « théoriques » sur les limites des sources terminologiques exposées au chapitre V vont dans le bon sens, mais ne suffisent pas toujours à les convaincre. Il apparaît intéressant de les compléter par des illustrations. On peut par exemple organiser une expérience de traduction en classe en faisant travailler les étudiants tant sur des dictionnaires que sur d'autres types de sources, et leur faire constater les faiblesses des dictionnaires (une expérience sur l'utilité des dictionnaires dans la traduction d'un texte économique est résumée dans Gile, 1995 *a*, pages 156 à 158). Quand ils voient que les dictionnaires ne contiennent pas tout, que les informations qu'on y trouve ne sont pas nécessairement fiables, et que des textes de référence trouvés sur Internet ont un meilleur taux de couverture effectif et une meilleure fiabilité, le sevrage est plus facile.

9. Formation des enseignants et coordination

9.1. Professionnels ou universitaires ?

Dans une démarche orientée processus, la réussite de la formation à la traduction dépend non seulement des compétences traductives des enseignants, mais, davantage que dans la formation orientée produit, de leur attitude et de leur comportement. Dans les milieux de la formation à la traduction professionnelle et notamment dans les grandes écoles de traduction, on présente généralement comme allant de soi l'idée que ces enseignants doivent être traducteurs professionnels et bien connaître le marché de la traduction.

Dans une formation professionnalisante, il est effectivement essentiel que cette compétence soit présente dans l'équipe enseignante, car le traducteur professionnel qui connaît bien le marché peut donner des indications très utiles aux étudiants sur des questions telles que l'organisation du travail, les relations avec les clients et les collègues, les prix à pratiquer, les devis, le travail en réseau, etc. En revanche, il n'est peut-être pas indispensable que tous les enseignants aient cette qualification. En effet, les principes méthodologiques de la traduction tels qu'expliqués dans les chapitres précédents peuvent être enseignés sans une connaissance directe du marché, d'autant plus que celui-ci a tendance à imposer des contraintes qui ne permettent pas au traducteur de déployer pleinement ses ressources ; si on les prend en compte à travers une simulation trop réaliste d'une situation professionnelle de travail sous pression, on n'encourage pas les étudiants à aller jusqu'au bout de leurs possibilités. *A fortiori,* dans une formation non professionnalisante, la connaissance précise du marché ne leur est pas très utile.

Sur le plan pratique, on peut estimer que les connaissances et conseils des traducteurs professionnels sont plus pertinents pour les étudiants se destinant à la profession de traducteur que les connaissances et conseils des enseignants universitaires. En revanche, les connaissances linguistiques et l'expérience pédagogique de ces derniers peuvent constituer un apport précieux qui consolidera et élargira la base sur laquelle les étudiants développeront leurs connaissances et leur savoir-faire, sans compter le temps que les enseignants universitaires peuvent consacrer aux étudiants, bien supérieur à celui dont disposent les traducteurs professionnels. L'arbitrage entre ces deux orientations dans un même programme est souvent difficile, d'autant plus qu'au-delà des tendances générales, de nombreux enseignants universitaires ont suffisamment traduit pour le marché extra-universitaire pour avoir une idée plus ou moins juste d'une partie du monde professionnel de la traduction, et que les traducteurs professionnels eux-mêmes ont parfois une expérience très spécialisée et étroite.

Les enseignants des deux catégories sont capables d'assimiler les fondements des normes et règles des deux univers à la fois. Le problème se pose donc surtout en termes d'attitudes. Plus précisément, dans une formation professionnalisante, la question est de savoir si les traducteurs professionnels respectent les enseignants universitaires et acceptent l'idée que leur soient confiés des enseignements, et si les enseignants universitaires acceptent d'être formés aux principes de la traduction professionnelle et d'appliquer des règles et normes différentes de celles qu'ils pratiquent dans le cadre de l'exercice du thème et de la version. Dans une formation non professionnalisante, la question est de savoir si les enseignants universitaires voient dans les principes méthodologiques de la traduction professionnelle un apport potentiel pour eux et pour leurs étudiants, et si les traducteurs professionnels acceptent certaines règles et normes différentes de celles qu'ils suivent dans leur vie professionnelle. Quand les attitudes sont positives, des équipes mixtes peuvent fonctionner harmonieusement, mais certaines différences sont fondamentales et ne se laissent pas lisser facilement.

9.2. Formation des enseignants et harmonisation

L'acceptation de l'introduction de concepts et principes tels qu'expliqués dans ce livre dans une structure universitaire de type classique dépend des attitudes personnelles des enseignants, mais aussi de la position de la direction du département ou de la faculté concernés. Un directeur de département et un doyen convaincus de leur intérêt peuvent faire beaucoup pour organiser un consensus et des méthodes de travail communes, par exemple à travers un cours transversal de méthodologie de la traduction toutes langues confondues, et à travers des négociations sur les modalités de contrôle. En l'absence d'un tel consensus, la disparité entre les méthodes, exigences et critères d'évaluation des enseignants a un effet perturbateur sur les étudiants.

Si les attitudes sont positives, les enseignants universitaires peuvent être formés rapidement. Un atelier d'un ou deux jours, réalisé par un enseignant expérimenté dans l'approche décrite dans ce livre, permet d'expliquer tant les concepts et modèles que les méthodes de travail. La suite dépend de la bonne volonté des personnes concernées. Éventuellement, un enseignant expérimenté peut être désigné comme « conseiller pédagogique » pour les collègues nouvellement arrivés.

10. Enseignement de la traduction et langues : les pièges

10.1. Le poids des « équivalences linguistiques »

Sans qu'ils aient besoin d'être traducteurs eux-mêmes, les professeurs de langue chargés de cours de traduction à l'université comprennent bien que la traduction professionnelle n'est pas affaire de transposition mot à mot d'une langue à l'autre et qu'il y a plus d'une manière de rendre une idée dans chaque langue. Et pourtant, on voit sur le terrain que les principes appris en cours de thème et de version lors de leur propre formation, ainsi que des années d'enseignement selon les mêmes principes, exercent un fort pouvoir d'attraction sur certains d'entre eux, qui ont tendance à privilégier des correspondances lexicales, idiomatiques et syntaxiques régulières même si dans la phrase qui en résulte en langue d'arrivée, l'énoncé qui émerge de la juxtaposition de ces correspondances est maladroit. *A fortiori*, quand l'équivalence régulière s'intègre bien dans l'énoncé d'arrivée, ces enseignants ont tendance à la privilégier, parfois au point de sanctionner comme faute ou maladresse un autre choix de l'étudiant qui rend aussi bien l'idée de l'original. En plus des inconvénients de cette position déjà expliqués plus haut, on peut souligner qu'un apprentissage linguistique par voie contrastive, c'est-à-dire axé sur des comparaisons entre langue maternelle et langue étrangère, risque de limiter la perception des mots, structures et usages de la langue étudiée en les faisant passer par des moules imposés par la langue maternelle. Or, à côté de voies d'expression analogues dans les deux langues, il existe aussi des voies propres, qui constituent le « génie » de chacune des langues concernées. En rapportant tout élément appris à une référence connue en langue maternelle, on risque de passer à côté de ce qui est propre à la langue et à la culture étrangères que l'on essaie d'apprendre.

On ne saurait trop recommander aux enseignants de la traduction de se détacher autant que possible de ces équivalences apprises et d'encourager les étudiants à trouver eux-mêmes des « équivalents contextuels » (des mots et tournures équivalents dans le contexte précis du texte de départ) multiples, en s'abstenant de proposer un corrigé « faisant autorité », et en approuvant en classe toutes les solutions adéquates trouvées par les étudiants au même problème de traduction.

10.2. Une attitude trop normative

Une autre tradition est celle de l'autorité du professeur, qui « sait », qui « corrige » et qui indique « la bonne solution » aux étudiants. Les enseignants issus de cette tradition ont tendance à imposer leurs normes personnelles dans l'évaluation et la correction des textes produits en langue d'arrivée. Dans la mesure où ils ont effectivement un bon niveau linguistique dans la langue en question, leurs conseils permettent souvent aux étudiants de progresser. Cependant, la traduction s'exerce dans différentes langues de spécialité, et aucun enseignant ne les connaît toutes. De ce fait, un étudiant qui effectue une recherche solide à l'aide de textes de référence appropriés peut trouver des unités lexicales et des tournures que l'enseignant ne connaît pas ou dont il n'est pas capable d'évaluer la justesse dans le sociolecte concerné. Dans ces contextes spécialisés, il n'est donc pas détenteur de « la vérité », et son aptitude à jouer le rôle de prescripteur linguistique baisse sensiblement.

11. L'enseignement de l'interprétation dans la formation à la traduction

De nombreux programmes de formation à la traduction écrite comportent un volet d'interprétation. Dans certains cas, cette initiation est une préparation à une éventuelle spécialisation dans ce domaine. Dans d'autres, il s'agit d'exercices donnant aux étudiants une compétence de base en tant qu'interprètes de liaison (pour accompagner des visiteurs étrangers, traduire lors de visites d'usines, etc.). Une initiation à l'interprétation consécutive a des vertus pour le traducteur. En effet, l'interprétation est une forme de traduction accélérée, avec des contraintes plus fortes, dont la nécessité de gérer sa capacité de traitement dans l'immédiat et sans pouvoir revenir en arrière, et l'impossibilité de consulter des sources extérieures. Il en résulte une amplification de certaines difficultés, qui peuvent être exploitées à des fins pédagogiques.

L'initiation proposée ici se déroule en trois ou quatre séances de travail. Dans chacune, deux ou trois étudiants font des interventions improvisées ou semi-improvisées, et les autres étudiants les interprètent. Plus précisément, il est demandé à tous les étudiants de préparer une intervention de deux ou trois minutes sur le sujet de leur choix, éventuellement avec des notes, mais celles-ci doivent être limitées à des mots isolés et ne comporter en aucun cas des phrases complètes, ce que l'enseignant vérifie avant chaque intervention (l'importance de cette restriction apparaît plus loin). En classe, l'enseignant demande à un étudiant de faire son intervention, puis à un autre étudiant de l'interpréter.

À condition d'être conduit sous une forme interactive avec appel à des commentaires de la part de tous les participants, l'exercice est un excellent moyen de sensibiliser les étudiants à plusieurs phénomènes. Premièrement, la plupart des étudiants-orateurs n'ont pas l'habitude de prendre la parole en public. De ce fait, ils hésitent, cherchent leurs mots, trébuchent, avec des faux départs, des phrases agrammaticales. En classe, ils manifestent souvent par des moues et des commentaires leur mécontentement à l'égard de leur propre discours. Quand on discute en classe de certains passages maladroits et qu'on leur demande s'ils préfèrent qu'ils soient rendus tels quels ou avec des mots plus adaptés à ce qu'ils souhaitaient dire et en gommant d'éventuelles incohérences, ils acceptent volontiers et avec une certaine reconnaissance une interprétation qui améliore leur discours. Deuxièmement, à travers cet exercice, les participants se rendent compte des imprécisions et omissions que peut entraîner une attention insuffisante lors de l'écoute du discours de départ, ainsi que de leurs propres faiblesses d'énonciation dans sa restitution. L'exercice d'interprétation monolingue (interprétation de français en français, d'anglais en anglais, etc.) est particulièrement éloquent à cet égard, car il ne comporte pas de passage d'une langue à l'autre, et les difficultés ne peuvent être attribuées à des obstacles interlinguistiques. Les exercices d'interprétation monolingue font d'ailleurs partie des exercices préparatoires dans bon nombre de programmes de formation à l'interprétation de conférence, car le savoir-faire à acquérir est essentiellement cognitif et non pas linguistique (voir par exemple Feldweg, 1980).

L'extrapolation de ces constatations à la traduction est assez facile : les auteurs ne bénéficient pas toujours du temps, des compétences rédactionnelles ou des conditions nécessaires à l'optimisation de leur texte. Si la traduction pouvait apporter de petites améliorations rédactionnelles au texte d'arrivée, est-il inconcevable qu'ils en soient satisfaits ? D'après leurs commentaires oraux et écrits, notamment dans des évaluations qui leur sont demandées, les étudiants semblent accepter plus facilement cette éventualité après avoir fait l'expérience de l'interprétation. De même, la nécessité de concentrer leur attention sur le discours de l'orateur pour le comprendre en dépit de certaines maladresses linguistiques ainsi que l'importance de l'analyse dans cette opération rappellent bien la nécessité d'analyser systématiquement chaque unité de traduction de l'original en vérifiant la plausibilité de l'hypothèse de sens retenue (chap. IV).

Sur le plan pratique, il est important de faire travailler les étudiants sur des segments suffisamment longs pour qu'une véritable analyse soit nécessaire. Avec une pseudo-consécutive phrase par phrase, il est possible de travailler de mémoire, sans avoir très bien compris et sans ressentir la nécessité de faire du segment en question un ensemble cohérent. Il est également important de s'assurer que l'étudiant-orateur ne lit pas des phrases toutes faites et ne récite pas une intervention apprise par cœur, sous peine de gommer ses propres difficultés de production du discours et de rendre l'interprétation trop difficile (un discours fait de phrases toutes faites est trop dense).

Enfin, les exercices d'interprétation simultanée sont à déconseiller. En effet, s'ils ne sont pas rompus à l'interprétation consécutive, les étudiants risquent fort de tomber dans le mot à mot, sans se rendre compte des éventuelles incohérences dans le discours original et dans leur propre discours et sans se rendre compte des faiblesses linguistiques dans leur expression. C'est la raison principale pour laquelle dans la majorité des grandes écoles d'interprétation, on fait précéder l'apprentissage de la simultanée par un solide apprentissage de la consécutive.

12. Conclusion

A la lecture de ces pages ainsi que du premier chapitre de ce livre, on sera peut-être étonné de la place qu'y occupent des considérations psychologiques. Comme le montrent les chapitres précédents, et notamment les chapitres IV et V, la qualité d'une traduction dépend non seulement de ce que le traducteur sait faire, mais aussi de ce qu'il veut bien faire, parfois au prix d'efforts considérables. Si, à travers une attitude pédagogique, l'on arrive à faire découvrir aux étudiants le plaisir qui accompagne un travail d'analyse, de recherche et de rédaction, si on peut en limiter les aspects pénibles, on peut espérer leur faire aimer le travail de traduction et contribuer par là à un apprentissage optimal et au maintien de la qualité au-delà de la formation.

D'un autre côté, les résultats de toute activité d'enseignement dépendent des apprenants, des enseignants, de la matière et de la méthode, ainsi que des interactions entre tous ces facteurs ; l'ensemble est un système complexe dont le comportement n'est pas toujours prévisible. Les recommandations pratiques faites ici s'inscrivent dans le cadre d'une certaine démarche et sont fondées sur l'expérience d'un enseignant ayant une personnalité donnée. On ne saurait affirmer que chacune d'elles est la meilleure option dans toutes les configurations enseignant - étudiants - cadre institutionnel. Les lecteurs enseignants sont irrités à expérimenter pour trouver la formule qui convient le mieux à leur cas.

Chapitre VIII

ÉLÉMENTS DE TRADUCTOLOGIE

1. Introduction

En dehors des traductologues eux-mêmes, bien peu de membres de la communauté universitaire savent ce qu'est la traductologie, et beaucoup la confondent avec la pratique de la traduction. Quant aux traductologues universitaires, ils la définissent généralement comme la discipline universitaire étudiant la traduction, voire comme la *science* de la traduction (*Übersetzungswissenschaft* en allemand). En analysant la littérature traductologique, on constate qu'une partie non négligeable des publications ne répond pas à cette définition et correspond plutôt à une littérature professionnelle dans laquelle des traducteurs et enseignants de la traduction décrivent leur métier, l'analysent, formulent des souhaits et des doléances, parlent de questions organisationnelles et syndicales, et, beaucoup, d'enseignement. À titre de comparaison, les « littératures » des ingénieurs, des juristes ou des informaticiens semblent comporter elles aussi de nombreuses publications techniques qui ne relèvent pas de la recherche et un volet moins important de recherche proprement dite, alors que la littérature médicale comporte un volet important de technique et un volet important de recherche, et la littérature mathématique se compose surtout de recherche.

Le volet professionnel de la traductologie est matérialisé par les activités d'associations de traducteurs telles que la SFT (Société française des traducteurs) en France, et la FIT (Fédération internationale des traducteurs) au niveau mondial, par des revues telles que *Babel*, ou *Lebende Sprachen,* par des livres pratiques sur l'exercice de la traduction et son enseignement. On peut aussi évoquer pour la France la revue *Traduire,* de la SFT, et les ouvrages d'auteurs tels que Jean Maillot (1969) et Daniel Gouadec (voir la bibliographie en fin d'ouvrage). Toutefois, dans ce chapitre, le terme *traductologie* et ses dérivés seront employés dans le sens plus restreint de discipline universitaire ayant la traduction comme objet d'étude. Un nombre croissant de traductologues aimeraient d'ailleurs que la traductologie ait le sens de « discipline *scientifique* ayant la traduction comme objet de recherche » (celui de *Translation Studies* selon James Homes – voir plus loin), mais la réalité est autre. À côté de la démarche *scientifique* (nous adopterons cette appellation sans jugement de valeur, mais en référence aux normes communes aux sciences naturelles et aux sciences humaines expérimentales), on trouve en traductologie une démarche plus proche des humanités, que certains ont appelé *liberal arts* en anglais et que l'on pourrait appeler « littéraire » (au sens large) en France. Il s'agit d'un discours sur la traduction fondé sur la réflexion et sur des exemples bien plus que d'une exploration fondée sur l'observation systématique des faits, la recherche de régularités, l'élaboration de théories et surtout leur vérification par la recherche empirique ; on en trouve d'excellents exemples dans la revue française *Palimpsestes,* dirigée pendant longtemps par Paul Bensimon.

La démarche scientifique en traductologie est récente ; elle ne date que des années 1960. La démarche littéraire s'inscrit dans une tradition très ancienne, puisque la réflexion sur la traduction a démarré dès l'Antiquité (voir Robinson, 1997 *b*). Ce chapitre présente à titre illustratif, sans prétention d'exhaustivité, quelques éléments des deux courants, en s'attardant sur ceux qui nous paraissent intéressants pour comprendre la sociologie de la discipline et sur ceux qui nous semblent les plus pertinents dans une optique de formation des traducteurs.

2. Nature et fonctions de la traductologie

La référence à une discipline universitaire appelée « traductologie » suscite souvent des réactions dubitatives, voire ironiques. Où est l'intérêt scientifique de la traduction ? Qu'y a-t-il à rechercher dans la traduction d'autre que ce qu'étudie déjà la linguistique ? Une première réponse se trouve dans la place de la traduction dans la vie contemporaine : il s'agit d'une activité concrète, quotidienne, et son produit est omniprésent dans la vie artistique et culturelle (y compris dans les romans traduits et dans les films et séries télévisées sous-titrées et doublées), mais aussi dans la vie économique, technologique et scientifique. Il se trouve que ce produit n'est pas toujours idéal : les traductions comportent parfois des erreurs et maladresses, elles peuvent être longues à produire, et leur coût est élevé. Ces imperfections ne justifient-elles pas à elles seules la recherche sur la traduction, pour étudier les problèmes, leurs raisons et leurs incidences, et pour aboutir à terme à des applications visant à améliorer le résultat ? N'est-il pas raisonnable de postuler que le processus de la traduction et son produit dépendent non seulement des langues, mais aussi de facteurs économiques, psychologiques, de méthodes de travail, de méthodes d'organisation, de diffusion, d'outils de travail, de la formation des professionnels, qui dépassent le cadre de la linguistique ? La traduction ne se prête-t-elle pas à la recherche scientifique en offrant à l'investigateur des corpus de textes de départ et de textes d'arrivée, avec un processus de traduction en partie observable et en partie manipulable par voie expérimentale ?

Quand je me suis engagé dans la traductologie, en 1979, c'était pour rechercher des solutions à un besoin précis : préparer un enseignement de la traduction scientifique et technique avec des outils conceptuels et pratiques permettant d'optimiser mes cours. Une motivation analogue a été à l'origine de l'arrivée de bien d'autres collègues dans la traductologie. Il est vrai que certains traducteurs, hostiles à la recherche, considèrent que les traductologues ne leur ont pas apporté grand-chose jusqu'ici. On reviendra sur cette question en fin de chapitre. En tout état de cause, dès que l'on dépasse une conceptualisation très abstraite de la traduction comme activité linguistique hors contexte pour la réintégrer comme une prestation de service dans un environnement socio-économique, il devient clair que la question de la recherche sur la traduction n'a rien d'une fantaisie.

3. Un rappel historique – la réflexion sur la traduction d'avant la traductologie

Les auteurs traductologues qui étudient l'histoire de la réflexion sur la traduction remontent dans leurs analyses jusqu'à l'Antiquité, avec notamment des textes de Cicéron et d'Horace, de Sénèque, de Pline le Jeune, de Quintilien, suivis, du Moyen Âge et jusqu'au XIXe siècle, de personnalités religieuses, philosophiques et littéraires telles que saint Jérôme, saint Augustin, saint Thomas d'Aquin, Roger Bacon, Érasme, Luther, Étienne Dolet, du Bellay, Dryden, Leibnitz, Alexandre Pope, Samuel Johnson, Novalis, Goethe, Schleiermacher, Humboldt, Shelley, Schopenhauer, Nietsche. La plupart des écrits de ces personnalités sont des essais, des raisonnements prescriptifs sur la manière de traduire (voir par exemple la bibliographie de S. Bassnett (1991), Robinson (1997 *b*) ou la *Routledge Encyclopedia of Translation Studies* dirigée par Mona Baker (1998) pour une analyse plus complète).

Steiner (1975) divise l'histoire de la littérature sur la traduction (en Occident) en quatre périodes. La première, période de réflexion fondée sur la pratique de la traduction, part des préceptes de Cicéron et Horace et va jusqu'à l'essai sur les principes de la traduction d'Alexander Fraser Tytler (1791). La deuxième période va jusqu'à la publication de *Sous l'invocation de saint Jérôme* de Larbaud (1946), et se caractérise par son orientation herméneutique et théorique. La troisième commence par les premières publications sur la traduction automatique dans les années 1940, et voit arriver la linguistique structuraliste et la théorie de la communication ; la quatrième, qui démarre dans les années 1960, voit un retour de l'herméneutique (voir aussi Bassnett 1991 : p. 40).

Ce n'est que dans les années 1950 et 1960 que l'on commence à s'intéresser à la traduction comme objet de recherche. Les premiers à le faire ont été des linguistes, dont les plus connus sont Roman Jakobson (1959) et J. C. Catford (1965) ; on évoquera aussi, dans le monde francophone, Georges Mounin (1955, 1963), Jean-Paul Vinay et Jean Darbelnet (1958). Tout naturellement, ces linguistes se sont penchés sur les rapports entre langue de départ et langue d'arrivée et entre les langues et la réalité qu'elles désignent, mais ni l'acte de communication ni la personne du traducteur n'ont occupé de véritable place dans leur réflexion. Le cas de Eugene Nida, considéré par beaucoup comme le père de la traductologie moderne, est un peu différent. Linguiste et anthropologue, Nida fut recruté par la American Bible Society pour aider les traducteurs à améliorer leur travail de traduction (c'est d'ailleurs un précédent remarquable de coopération entre les praticiens et les scientifiques). Ce fait, ainsi que la nature du texte à traduire (la Bible) et la fonction (d'évangélisation) de la traduction dans ce cas précis ne sont probablement pas étrangers au fait que Nida ait été le premier linguiste à théoriser explicitement sur l'objectif de communication de la traduction en fonction de récepteurs précis. Sachant que parmi les destinataires des traductions de la Bible, il y avait des groupes vivant dans un environnement polaire et d'autres sous les tropiques, et que les références géographiques et culturelles de la société proche-orientale, qui étaient abondantes dans les textes bibliques, risquaient de ne pas assurer une transmission efficace des messages, il a défini deux concepts d'équivalence entre le texte de départ et le texte d'arrivée : l'*équivalence formelle,* qui cherche à reproduire la forme du texte de départ, et l'*équivalence dynamique,* qui cherche à répondre aux besoins du destinataire (Nida, 1964). L'innovation résidait non pas dans la prise de conscience de la nécessité d'une adaptation aux besoins, mais dans l'introduction de ces nouveaux concepts dans une théorisation formelle de la traduction.

Un autre penseur de cette période, dont la démarche se démarque de celle des autres linguistes, fut le Tchèque Jiří Levý, l'un des premiers à mettre le traducteur au centre de sa réflexion sur la traduction. Levý (1967) pose celle-ci comme un processus décisionnel, en y appliquant la théorie mathématique des jeux (qui considère les gains et les pertes de deux ou plusieurs acteurs ayant à prendre des décisions dans une situation de concurrence).

On voit ainsi évoluer la réflexion sur la traduction de la pratique, la philosophie, la religion et la littérature vers une démarche plus scientifique, toujours, comme le note Hatim (2001), sur fond de réflexion sur les disparités linguistiques entre la langue de départ et la langue d'arrivée, avec la recherche d'un équilibre entre une orientation « formelle » ou « dynamique », « littérale » ou « libre », « sourcière » ou « cibliste » (Ladmiral, 1979).

4. La traductologie : l'émergence d'une discipline

Cette évolution vers une étude plus scientifique de la traduction s'est poursuivie, attirant un nombre croissant d'universitaires. En 1972 a été rédigé un article fondateur de James Holmes, *The Name and Nature of Translation Studies*. Ce texte, qui n'a été publié qu'en 1988, marque, chez les chercheurs s'intéressant à la traduction venus d'horizons divers tels que la linguistique, la philosophie des langues, les études littéraires, la théorie de l'information, la logique et les mathématiques, une prise de conscience de la possibilité de créer une discipline consacrée spécifiquement à la traduction. Dans une longue discussion en début d'article, Holmes cherche une désignation anglaise pour cette nouvelle discipline ou « utopie disciplinaire » comme il l'appelle, et aboutit au terme *Translation Studies*. Contrairement à « traductologie » en français, *traductología* en espagnol, *Übersetzungswissenschaft* en allemand, ou *honyakuron* en japonais, ce terme est ambigu ; en l'absence d'un contexte suffisant, nombreuses sont les personnes qui, le rencontrant pour la première fois, l'interprètent comme désignant l'apprentissage de la traduction plutôt que son étude scientifique. Il a néanmoins été adopté par la communauté traductologique internationale dans les publications en anglais. Bien plus importante que cette innovation terminologique est la vision de la traductologie proposée par Holmes, qui la voit comme une « science empirique » et lui affecte deux objectifs :

a) décrire les phénomènes traductionnels ;
b) proposer des théories explicatives et prédictives pour en rendre compte.

Ce caractère empirique de la traductologie est pendant longtemps resté un vœu pieux. Depuis le milieu des années 1990, la situation a quelque peu évolué, avec un nombre croissant d'études empiriques dans différentes branches de la traductologie, mais elles restent minoritaires, et aujourd'hui encore, la littérature dans ce domaine se compose d'essais bien plus que de rapports de recherche empirique ou de développements théoriques.

Un autre aspect intéressant et important de l'article de Holmes est sa taxonomie de la traductologie, qu'il divise en deux branches, la traductologie « pure » (qui correspondrait, dans la terminologie scientifique habituelle, à la recherche fondamentale), et la traductologie « appliquée ». Dans la traductologie « pure », d'un côté, il place la traductologie « descriptive » *(Descriptive Translation Studies)*, qui étudie la traduction sur le terrain, et qui se divise à son tour en traductologie « orientée produit » (qui se concentre sur les textes produits), en traductologie « orientée fonction » (qui étudie la fonction des textes traduits dans la société d'arrivée, donc la réception plutôt que les textes), et en traductologie « orientée processus » (qui se penche sur les processus cognitifs sous-tendant l'acte traduisant). À côté de la traductologie descriptive, il place la traductologie « théorique », dont l'activité n'est pas descriptive, mais consiste à élaborer des théories à partir des résultats de la traductologie descriptive et des apports des disciplines connexes. Dans la traductologie appliquée, il place la didactique de la traduction, avec des fins d'apprentissage linguistique d'une part, et d'apprentissage de la traduction de l'autre, puis les outils, lexicologiques, terminologiques et grammaticaux, puis la politique de traduction au sens socioculturel, et enfin la critique de la traduction (fig. 8.1).

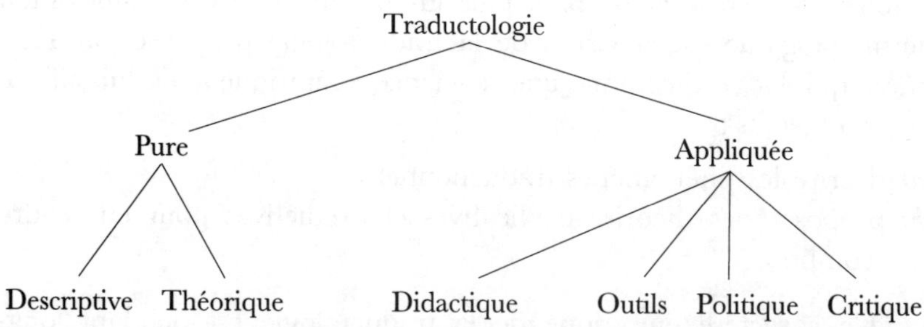

Fig. 8.1. — Extrait de la carte disciplinaire de la traductologie de James Holmes (le quatrième niveau de l'arborescence n'est pas reproduit ici)

Cette cartographie est singulière : la présentation comme deux branches d'une même arborescence d'une démarche (descriptive ou théorique) et d'un domaine d'application (didactique, politique, outils) apparaît comme un mélange des catégories. N'y a-t-il pas de traductologie descriptive et théorique appliquée à la didactique de la traduction et à la pratique de la traduction ? Pourquoi la traductologie appliquée ne peut-elle pas être descriptive ? Pourquoi ne pas articuler la taxonomie sur la base du domaine d'études, ce qui donnerait par exemple, dans le cas de la traductologie, une division entre la traduction écrite et l'interprétation, puis, dans la traduction écrite, entre la traduction littéraire et assimilée et la traduction de textes informatifs, et, dans la traduction de textes informatifs, la traduction de textes spécialisés par opposition à la traduction de textes généraux ? En interprétation, on pourrait parler d'interprétation de conférence, d'interprétation auprès des tribunaux, d'interprétation de service public (*community interpreting* ou *public service interpreting* en anglais), d'interprétation en langue des signes, etc. On pourrait également parler de traduction pour l'audiovisuel, de localisation, etc. Dans chacun de ces domaines, il y aurait de la recherche fondamentale aussi bien que de la recherche appliquée (fig. 8.2).

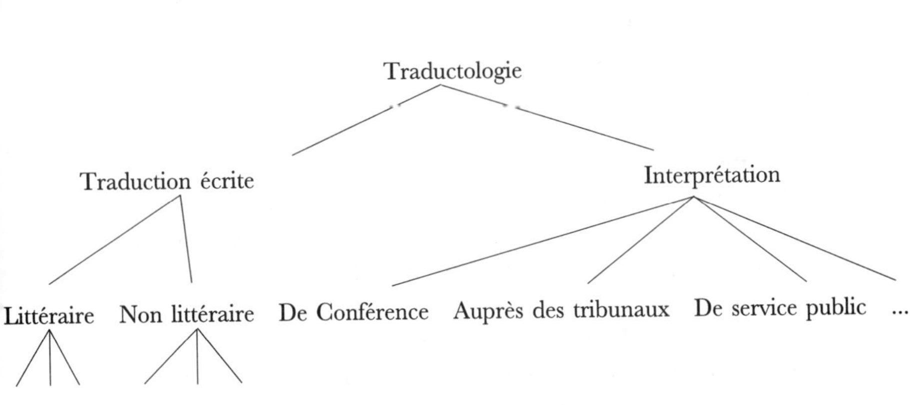

Fig. 8.2. — Carte disciplinaire partielle de la traductologie par sous-domaines. Chaque branche comporterait des éléments de recherche fondamentale et des éléments de recherche appliquée

Ces interrogations et réserves mises à part, J. Holmes est le premier à avoir présenté une vision disciplinaire de la traductologie en tant que telle. L'évolution au cours des dernières décennies permet d'affiner quelque peu, avec un noyau identitaire que l'on pourrait définir comme suit :

1 / La traductologie en tant que discipline universitaire se focalise sur la traduction. La communication, la langue, la sémiotique, la culture interviennent également dans son champ d'action, mais l'objet d'investigation central autour duquel s'articulent tous ces aspects est la traduction.

2 / La traductologie est pratiquée par un groupe (au sens sociologique du terme) composé de chercheurs qui se définissent comme traductologues et non pas comme linguistes, sociologues, psychologues, sémioticiens, philosophes, etc., même si leur formation d'origine ou le département dans lequel ils exercent leurs fonctions universitaires s'inscrit dans les disciplines correspondantes. Le périmètre sociologique de la traductologie explique que les chercheurs en traduction automatique, par exemple, ne soient perçus ni par eux-mêmes ni par le reste de la communauté traductologique comme des traductologues : ils sont en partie linguistes, en partie informaticiens, et ne cherchent pas l'interaction avec les traductologues. S'ils le faisaient, il y aurait intégration sociologique. Il en est de même des terminologues, lexicologues et lexicographes. Certains d'entre eux interviennent parfois dans des conférences traductologiques ou dans des collections traductologiques chez des éditeurs spécialisés, mais dans l'ensemble, ils ne se considèrent pas comme traductologues et interagissent peu avec les traductologues.

On voit parfois des thèses et articles de linguistique sur la traduction de tel type d'unité lexicale ou de telles structures grammaticales entre deux langues. Il arrive même que des communications sur ce type de sujet soient présentées à des congrès de traductologie et qu'elles soient publiées dans leurs actes. Pourtant, en général, leurs auteurs ne sont pas perçus par leurs collègues traductologues comme faisant partie de la communauté traductologique quand leurs préoccupations relèvent de la langue et non pas de la personne du traducteur et des ses décisions, et quand leurs références bibliographiques sont exclusivement linguistiques. Il en est de même de certains sociologues, psychologues et professeurs de langues qui présentent des communications et articles lors de colloques traductologiques en gardant une approche et des références qui relèvent exclusivement de leur discipline. La définition disciplinaire de la traductologie a un côté sociologique très important.

Au-delà de ce noyau identitaire, on peut évoquer plusieurs caractéristiques de la traductologie :

1 / La traductologie est une *interdiscipline* (Snell-Hornby *et al.*, 1994), le point de rencontre et d'interaction entre plusieurs dissiplines et méthodes d'investigation. Les plus présentes d'entre elles sont la linguistique (avec une forte représentation de la linguistique textuelle et de la pragmatique), la littérature comparée, les « études culturelles » (*cultural studies* en anglais), la psychologie cognitive (notamment pour les études sur l'interprétation de conférence) et la sociologie, en fonction des domaines et des phénomènes de traduction étudiés.

2 / La traductologie est très hétérogène, en raison non seulement de son caractère interdisciplinaire, mais aussi de la variété des domaines et phénomènes de traduction qu'elle étudie (traduction littéraire, traduction scientifique et technique, traduction pour les médias, interprétation de conférence, interprétation auprès des tribunaux, etc.) et des angles sous lesquels elle les étudie (le produit, le processus, l'apprentissage, les difficultés, la réception par les destinataires, l'organisation professionnelle, etc.).

Il en résulte notamment une certaine fragmentation dans la communauté traductologique, avec des sous-communautés dont les objectifs et les méthodes de recherche diffèrent grandement et qui s'ignorent en partie. Cette fragmentation fait naître des tensions entre les partisans de différents paradigmes de recherche, en particulier entre les « scientifiques » et les « littéraires », ainsi qu'entre les praticiens de la traduction, qui ont tendance à n'apprécier que la recherche appliquée (quand ils lui reconnaissent une utilité potentielle), et les « théoriciens », qui revendiquent le droit à la recherche fondamentale. Toutefois, l'interaction entre ces groupes dans le cadre de conférences et colloques de traductologie, ainsi que les écoles doctorales traductologiques internationales (dont le programme CETRA de l'Université catholique de Louvain en Belgique et le programme de l'Université Rovirat i Virgili à Tarragone, en Espagne) créent une dynamique qui favorise l'intégration disciplinaire.

3 / Contrairement aux linguistes, psychologues, biologistes, physiciens, historiens, etc., la grande majorité des traductologues appartiennent à des départements universitaires qui ne portent pas le nom de leur discipline. Ils sont pour la plupart enseignants-chercheurs dans des départements de littérature ou de littérature comparée, de langues vivantes, d'« études culturelles ». Dans de nombreux pays, dont la France, il n'existe pas de départements universitaires de traduction. L'assise institutionnelle spécifique de la traduction à l'université se situe surtout dans les programmes de formation à la traduction professionnelle et autres « écoles de traduction et d'interprétation ». Or, les écoles et programmes concernés, notamment à Genève, Paris, Heidelberg et Georgetown, ont toujours visé un haut niveau de compétence pratique grâce au recours à un personnel enseignant formé de traducteurs professionnels qui ne s'intéressaient généralement ni à la théorie ni à la recherche. Depuis les années 1980, avec les changements géopolitiques survenus en Europe et en Asie et avec la multiplication des échanges internationaux, on assiste à une rapide multiplication des programmes de formation à la traduction dans les universités. On voit aussi apparaître des départements de traduction, des chaires de traduction, et même des facultés de traduction (notamment en Espagne). Cette évolution est accompagnée d'un renforcement de la recherche traductologique, tant en raison des exigences propres à l'environnement universitaire que grâce à la dynamique créée par les conférences qu'organisent différentes universités soucieuses de se donner une plus grande visibilité. On assiste ainsi à l'émergence d'une population de plus en plus importante de traductologues issus non pas d'une discipline universitaire existante, mais de l'école de traduction. Cependant, la transformation n'est pas achevée, et en l'absence d'une base institutionnelle dans leur propre université, les traductologues s'appuient essentiellement sur des réseaux internationaux composés de l'ensemble des universités, instituts d'enseignement supérieur, sociétés savantes et professionnelles, éditeurs et revues qui proposent des espaces de réunion, de discussion et de publication. La faiblesse de la traductologie au niveau national renforce son caractère international, et les nouvelles

technologies de communication permettent de maintenir des liens et de réaliser des projets internationaux avec une facilité que ne connaissaient pas les générations précédentes. Ainsi, les étudiants du tout nouveau programme doctoral de traductologie de l'Université Rovirat i Virgili se répartissent sur plusieurs continents, font l'essentiel de leur travail à distance et ne se réunissent à Tarragone que deux fois par an, pour des séminaires concentrés.

4 / Sur le plan scientifique, le niveau de qualité de la recherche traductologique est très variable, probablement bien au-delà de la variabilité que l'on peut trouver dans la plupart des disciplines plus anciennes, et ce pour deux raisons :

Premièrement, la population des traductologues est très hétérogène au regard de leur formation. Certains ont acquis une solide formation et une longue expérience dans la recherche dans leur discipline d'origine, par exemple la linguistique ou la littérature comparée, et se sont tournés vers la traductologie par la suite avec ce bagage. D'autres ont pour seule base leur pratique de traducteurs sans aucune préparation à la recherche, et s'y forment par mimétisme en lisant les publications existantes. Enfin, on trouve dans la traductologie des « émigrants », qui ont une formation dans une discipline et dans certaines méthodes qui lui sont propres, mais s'orientent dans la traductologie vers des méthodes plus ou moins éloignées de ce à quoi ils ont été formés : certains traductologues issus de la linguistique formelle se tournent vers des méthodes expérimentales relevant de la psychologie cognitive, certains littéraires cherchent à mettre en œuvre des méthodes des sciences sociales empiriques sans pouvoir bénéficier d'une formation adaptée. À l'heure qu'il est, dans de nombreux cas, les thèses de doctorat sont dirigées par des non-traductologues, et au niveau des mémoires prédoctoraux, une grande partie des directeurs de recherche n'ont pas eux-mêmes une formation à la recherche.

En outre, les nombreuses conférences traductologiques et les actes qui les suivent, ainsi que les revues, offrent un espace de publication important par rapport à la demande des auteurs, ce qui ne favorise pas une sélection rigoureuse des articles par la qualité. Il en résulte la présence côte à côte de textes de qualité très variable dans de nombreux volumes collectifs et revues (voir Gile et Hansen, 2004).

5. Linguistique et traductologie

Initialement, la linguistique a abordé la traduction par le biais des langues, donc du *produit* de l'opération traduisante. C'est le reproche essentiel que font à cette première approche linguistique de la traduction les traductologues contemporains, qui depuis plus de vingt ans mettent l'accent sur la personne du traducteur et sur son comportement plutôt que sur les textes en tant que tels. Ainsi, la principale critique formulée à l'égard du fameux *Stylistique comparée du français et de l'anglais* de Vinay et Darbelnet (1958) est le fait que cette analyse comparative et la catégorisation qui y est faite des différences (*shifts* en anglais) entre textes de départ et textes d'arrivée opèrent en aval de l'acte de traduction sans analyser le processus qui y a conduit (voir par exemple Delisle, 1992 ; Hewson, 1993).

Peu de traductologues cherchent aujourd'hui à étudier les correspondances et différences entre les systèmes linguistiques, et l'idée de déterminer comment tel mot, telle structure linguistique en danois se traduit en français ou inversement est assez éloignée de leurs préoccupations (avec quelques exceptions toutefois – voir par exemple Korzen, 2004) – ce qui explique d'ailleurs la distance entre eux et les professeurs de langues qui enseignent le thème et la version. Certains traductologues, et tout particulièrement Danica Seleskovitch et ses disciples à l'ESIT, ont rejeté la linguistique en bloc au motif qu'elle s'occupait de la langue en dehors de tout contexte de communication. En dépit des avancées récentes de la linguistique dans la prise en compte des situations de communication, notamment dans la linguistique textuelle et la pragmatique, les traductologues de l'ESIT semblent camper sur ce rejet (voir Déjean Le Féal, 2002 ; Israël, 2002 *b* ; Laplace, 2002). Cette position, qui s'explique peut-être par des facteurs sociologiques, essentiellement la volonté d'affirmer l'indépendance de la traductologie, n'est pas partagée par l'ensemble de la communauté. On trouve par exemple chez les traductologues un assez grand intérêt à l'égard de la linguistique textuelle, et, depuis peu, à l'égard de la pragmatique. La linguistique des corpus suscite elle aussi un certain intérêt en raison de ses applications possibles à la traductologie (voir le numéro spécial de *Meta,* 43/4 (1998)), notamment en matière d'universels (voir plus loin).

Il n'est pas exclu toutefois que l'on redécouvre également dans un proche avenir les avantages d'une linguistique plus descriptive, et pourquoi pas contrastive qui puisse fournir des outils d'analyse et de catégorisation susceptibles d'aider à mieux cerner les problèmes que rencontrent les traducteurs, et surtout les étudiants en traduction, lors de l'analyse du texte de départ et lors de la reformulation du texte d'arrivée (une sensibilisation aux différences entre les langues fait d'ailleurs partie des objectifs pédagogiques dans de nombreuses universités – voir par exemple Hurtado Albir, 1996). Ces outils devraient s'avérer particulièrement utiles dans l'étude des problèmes posés par la traduction dans des couples de langues spécifiques, par exemple la traduction du français vers l'anglais, de l'italien vers l'espagnol, de l'espagnol vers l'italien, etc. Rappelons que les ESITiens rejettent toute idée d'étudier ces problèmes par langues, alléguant que l'extraction du sens d'un texte et sa reformulation dans une autre langue relèvent de mécanismes universels. Or, des manuels d'enseignement de la traduction consacrés à des couples de langues spécifiques (anglais-allemand, espagnol-français, anglais-français, etc.) continuent de paraître, et parmi leurs auteurs, on compte aussi des traductologues reconnus comme tels qui sont au fait de la traductologie contemporaine (voir, parmi les fonctionnalistes, Hansen, 1995 ; Schäffner, 2001 ; Adab, 1996). On peut en conclure qu'en dépit de l'acceptation généralisée du principe universel de la succession compréhension-reformulation comme base de la démarche traduisante, la communauté des traductologues continue à reconnaître, sur le plan technique, l'intérêt de l'étude descriptive et analytique de mécanismes linguistiques de surface.

En matière scientifique, la chose peut d'ailleurs paraître évidente, puisque la description et l'analyse détaillée d'un corpus sont un préalable à la théorisation. C'est surtout dans la *fonction* de cette analyse que l'on pourrait trouver une évolution par rapport à la démarche des enseignants de thème et de version et par rapport au rejet des ESITiens. En traductologie, l'analyse linguistique sur corpus peut servir à mieux identifier et catégoriser les problèmes que rencontrent les traducteurs dans leur démarche d'extraction du sens et de reformulation, par exemple en identifiant les interférences linguistiques ou les informations induites par les contraintes linguistiques dans les langues concernées, pour aider les étudiants à éviter les obstacles ou à les franchir. C'est justement en leur montrant que telle information, telle manière d'écrire ou de parler est spécifique à une culture ou à une langue et n'indique pas nécessairement une intention particulière, que l'on peut les aider à mieux « déverbaliser ».

6. La traduction comme acte et les normes de traduction

Une caractéristique fondamentale de la pensée traductologique moderne, particulièrement pertinente dans le cadre de la discussion sur l'enseignement et l'apprentissage de la traduction, est la conception de celle-ci comme une *action* au sens de *comportement.* On trouve bien dans la littérature des comparaisons entre des œuvres originales et leurs traductions, ainsi que des analyses des similitudes et différences entre des systèmes linguistiques ; toutefois, le point de départ majoritaire est celui du traducteur-acteur (au sens de « agissant ») animé par une motivation précise et agissant en fonction de certaines normes, de certaines contraintes, mais aussi de son savoir, de son savoir-faire et de ses capacités cognitives.

La première à théoriser sur cet aspect de la traduction à été l'Allemande Justa Holz-Mänttäri (1984) dans son approche de la traduction comme « action traductive » *(Translatorisches Handeln).* La théorie du *skopos* de Hans Vermeer, reprise et adoptée par de nombreux enseignants de la traduction, est définie par lui-même comme faisant partie de cette vision « fonctionnaliste » de la traduction.

C'est également dans une vision de la traduction comme *un acte* du traducteur que Gideon Toury (1995) a mis au centre de la réflexion et la recherche traductologiques la notion sociologique de *normes* de traduction. Pour lui, la traduction se définit non pas par des critères absolus, mais par des normes. Le traducteur fait des choix individuels, mais ils sont guidés en grande partie par les normes en vigueur dans l'espace social dans lequel il vit et travaille. Des éléments idéologiques, politiques et religieux l'orientent donc vers telle stratégie, telle décision devant un choix. À un niveau plus local, celui d'une entreprise pour laquelle il travaille comme salarié ou qui lui confie un contrat de traduction à titre de traducteur indépendant, les normes peuvent prendre la forme de règles ou instructions écrites. Tel organisme gouvernemental français ou québécois tient à préserver la « pureté » de la langue et interdit l'emploi de tout terme issu de l'anglais quand l'équivalent existe en français, telle rédaction de journal demande un style adapté à un certain public, tel client exige une traduction reproduisant de manière aussi rigoureuse que possible la forme du texte original, etc. Une partie de la traductologie de l'école de pensée appelée DTS *(Descriptive Translation Studies),* qui se réclame de Gideon Toury, s'emploie à rechercher et à analyser les normes sous-jacentes à l'activité traductionnelle dans différentes sociétés et à différents moments de leur histoire.

7. Naturalisation et exotisation

La traductologie contemporaine met donc à mal le mythe du traducteur transparent qui assure une conversion impersonnelle et objective d'un texte d'une langue vers une autre (Venuti, 1995). Elle prend en compte la dimension sociologique de la traduction tant au niveau macrosociologique de la communauté nationale ou linguistique à laquelle appartient le traducteur ou pour laquelle il traduit qu'au niveau microsociologique de son milieu de travail. Elle analyse notamment les normes de traduction en vigueur dans des cultures qui se sentent puissantes ou prestigieuses, fréquemment celles des grands pays riches colonisateurs, et les compare aux normes de traduction qui ont cours dans les cultures qui se sentent plus faibles ou dominées. Une intéressante hypothèse mise en avant par l'Américain Lawrence Venuti considère que les textes émanant d'une culture faible et traduits vers une culture forte ont tendance à être « naturalisés » *(domesticated),* c'est-à-dire rédigés de manière à paraître naturels aux lecteurs appartenant à cette culture, alors que les textes émanant d'une culture forte et traduits vers une culture plus faible ont tendance à être « exotisés » *(foreignized)* de manière à garder des caractéristiques de la langue et de la culture de départ. Cette hypothèse peut être vérifiée à travers un corpus de traductions ; elle expliquerait notamment le passage des traductions exotisantes vers des traductions naturalisantes intervenu au Japon dans les années 1970 (Furuno, 2002), à mesure que ce pays gagnait en importance économique et que son image évoluait aux yeux des Japonais. L. Venuti ne se tient pas à la présentation de son hypothèse à titre d'apport théorique : il condamne cet état de choses, introduisant par là un élément idéologique dans sa réflexion.

8. Le *cultural turn*

Les travaux de L. Venuti font partie de ce que l'on appelé le *cultural turn*, virage vers des préoccupations plus globales en matière de traduction, au-delà de concepts techniques de différences linguistiques, d'équivalence, de fidélité, etc. D'après la Canadienne Sherry Simon (1996), traductologue féministe, la traduction n'est pas un simple transfert, mais une véritable création et une « diffusion de sens » dans un ensemble de textes et de discours au sein de la société. D'autres traductologues dans la même mouvance soulignent que non seulement la traduction s'intègre dans des cadres sociaux et politiques, mais elle y joue un rôle actif. Elle est considérée par eux comme un discours politique au sens large du terme, et sert d'outil ou de prisme pour examiner des questions historiques, politiques, idéologiques, identitaires, notamment dans le contexte du post-colonialisme. Paul Bandia (2000), de l'Université Concordia à Montréal, par exemple, s'intéresse à l'impact de la traduction sur la culture-source colonisée, et considère que les littératures europhones africaines sont elles-mêmes des traductions.

En partie, ces travaux relèvent d'un discours idéologique. En partie, ils sont accompagnés d'études empiriques de nature interdisciplinaire au croisement de la littérature comparée, de la sociologie et de la linguistique, empruntant à celle-ci des concepts de la linguistique textuelle et de la pragmatique.

9. Études sur le processus de la traduction

Le comportement du traducteur obéit à des normes et à des préférences personnelles, mais au niveau de l'individu, il correspond surtout à une activité cognitive. Un axe de recherche important dans la traductologie des vingt dernières années est l'étude des processus cognitifs intervenant dans la traduction. Dans la recherche sur l'interprétation de conférence, cet axe forme d'ailleurs depuis les année 1960 l'essentiel des études, avec, depuis une décennie environ, un recours massif aux théories et méthodes de la psychologie cognitive et des autres sciences cognitives. Dans les investigations sur la traduction écrite, la première (et principale) voie suivie pour tenter de percer les mystères de la « boîte noire » qu'est le cerveau du traducteur a été le paradigme des TAP ou *Think Aloud Protocols*. Lancé en psychologie par Ericsson et Simon (1984), il a été introduit dans la traductologie par l'Allemand H. P. Krings (1986), puis repris par W. Lörscher (1986) et d'autres chercheurs, notamment en Allemagne et en Finlande (Tirkkonen-Condit, 1991 ; Kiraly, 1995 ; Tirkkonen-Condit et Jääskeläinen, 2000). Il consiste essentiellement à demander à des traducteurs de verbaliser à voix haute leurs pensées à mesure qu'ils traduisent. Ce paradigme fournit aux chercheurs de précieux renseignements sur la manière dont le traducteur appréhende le texte, sur les problèmes qu'il rencontre, sur la manière dont il prend ses décisions, sur le déroulement chronologique de la traduction. Méthodologiquement parlant, cette approche présente également des inconvénients non négligeables, dont deux sont souvent évoqués dans la littérature : d'une part, la verbalisation ne porte que sur des activités conscientes ; elle exclut des opérations automatisées, et ne donne donc qu'une image partielle des processus, surtout chez les traducteurs confirmés, chez qui une partie importante des opérations cognitives sont automatiques ; d'autre part, la verbalisation au moment de la traduction peut entrer en interférence avec celle-ci et modifier les processus sous-jacents, donnant ainsi une image fausse des processus de traduction tels qu'ils se déroulent dans des situations authentiques. Un troisième inconvénient est le fait que face à un problème qui mobilise toute son attention, le traducteur cesse de parler, d'où une perte d'information non négligeable. La méthode des TAP a tout de même permis de mettre en évidence un certain nombre de différences entre les apprentis-traducteurs et les traducteurs confirmés : les étudiants ont tendance à traduire « localement », par segments courts, et à passer un temps considérable à résoudre des problèmes au fil du texte à mesure qu'ils se présentent, alors que les traducteurs confirmés ont tendance à passer un certain temps à s'interroger sur la fonction du texte dans son ensemble, et à passer moins de temps à résoudre des problèmes locaux. Les TAP ont également contribué à l'implantation du concept de *stratégies* de traduction au centre des études scientifiques sur la traduction, les stratégies étant définies par certains comme des approches générales du traducteur dans son traitement de sa tâche, et par d'autres comme des décisions locales face à des problèmes de traduction. Notons en passant que, pour des raisons expliquées plus loin, des interrogations sur les stratégies ont été tout naturellement au centre de l'intérêt des chercheurs en interprétation de conférence depuis le début de la réflexion et des investigations scientifiques dans ce domaine.

Une autre méthode employée pour étudier le processus de traduction est l'utilisation de logiciels permettant de suivre pas à pas la production du texte d'arrivée, en enregistrant successivement les saisies de texte et les corrections, avec des indications précises sur la chronologie des opérations, y compris la durée des pauses. Des études ont été réalisées dans ce paradigme à Copenhague, avec un logiciel spécial appelé Translog. G. Hansen a également expérimenté avec la pression du temps en traduction, en faisant traduire des textes par les mêmes personnes sous une forte contrainte de temps et sans cette contrainte (voir Hansen, 1998, 1999, 2002 *a*). Consciente des limites de chacune des méthodes, Hansen a d'ailleurs beaucoup insisté sur la triangulation, c'est-à-dire le recours à plusieurs méthodes à la fois, ce qui permet de détecter les convergences et divergences et de mieux apprécier la fiabilité des résultats. Actuellement, certains chercheurs expérimentent avec différentes formes de rétrospection dans des études sur le processus de traduction, surtout chez les étudiants (voir Fox, 2000 ; Hansen, 2002 *c* ; Gile, 2004).

10. Les « universels de la traduction »

Outre les spécificités linguistico-culturelles de la traduction par paires de langues ou de cultures, l'attention des traductologues s'est tournée vers les « universels », des tendances qui refléteraient des caractéristiques inhérentes à la traduction en tant que telle indépendamment des paires de langues concernées. L'un de ces universels potentiels est l'*hypothèse d'explicitation* de Shoshana Blum-Kulka (1986), selon laquelle la traduction tend à être plus explicite que l'original. Un autre universel potentiel est l'hypothèse d'une normalisation linguistique de la traduction par rapport à l'original, avec un emploi plus fréquent par le traducteur que par l'auteur des structures standard et une plus faible fréquence d'occurrence de structures plus originales. Troisième universel potentiel, la *Retranslation Hypothesis*, d'après laquelle une deuxième traduction d'un même texte a tendance à être moins *naturalisante* que la première. L'ouvrage de Mauranen et Kujamäki (2004) est le premier volume collectif consacré à ce sujet.

11. Études sur la qualité de la traduction et son évaluation

La critique de la traduction fait depuis toujours partie de la littérature traductologique sur la traduction littéraire, à tel point que Holmes en fait une branche de la traductologie appliquée dans sa carte conceptuelle du domaine. En matière de traduction de textes informationnels et en matière didactique, il ne s'agit pas de « critique », mais d'évaluation, avec des besoins précis : identifier les points forts et les faiblesses des traductions, et savoir les pondérer pour en faire une évaluation relativement fiable.

Des efforts considérables ont été déployés en la matière par les traductologues de l'interprétation, à commencer par une conceptualisation des outils (Gile, 1983, 2003), et jusqu'à un nombre relativement élevé de travaux empiriques (voir par exemple Bühler, 1986 ; Kurz, 1989, 1996 ; Gile, 1990 ; Meak, 1990 ; Marrone, 1993, et bien d'autres, dont on peut retrouver les références et des descriptions synthétiques dans Collados Aís et coll., 2003). Cette évaluation de la qualité en interprétation a été faite, dans la grande majorité des cas, par voie de questionnaires ou d'interviews qui mesurent les attentes des utilisateurs des services d'interprétation. Une évaluation directe du produit, à savoir le discours d'arrivée, se fait aussi, tout naturellement, dans le cadre d'investigations sur d'autres aspects de l'interprétation, où la qualité de la prestation de l'interprète est la variable dépendante. Ainsi, des recherches ont été menées sur l'effet sur le produit de différentes variables telles que la vitesse du débit de l'orateur, l'expérience de l'interprète, le couple langue de départ - langue d'arrivée, etc..

Les travaux sur l'évaluation et la qualité de la traduction écrite ont été moins intensifs. Le numéro spécial de *Meta* (46/2) publié en 2001 sous la direction de Hannelore Lee-Jahnke sur le thème « Évaluation : paramètres, méthodes, aspects pédagogiques » est l'une des rares publications collectives consacrées à ce thème. Parmi les 11 articles qui se penchent sur l'évaluation de la qualité en traduction écrite (d'autres articles portent sur l'interprétation), la place des travaux empiriques est réduite à la portion congrue, puisqu'elle se limite à une étude par C. Waddington (2001) sur l'évaluation des résultats d'un examen d'étudiants de deuxième année en traduction. Les autres articles sont de nature conceptuelle. On notera que contrairement au cas de l'interprétation, dans l'évaluation de la traduction, les traductologues privilégient l'examen du produit plutôt que les réactions des destinataires (avec quelques exceptions, notamment Ørsted (2001) – qui se trouve être responsable commerciale dans un grand bureau de traduction).

Que ce soit en traduction ou en interprétation, l'évaluation de la qualité se heurte au problème de la grande variabilité des réactions des évaluateurs. Dans une récente étude sur la perception par 166 étudiants coréens d'une interprétation télévisée, Shinjwa Kim (2004) a trouvé qu'environ 30 % d'entre eux en avaient une impression favorable ou très favorable, un peu moins de 50 % une impression ni favorable ni défavorable, et environ 24 % une impression défavorable ou très défavorable. Cette variabilité relève en partie de différences dans les normes qui orientent les récepteurs. En matière linguistique, notamment, quand on présente des traductions à des évaluateurs (par exemple en classe de traduction – voir chapitre VII), on constate de fréquentes divergences entre les locuteurs natifs d'une même langue sur l'acceptabilité des tournures et structures de phrases ainsi que sur l'emploi de mots du vocabulaire général. En matière de fidélité aussi les jugements peuvent diverger (voir par exemple Gile, 1999, pour l'interprétation). Un autre problème a trait à la sensibilité des évaluateurs, qui ne détectent pas nécessairement des déviations par rapport à leurs propres normes, que ce soit sur le plan linguistique ou sur le plan de la fidélité (voir Gile, 1985 *b*, 1995 *c*).

Dans les montages expérimentaux, il est possible de réduire cette variabilité de différentes manières, mais souvent au prix d'un affaiblissement de la validité écologique de l'étude, car la réaction des évaluateurs que l'on oriente vers la recherche des erreurs ou à qui on facilite leur identification ne correspond plus nécessairement à celle des utilisateurs de la traduction sur le terrain.

12. La traductologie de l'interprétation

La recherche sur l'interprétation a initialement été méconnue par les traductologues de l'écrit (elle reste en partie méconnue) en raison des caractéristiques spécifiques de l'interprétation et d'une divergence des centres d'intérêt des chercheurs, selon qu'ils se penchaient sur la traduction écrite ou orale. Dans le cas de la traduction écrite, on s'intéressait à la traduisibilité, à la fidélité, à l'équivalence, à l'influence de la traduction sur la société ; ces interrogations s'expliquent par l'importance de certains ouvrages traduits, à commencer par la Bible et des œuvres littéraires majeures. L'interprétation étant essentiellement un phénomène évanescent et, à l'exception d'événements majeurs télédiffusés (depuis les années 1960), limité dans son impact direct à un petit nombre d'auditeurs, n'avait pas la même visibilité et n'offrait pas les mêmes possibilités d'examen du produit. Les chercheurs qui se sont penchés sur l'interprétation s'intéressaient avant tout au processus, surtout en matière d'interprétation simultanée, exercice spectaculaire dont ils voulaient percer les mystères. Des contacts suivis entre les deux groupes ont commencé dans les années 1990, notamment avec la participation active de plusieurs chercheurs en interprétation aux activités de la EST (European Society for Translation Studies) et au programme international de formation doctorale à la traductologie CERA (devenu CETRA depuis) lancé par José Lambert de l'Université catholique de Louvain, et les liens n'ont cessé de se renforcer depuis. Actuellement, la plupart des conférences traductologiques comportent un volet sur l'interprétation, de nombreuses écoles doctorales traductologiques ont des intervenants interprètes et parfois un volet sur l'interprétation, et des traductologues de la traduction et de l'interprétation interagissent dans différents domaines, surtout en matière de théories de la traduction et de méthodologie de la recherche (Schäffner, 2004, est un volume collectif consacré spécifiquement à cette interaction).

La traductologie de l'interprétation a commencé par un volet professionnel de manuels pratiques et de réflexions sur le métier d'interprète, dans les années 1950 et 1960. Puis, pendant une dizaine d'année, quelques psychologues cogniticiens et psycholinguistes se sont penchés à titre exploratoire sur les mécanismes de l'interprétation simultanée, notamment au regard de la lourde charge cognitive et des problèmes de production du discours qu'elle pose. Les premiers chercheurs se sont notamment intéressés à l'emploi que faisaient les interprètes des pauses de l'orateur pour réduire éventuellement la simultanéité de l'écoute et de la production du discours d'arrivée, et au décalage temporel de leur discours par rapport au discours original. La quinzaine d'années suivante a été marquée par un vif intérêt traductologique vis-à-vis de l'interprétation de la part d'un certain nombre d'enseignants de l'interprétation, sous l'impulsion de Danica Seleskovitch de l'ESIT. Son influence a d'abord été dynamisante, vers la fin des années 1970 et pendant les années 1980, puis est devenue inhibitrice (Gile, 1995 *b*). Un virage s'est amorcé au début des années 1990, grâce à l'action de l'école de traduction et d'interprétation de l'Université de Trieste sous la direction de l'interprète Laura Gran et du jeune neuro-physiologiste Franco Fabbro qui a initié toute une génération d'étudiants en interprétation à une recherche interdisciplinaire à orientation expérimentale dans son domaine. Ce mouvement de renouveau a pris de l'ampleur dans différents pays, notamment, depuis une quinzaine d'année, en Finlande, en Espagne, au Japon, en Allemagne, et plus récemment, en Chine (Zhong, 2000 ; Cai, 2002) et en Corée, avec un éventail assez large de centres d'intérêt : processus d'interprétation de conférence, caractéristiques linguistiques du discours d'arrivée, mais aussi enseignement, qualité, histoire de l'interprétation, questions sociologiques, interprétation auprès des tribunaux, interprétation de service public, interprétation pour les média, etc. En Europe de l'Est, et plus spécialement en Union soviétique et en Tchécoslovaquie, la recherche empirique et interdisciplinaire sur l'interprétation n'avait jamais cessé (voir Gile, 1995 *b* ; Pöchhacker et Shlesinger, 2002 ; Pöchhacker, 2004), mais elle était méconnue dans les pays occidentaux.

13. La traductologie de la didactique de la traduction

Du côté professionnel, la traductologie de la didactique de la traduction se traduit par des descriptions et analyses de programmes de formation, de problèmes, d'exercices, par des échanges d'idées et d'expériences entre enseignants. Du côté scientifique, elle pourrait être conceptualisée comme une recherche surtout appliquée, qui décrit les méthodes d'enseignement et les évalue, qui s'intéresse à la progression des élèves-traducteurs dans le savoir et le savoir-faire, qui examine les épreuves d'admission, de passage et de fin d'études, et cherche à les optimiser. Pour le moment, ce volet scientifique est relativement pauvre. Parmi quelques exceptions, en Espagne, on peut citer le groupe PACTE, qui cherche à étudier de près la compétence traductionnelle (voir par exemple Beeby, 2000 ; Orozco, 2000). Depuis une petite vingtaine d'année, la part de théorisation dans la didactique de la traduction a augmenté, notamment avec la théorie du *skopos* et les autres formes de fonctionnalisme, en Allemagne, puis dans d'autres pays, en Europe et au-delà. La principale composante empirique de ce volet de la traductologie est la comparaison des compétences et l'étude des stratégies chez des étudiants de différents niveaux et chez des traducteurs professionnels. En revanche, les méthodes d'enseignement, qui font l'objet d'une littérature abondante, sont peu évaluées par la voie de recherche empirique (là aussi, avec des exceptions, telles que Sawyer, 2001).

Dans la masse des publications sur la didactique de la traduction, on peut observer, depuis le milieu des années 1980, une convergence parmi les traductologues didacticiens sur certaines idées qui les distinguent assez bien des enseignants de thème et de version qui suivent la démarche linguistique de la traduction universitaire. Ces principes sont expliqués aux chapitres I et VII.

14. L'interdisciplinarité

Comme il a été annoncé en début de chapitre et comme il devrait apparaître clairement à travers l'analyse faite jusqu'ici, la traductologie est interdisciplinaire. Le spectre est très large, que ce soit dans les questions abordées, dans les connaissances mobilisées ou dans les démarches méthodologiques adoptées. Certaines relèvent clairement de la sociologie, d'autres de la linguistique, de la psychologie cognitive, de la neurolinguistique, de l'histoire, de la littérature comparée, de la philosophie, des sciences de l'éducation, etc. Dans la mesure où hormis l'objet de l'étude, à savoir la traduction, le dénominateur commun entre les sous-communautés traductologiques est parfois difficile à trouver, les traductologues, de même que les chercheurs des disciplines connexes, se posent régulièrement la question de savoir si l'on peut véritablement parler de la traductologie comme discipline à part. N'y aurait-il pas plutôt des linguistes, des sociologues, des psychologues, des historiens, des spécialistes de la littérature comparée, des philosophes qui, depuis leur propre discipline, s'intéressent à la traduction ? Sur le plan sociologique, il est intéressant de sentir chez certains traductologues de l'interprétation une forte aspiration à la reconnaissance par la psychologie, qui a pignon sur rue. Cette aspiration se manifeste notamment par des citations qu'ils vont puiser exclusivement ou presque dans la psychologie, au mépris d'autres travaux pertinents, et par l'adoption de ses méthodes de manière insuffisamment critique.

La légitimité d'une discipline traductologique autonome, sinon indépendante des autres disciplines, relève autant de facteurs sociologiques et institutionnels que de questions de fond. La traductologie connaît actuellement une expansion importante, dans la mesure où de nouveaux programmes de formation à la traduction voient le jour dans de nombreux pays, et où les programmes existants sont plus intégrés que par le passé dans le système universitaire, ce qui, entre autres effets, aboutit à la multiplication des postes spécifiques à pourvoir. La traductologie offre donc maintenant des possibilités de carrière universitaire qu'elle n'offrait pas par le passé. En outre, sa nature internationale a de quoi attirer de jeunes chercheurs. Ces facteurs favoriseraient la consolidation d'une « fédération disciplinaire traductologique », où différentes sous-communautés pourraient suivre chacune son chemin tout en profitant d'une infrastructure institutionnelle commune.

Dans le cadre d'une exploration de la validité de la méthode d'analyse des citations dans la recherche sur la traductologie (voir Gile, sous presse), nous avons réalisé entre janvier et mars 2004 une enquête informelle auprès des membres de la European Society for Translation Studies (qui, contrairement à ce que semble indiquer son nom, a des membres sur tous les continents), en demandant aux répondants quels étaient, à leur avis, les six auteurs traductologues les plus influents dans la discipline depuis les année 1990 (une analyse des résultats est en préparation). Sur la base des 65 réponses reçues apparaît un consensus assez important autour de quelques personnalités, l'Israélien Gideon Toury arrivant largement en tête avec 75 % des suffrages, suivi de l'Allemande Christiane Nord (51 %), de l'Américain Lawrence Venuti (49 %), de l'Anglaise Mona Baker (42 %), de l'Allemand Hans Vermeer et de l'Américain Eugene Nida (38 %). Parmi ces six auteurs représentant quatre pays, on trouve cinq écoles de pensée distinctes (Vermeer et Nord représentent le même paradigme fonctionnaliste). Et pourtant, entre 38 % et 75 % des traductologues, tous pays, tous paradigmes et toutes tendances confondues les considèrent comme très influents. On peut interpréter ces résultats comme indiquant un sens assez fort de l'identité disciplinaire de la traductologie en dépit de son hétérogénéité « technique ».

L'interdisciplinarité de la traductologie est problématique dans deux de ses aspects, d'ailleurs liés l'un à l'autre. D'une part, les traductologues souhaitant profiter du savoir et du savoir-faire acquis dans les disciplines connexes n'ont en général pas la formation requise pour réaliser des recherches solides dans les paradigmes concernés (surtout des travaux expérimentaux). D'autre part, les disciplines connexes, qui ont un statut sociologique plus élevé que celui de la traductologie, ne s'intéressent pas sérieusement à elle, ce qui apparaît clairement dans le fait que lorsqu'elles se penchent sur la traduction, elles le font quasiment toujours dans leur cadre disciplinaire interne, et ne citent pas des auteurs traductologues. La solution du problème se trouvera peut-être dans une meilleure formation des traductologues, au fil du temps.

15. Traductologie, didactique de la traduction et pratique de la traduction

En général, on considère que la recherche fondamentale a pour fonction de mieux faire connaître l'objet de l'étude, et la recherche appliquée vise à l'améliorer grâce aux connaissances ainsi acquises. En principe, le rôle fondamental des traductologues est donc de contribuer à une meilleure connaissance de la traduction, et les traducteurs et les formateurs de traducteurs devraient pouvoir utiliser celle-ci par la suite pour améliorer leurs méthodes de traduction et de formation. *A priori*, les relations entre les chercheurs, les formateurs et les praticiens devraient être bonnes. En réalité, les choses se sont passées autrement, avec un désintérêt quasiment général de la part des traducteurs praticiens, et un désintérêt, voire une hostilité marquée, de la part d'une proportion non négligeable des professeurs de traduction à l'égard de la traductologie – et des traductologues (voir par exemple Wilss, 1991 : p. 146 ; Baker, 1992 : p. 3 ; Danaher, 1992 ; Hönig, 1995 : p. 14 ; Chesterman, 1997 : p. 3 ; 150 ; Robinson, 1997 *a* : p. 175-176 ; Cruces Colado, 2000 : p. 202 ; Bush, 2002 : p. 294-295).

Comment expliquer ces problèmes relationnels ? Le premier reproche que font les opposants à la traductologie est le fait, difficilement contestable, que celle-ci n'a pas produit à ce jour beaucoup de résultats que les traducteurs pourraient utiliser concrètement pour améliorer leur travail. La chose s'explique aisément :

Avant tout, le volume de recherche empirique réalisé jusqu'ici sur la traduction est faible, à l'exception peut-être d'études sur la traduction littéraire. Or, la recherche empirique est indispensable à la vérification des théories et à la production de connaissances nouvelles. À défaut, on reste dans le domaine des idées, dont l'apport est plus difficile à évaluer. Qui plus est, les idées ne sont pas l'apanage des chercheurs ; comme on peut le constater en parlant de traduction avec des traducteurs et des enseignants de la traduction étrangers à la recherche, eux aussi ont des idées, qu'ils considèrent comme dignes d'attention même si elles ne sont pas inspirées par des théories connues et publiées dans des textes savants. Or, le grand nombre de paramètres en présence (type de texte, langue de départ, langue d'arrivée, qualité rédactionnelle et conceptuelle du texte de départ, caractéristiques du groupe des destinataires du texte d'arrivée, qualifications du traducteur, délai de préparation, documents de référence disponibles, instructions du client, etc.) et la diversité des situations qui en résulte sont source de variabilité, donc de difficulté accrue pour parvenir à des résultats nets. Le faible volume d'études empiriques est d'autant plus handicapant.

À ces questions techniques s'ajoute un problème sociologique entre deux catégories d'enseignants de la traduction. Les uns, issus de l'enseignement des langues ou de la linguistique, sont natifs du système universitaire, avec ses us et coutumes en matière de recherche et de publication. Les autres sont traducteurs professionnels et fiers de l'être, et considèrent le milieu universitaire avec une certaine méfiance ; certains d'entre eux pensent d'ailleurs que les théories universitaires ne font qu'habiller de mots savants des idées simples et connues, ou des idées fausses qui ne peuvent survivre que dans la tour d'ivoire. Ils peuvent également ressentir un certain agacement face au prestige que donnent dans le monde universitaire ces théories à leurs auteurs quand elles sont présentées dans des thèses et autres publications, alors que lesdits auteurs, qui prétendent donner des conseils aux praticiens, ne sont pas toujours traducteurs eux-mêmes.

La dimension sociologique du problème est d'autant plus patente que l'apport de la traductologie à la pratique de la traduction n'est peut-être pas aussi différent par sa nature et son amplitude que l'apport des sciences de l'éducation aux enseignants, de la linguistique et de la psycholinguistique aux professeurs de langues étrangères, des sciences politiques aux politiciens, des sciences économiques aux économistes, etc. Dans tous ces cas, il y a réflexion, théorie, et plus ou moins de recherche empirique, mais y a-t-il beaucoup de résultats scientifiquement validés qui permettent aux enseignants, aux professeurs de langues étrangères, aux politiciens, aux économistes de prendre des décisions meilleures que celles qu'ils prennent sur la base de leur expérience personnelle et de leurs intuitions ? Et pourtant, il semble que parmi les praticiens, l'indifférence et l'hostilité aux disciplines universitaires concernées, si elles ne sont pas totalement absentes, ne soient pas aussi marquées que dans le cas de la traductologie. Dans certains cas, les praticiens attendent peut-être des résultats ayant une valeur pratique à terme. Dans d'autres, il s'agit plutôt d'une plus grande acceptation sociologique de l'existence de la discipline concernée, sans rapport avec ses résultats scientifiques concrets.

Ce problème sociologique de la traductologie est peut-être en voie d'atténuation, à mesure qu'un nombre croissant de programmes de formation à la traduction professionnelle se rapprochent de la tradition universitaire, notamment en introduisant des mémoires de recherche pour les étudiants en fin de parcours et en exigeant des diplômes universitaires supérieurs, de plus en plus souvent un doctorat, des enseignants titulaires. Il en résulte non seulement une plus grande acceptabilité de la théorie et la recherche pour les praticiens, qui entrent ainsi en contact avec ce monde dès leur formation initiale, mais aussi une augmentation de la proportion de praticiens-enseignants qui deviennent eux-mêmes chercheurs.

16. Conclusion

Quel apport concret à la traduction peut-on attendre de la traductologie ? La traductologie professionnelle telle que définie au début de ce chapitre a une valeur pratique comparable à celle des réflexions et échanges professionnels dans tous les corps de métier : en échangeant des idées, des descriptions et des analyses de leurs environnements, leurs méthodes, leurs problèmes, leurs solutions, les praticiens se donnent les moyens d'élargir leurs horizons, de s'inspirer des idées et de l'expérience d'autrui, de s'organiser professionnellement pour faire avancer leurs intérêts. Cette traductologie professionnelle ne provoque d'ailleurs pas d'interrogations existentielles au sein de la communauté des traducteurs.

En revanche, l'apport de la traductologie universitaire est réellement moins facile à cerner et à évaluer. Force est de reconnaître que l'on peut devenir traducteur sans théories et sans recherche scientifique, et que la traductologie n'apporte pas au traducteur un savoir nécessaire comme celui que l'étude de la médecine apporte au médecin, l'étude des mathématiques, de la physique et des techniques de l'ingénieur aux ingénieurs, ou l'étude du droit aux avocats et magistrats. Toutefois, à terme, on peut espérer disposer de résultats scientifiques directement applicables. En attendant, les idées, théories et résultats de travaux empiriques déjà réalisés peuvent servir de cadre d'orientation pour les enseignants et les étudiants et leur expliquer certains phénomènes. Ainsi, le cadre conceptuel très simple des fonctionnalistes allemands semble avoir conquis de nombreux enseignants de la traduction en Europe. Schäffner et Wiesemann (2001 : p. 21) considèrent qu'il présente aux traducteurs des orientations plutôt que des instructions fixes, les appelle à prendre des décisions en prenant en compte non seulement le contexte local, mais aussi le macrocontexte et la situation, et fait ainsi davantage appel à la compétence du traducteur en tant qu'expert et à sa responsabilité, et lui donne davantage de liberté que les démarches fondées sur de prétendues équivalences textuelles. De même, le principe de déverbalisation préconisé par Danica Seleskovitch et ses disciples à l'ESIT (voir par exemple Seleskovitch, 1968 ; Seleskovitch et Lederer, 1989, pour des explications et un développement dans le cadre de l'interprétation de conférence) semble avoir été bien accepté par des enseignants pour son orientation fondamentale de traduction à partir du sens et non pas des mots.

Enfin, sur le plan sociologique, l'existence d'une discipline universitaire consacrée à la traduction pourrait aider à asseoir le statut du traducteur à un niveau comparable à celui des autres professions demandant une formation universitaire (Anderman et Rogers, 2000), d'autant plus que celle-ci, avec son enseignement normé et ses examens, fournit un cadre propice à une progression vers la réalisation d'objectifs d'amélioration de la qualité en traduction.

Conclusion

Au cours de cette « visite guidée », j'espère avoir réussi à faire passer quelques messages sur la nature de la traduction et sur son enseignement, qui peuvent se résumer en six points :

1 / La traduction (de bonne qualité) se présente sous forme linguistique, mais est essentiellement un travail d'analyse et de rédaction et demande des efforts et une application considérables, une importante acquisition de connaissances, ainsi que des décisions raisonnées. La connaissance des langues en est un préalable, mais elle n'en est pas l'essence. La traduction a donc bien sa place parmi les professions intellectuelles.

2 / La traduction n'est ni neutre ni « transparente » : elle sert des intérêts particuliers dans une société donnée, subit les forces sociales en présence et suit les normes en vigueur.

3 / Les notions de « traduisibilité » et de « fidélité » en traduction ne peuvent être conceptualisées avec une certaine validité écologique que dans le cadre du processus de communication entre les parties concernées.

4 / L'enseignement de la traduction en tant que telle diffère de l'enseignement du thème et de la version, mais peut être intégré dans l'enseignement de la version sans lui nuire.

5 / La traduction est un observatoire des faits de langue en situation de communication.

6 / La recherche sur la traduction en tant que telle est légitime. Elle est nécessairement interdisciplinaire, mais appelle des interrogations et des méthodes spécifiques.

Au-delà de ces messages, j'espère surtout que ce livre aidera les étudiants à mieux comprendre la traduction, et qu'il aura quelque utilité pratique pour les enseignants désireux de les guider vers le plaisir de bien traduire.

Bibliographie

Ammour E., 2000, La révision comme outil de réflexion, dans F. Israël (dir.), p. 55-82.

Anderson J., 1980, *Cognitive Psychology and its Implications,* San Francisco, W. H. Freeman & Co.

Antomarchi F., Castiel A. et Seyden E., 1986, *Pense... machine. Pour comprendre l'intelligence artificielle,* Paris, CESTA.

Baker M., 1992, *In other Words,* London-New York, Routledge.

Baker M. (ed.), 1998, *Routledge Encyclopedia of Translation Studies,* London-New York, Routledge.

Ballard M., 1996, La traduction à yeux ouverts, dans P. Sewel et I. Higgins (éd.), *Teaching Translation in Universities : Present and Future Perspectives,* London, AFLS-CILT, p. 67-87.

Bandia P., 2000, Social and ideological contexts of translation and translation research I. Postcoloniality and the search for new avenues in translation studies, www.ccl.umist.ac.uk/events/conference/ideology1.htm.

Bassnett S., 1991, *Translation Studies,* London-New York, Routledge.

Beeby Lonsdale A., 1996, La traducción inversa, dans Hurtado Albir (ed.), p. 57-78.

Beeby A., 2000, Evaluating the development of translation competence, *in* Schäffner and Adab (ed.), p. 185-198.

Blum-Kulka S., 1986, Shifts of cohesion and coherence in translation, dans J. House and S. Blum-Kulka (eds), *Interlingual and Intercultural Communication : Discourse and Cognition in Translation and Second Language Acquisition Studies,* Tübingen, Narr, p. 17-35.

Bouderradji K., 2004, *Formation des traducteurs et réalité professionnelle : harmonie ou discordance ?,* Mémoire de DEA, Université Lyon 2.

Bühler H., 1986, Linguistic (semantic) and extra-linguistic (pragmatic) criteria for the evaluation of conference interpretation and interpreters, *Multilingua* 5 : 4, p. 231-235.

Bush P., 2002, Editing otherness and self : The task of the translator, dans F. Israël (dir.), p. 293-301.

Cai X. (ed.), 2002, *Recent Research into Interpreting : New Methods, Concepts and Trends* (en chinois), Hong-Kong, Maison d'édition Quaille.

Caminade M. et Pym A., 1995, *Les formations en traduction et interprétation. Essai de recensement mondial,* numéro spécial de *Traduire,* Paris, Société française des traducteurs.

Catford J. C., 1965, *A Linguistic Theory of Translation : An Essay in Applied Linguistics,* London, Oxford University Press.

Chesterman A., 1997, *Memes of Translation,* Amsterdam/Philadelphia, John Benjamins.

Cobley P. (ed.), 1996, *The Communication Theory Reader,* London-New York, Routledge.

Collados Aís Á., 1998, *La evaluación de la calidad en interpretación simultána. La importancia de la comunicación no verbal,* Granada, Editorial Comares.

Collados Aís Á., Fernández Sánchez M., et Gile D. (eds), 2003, *La evaluación de la calidad en interpretación : investigación,* Granada, Editorial Comares.

Cruces Colado S., 2000, Le choix des textes en traduction spécialisée, dans D. Gouadec (ed.), p. 201-207.

Dahout J.-C. et Quéniart C., 2000, De quoi un traducteur doit-il être capable ? dans Gouadec (réd.), p. 42.

Danaher P., 1992, Deaf and blind – but not dumb : Translation theorists, *Language International,* 4 : 2, p. 15-16.

Dancette J., 1992, L'enseignement de la traduction : peut-on dépasser l'empirisme ?, *TTR,* 5 : 1, p. 163-179.

Datta J., 1991, The role of judgement in translation, *Language International* 3 : 4, p. 15-18.

Déjean Le Féal K., 2002, La « théorie du sens » au banc d'essai, dans Israël (réd.), p. 145-156.

Delisle J., 1980, *L'analyse du discours comme méthode de traduction,* Ottawa, Éditions de l'Université d'Ottawa.

Delisle J., 1992, Les manuels de traduction : essai de classification, *TTR,* 5 : 1, p. 17-47.

Delisle J. et Lee-Jahnke H. (réd.), 1998, *Enseignement de la traduction et traduction dans l'enseignement,* Ottawa, Les Presses de l'Université d'Ottawa.

Desblache L. (ed.), 2001, *Aspects of Specialised Translation,* Paris, La Maison du Dictionnaire.

Dollerup C. and Loddegaard A. (eds), 1992, *Teaching Translation and Interpreting, Training, Talent and Experience,* Amsterdam/Philadelphia, John Benjamins.

Dollerup C. and Lindegaard A. (eds), 1994, *Teaching Translation and Interpreting 2, Insights, Aims, Visions,* Amsterdam/Philadelphia, John Benjamins.

Dollerup C. and Appel V. (eds), 1996, *Teaching Translation and Interpreting 3, New Horizons,* Amsterdam/Philadelphia, John Benjamins.

Durieux C., 1990, La recherche documentaire en traduction technique : conditions nécessaires et suffisantes, *Meta,* 35 : 4, p. 669-675.

Ericsson K. A. and H. A. Simon, 1984, *Protocol Analysis. Verbal Reports as Data,* Cambridge (Mass.), The MIT Press.

Even-Zohar I., 1978, The position of translated literature within the literary polysystem, *in* J. Holmes *et al.*

Feldweg E., 1980, Dolmetschen einsprachig lehren ? Bericht über ein gelungenes Experiment, *Lebende Sprachen,* 25 : 4.

Fisher R., 1981, *Brain Games,* Royaume-Uni, Fontana Paperbacks.

Freihoff R., 1999, Curriculare Modelle, *in* M. Snell-Hornby *et al.,* p. 26-31.

Froeliger N., 2004, *Felix culpa :* congruence et neutralité dans la traduction des textes de réalité, *Meta,* 49 : 2, 236-246.

Furuno Y., 2001, Nihon no honyaku : henka no arawareta 1970 nendai (La traduction au Japon : les années 1970, années de changement), *Tsuuyakukenkyuu/ Interpretation Studies,* n. 2, p. 114-122.

Gambier Y. and Gottlieb H. (eds), 2001, *(Multi) Media Translation,* Amsterdam/Philadelphia, John Benjamins.

García Landa M., 1995, Notes on the espistemology of translation theory, *Meta* 40 : 3, p. 388-405.

García Yebra V., 1983, *En torno a la traducción,* Madrid, Gredos.

Gile D., 1983, Aspects méthodologiques de l'évaluation de la qualité du travail en interprétation simultanée, *Meta,* 28 : 3, p. 236-243.

Gile D., 1984 *a, La formation aux métiers de la traduction japonais-français : problèmes et méthodes,* thèse de doctorat, INALCO, Université de Paris III.

Gile D., 1984 *b,* Le français des apprentis traducteurs : l'exemple des étudiants de l'INALCO, *Traduire,* 84/III, p. 5-11.

Gile D., 1984 *c,* La logique du japonais et la traduction : un exemple, *Contrastes,* n. 9, p. 63-76.

Gile D., 1985 *a,* De l'idée à l'énoncé : une expérience et son exploitation pédagogique dans la formation des traducteurs, *Meta,* 30 : 2, p. 139-147.

Gile D., 1985 *b,* La sensibilité aux écarts de langue et la sélection d'informateurs dans l'analyse d'erreurs : une expérience, *The Incorporated Linguist,* 24 : 1, p. 29-32.

Gile D., 1986, La traduction médicale doit-elle être réservée aux seuls traducteurs-médecins ? *Meta,* 31 : 1, p. 26-30.

Gile D., 1990, L'évaluation de la qualité de l'interprétation par les délégués : une étude de cas, *The Interpreters' Newsletter,* n° 3, p. 66-71.

Gile D., 1995 *a, Basic Concepts and Models for Interpreter and Translator Training,* Amsterdam/Philadelphia, John Benjamins.

Gile D., 1995 *b, Regards sur la recherche en interprétation de conférence,* Lille, Presses Universitaires de Lille.

Gile D., 1999, Variability in the perception of fidelity in simultaneous interpretation, *Hermes,* 22, p. 51-79.

Gile D., 2004, Integrated problem and decision reporting as a translator training tool, *The Journal of Specialised Translation,* n° 2, July 2004.

Gile D., Sous presse, L'interdisciplinarité en traductologie : une optique scientométrique, dans Actes du IIe Colloque international de l'Université technique de Yildiz sur les relations d'interdisciplinarité en traduction, Istanbul.

Gile D. and Hansen G., 2004, *The Editorial Process Through the Looking Glass, in* G. Hansen, K. Malkmjær and D. Gile (eds), *Claims, Changes and Challenges in Translation Studies,* Amsterdam/Philadelphia, John Benjamins, p. 297-306.

Gouadec D., 1989, *Le traducteur, la traduction, et l'entreprise,* Paris, AFNOR Gestion.

Gouadec D. (éd.), 2000, *Formation des traducteurs. Actes du Colloque international de Rennes 2 (24-25 septembre 1999)*, Paris, La Maison du Dictionnaire.

Gouadec D., 2002, *Profession : traducteur*, Paris, La Maison du Dictionnaire.

Gravier M., 1978, Pédagogie de la traduction, *in* G. Lillebil, G. Karlin, B. Malmberg (eds), *The Theory and Practice of Translation*, Berne, Lang, p. 201-212.

Hansen G., 1995, *Einführung in das Übersetzen*, Copenhagen, Handelshøjskolen forlag.

Hansen G., 1997, Success in translation, *Perspectives : Studies in Translatology*, vol. 5, n° 2, p. 201-210.

Hansen G. (ed.), 1998, *LSP Texts and the Process of Translation*, Copenhagen, Copenhagen Working Papers in LSP, Copenhagen Business School.

Hansen G. (ed.), 1999, *Probing the Process in Translation : Methods and Results*, Copenhagen, Samfundsliteratur.

Hansen G. (ed.), 2002 *a*, *Empirical Translation Studies. Process and Product*, Copenhagen, Samfundsliteratur.

Hansen G., 2002 *b*, Interferenz bei Referenz im Übersetzungsprozess, *Linguistica Antwerpiensia* 1 (2002), p. 303-326.

Hansen G., 2002 *c*, Selbstaufmerksamkeit im Übersetzungsprozess, *in* Hansen, Gyde (ed.), p. 9-20.

Harris B., 1997, *Translation and Interpretation Schools*, Amsterdam/Philadelphia, John Benjamins.

Hatim B., 2001, *Teaching and Researching Translation*, Harlow, Longman.

Hennequin J., 1998, Pour une pédagogie de la traduction inspirée de la pratique professionnelle, dans Delisle et Lee-Jahnke (réd.), p. 97-105.

Hewson L., 1993, L'avenir du thème à l'université, dans M. Ballard (réd.), *La traduction à l'université. Recherches et propositions didactiques*, Lille, Presses Universitaires de Lille, p. 171-184.

Holmes J., 1988, The name and nature of translation studies, *in* James Holmes (ed.), *Translated ! Papers on Literary Translation and Translation Studies*, Amsterdam and Atlanta, Rodopi.

Holmes J., Lambert J. and van den Broeck R. (eds), 1978, *Literature and Translation : New Perspectives in Literary Studies*, Leuven, Acco.

Holz-Mänttäri J., 1984, *Translatorisches Handeln. Theorie und Methode*, Helsinki, Suomalainen Tiedeakatemia.

Hönig H., 1985, Übersetzen lernt man nicht durch Übersetzen, *Fremdsprachen Lehren und Lernen 17*, p. 154-167.

Hönig H., 1995, *Konstruktives Übersetzen*, Tübingen, Stauffenburg Verlag.

Hurtado Albir A. (ed.), 1996, *La enseñanza de la traducción*, Castelló de la Plana, Universitat Jaume I.

Israël F. (réd.), 2002 *a*, *Identité, altérité, équivalence ? La traduction comme relation. En hommage à Marianne Lederer*, Paris-Caen, Lettres Modernes Minard.

Israël F., 2002 *b*, La trace du lien en traduction, dans Israël (réd.), p. 83-91.

Jacquemond R., 1992, Translation and Cultural Hegemony : The Case of French-Arabic Translation, *in* L. Venuti (ed.), *Rethinking Translation*, London-New York, Routledge, p. 139-158.

Jakobson R., 1959, On linguistic aspects of translation, *in* R. Brower (ed.), *On Translation,* Cambridge (Mass.), Harvard University Press / New York, Oxford University Press, p. 232-239.

Kelly D., Martin A., Nobs M. L., Sánchez D., Way C. (eds), 2003 *a*, *La direccionalidad en traducción e interpretación,* Granada, Atrio.

Kelly D., Martin A., Nobs M. L., Sánchez D., Way C. (eds), 2003 *b*, La tradución inversa en la bibliografía de la traductología, *in* Kelly *et al.* (eds), p. 21-32.

Kim S., 2004, Exploration into perceived quality of simultaneous interpretation, *Forum,* vol. 2, n° 1, p. 71-90.

Kiraly D., 1995, *Pathways to Translation. Pedagogy and Process,* Kent (Ohio) - London, The Kent State University Press.

Krings H., 1986, *Was in den Köpfen von Übersetzern vorgeht,* Tübingen, Narr.

Kupsch-Losereit S., 1999, Interferenzen, *in* M. Snell-Hornby *et al.* (eds), p. 167-170.

Kurz I., 1989, Conference interpreting – user expectations, *in* D. Hammond (ed.), *Coming of age. Proceedings of the 30th Annual Conference of the American Translators Association,* Medford (NJ), Learned Information Inc., p. 143-148.

Kurz I., 1996, *Simultandolmetschen als Gegenstand der interdisziplinären Forschung,* Wien, WUV-Universitätsverlag.

Kussmaul P., 1995, *Training the Translator,* Amsterdam/Philadelphia, John Benjamins.

La Torre L., 2001, Teaching the translation of Spanish medical discourse, *in* L. Desblache (ed.), p. 127-135.

Ladmiral J.-R., 1979, *Traduire : théorèmes pour la traduction,* Paris, Payot.

Lagarde L., 2002, *Évolution des stratégies de traduction des unités lexicales en cours d'apprentissage : une étude de cas,* Mémoire de DEA de langues et cultures étrangères, Université Lyon 2.

Laplace C., 2002, L'interprète, nocher des temps modernes, dans F. Israël (éd.), p. 189-215.

Larose R., 1989, *Théories contemporaines de la traduction,* Québec, Presses de l'Université du Québec.

Lavault E., 1985, *Fonctions de la traduction en didactique des langues,* Paris, Didier Érudition.

Lavault E., 1993, Traduire en LEA, traduire pour communiquer, dans M. Ballard (dir.). *La traduction à l'Université. Recherches et propositions didactiques,* Lille, Presses Universitaires de Lille.

Lavault E., 1998 *a*, Traduction en simulation ou en professionnel : le choix du formateur, *Meta,* n° 3, p. 364-372.

Lavault E., 1998 *b*, La traduction comme négociation, dans Delisle et Lee-Jahnke (réd.), p. 79-95.

Levý J., 1967, Translation as a decision process, in *To Honor Roman Jakobson* II, The Hague, Mouton, p. 1171-1182.

Lörscher W., 1986, Linguistic aspects of translation processes, *in* J. House et S. Blum-Kulka (eds), *Interlingual and Intercultural Communication,* Tübingen, Gunter Narr, p. 277-292.

Maillot J., 1969, *La traduction scientifique et technique,* Paris, Eyrolles.

Malkmjær K., 1991, Functionalist linguistics, *in* K. Malkmjær (ed.), *The Linguistics Encyclopedia,* London-New York, Routledge, p. 158-161.

Marrone S., 1993, Quality : A shared objective, *The Interpreters' Newsletter* 5, p. 35-41.

Mauranen A. et Kujamäki P. (eds), 2004, *Translation Universals : Do they exist ?,* Amsterdam/Philadelphia, John Benjamins.

Meak L., 1990, Interprétation simultanée et congrès médical : attentes et commentaires, *The Interpreters' Newsletter,* n. 3, p. 8-13.

Mounin G., 1955, *Les belles infidèles,* Paris, Cahiers du Sud.

Mounin G., 1963, *Les problèmes théoriques de la traduction,* Paris, Gallimard.

Neubert A., 2000, Competence in language, in languages, and in translation, *in* Schäffner et Adab (eds), p. 3-18.

Newmark P., 1981, *Approaches to Translation,* Oxford-New York-Toronto-Sydney-Frankfurt, Pergamon Press.

Newmark P., 1988, *A Textbook of Translation,* London, Prentice-Hall.

Nida E., 1964, *Toward a Science of Translating,* Leiden, E. J. Brill.

Nohara K., 1999, *Problems of Domestication and Foreignization in Translated Texts, with Reference to English and Japanese,* unpublished doctoral dissertation, The Queen's College, The Faculty of Oriental Studies, University of Oxford.

Nord C., 1991, *Text Analysis in Translation : Theory, Methodology, and Didactic Application of a Model for Translation-Oriented Text Analysis,* Amsterdam, Rodopi.

Nord C., 1997, *Translating as a Purposeful Activity. Functionalist Approaches Explained,* Manchester, St. Jerome.

Orozco M., 2000, Building a measuring instrument for the acquisiton of translation competence in trainee translators, *in* C. Schäffner and B. Adab (eds), p. 199-214.

Ørsted J., 2001, Quality and efficiency : Incompatible elements in translation practice ?, *Meta,* 46 : 2, p. 438-447.

Pergnier M., 1998, préface de J. Delisle et H. Lee-Jahnke (éd.), *Enseignement de la traduction et traduction dans l'enseignement,* Ottawa, Les Presses de l'Université d'Ottawa, p. IX-XVI.

Pinchuk I., 1977, *Scientific and Technical Translation,* London, André Deutsch.

Pöchhacker F. and Shlesinger M. (eds), 2002, *The Interpreting Studies Reader,* London and New York, Routledge.

Pöchhacker F., 2004, *Introducing Interpreting Studies,* London and New York, Routledge.

Pokorn N., 2003, The (in)competence of a native speaker in translation theory and practice, *in* D. Kelly *et al.* (eds), 117-137.

Puusepp M., 2003, *The Relevance of Communicative-Pragmatic Competence and Criteria for Quality in Simultaneous Interpreting,* unpublished MA thesis, University of Tartu.

Reiss K. et Vermeer H., 1984, *Grundlegung einer allgemeinen Translationstheorie,* Tübingen, Niemeyer.

Roberts R., 1984, Compétence du nouveau diplômé en traduction, dans *Traduction et qualité de langue,* Actes du Colloque, Société des traducteurs du Québec / Conseil de la langue française, Québec, Éditeur officiel du Québec, p. 172-184.

Robinson D., 1997 *a*, *Becoming a Translator*, London-New York, Routledge.

Robinson D., 1997 *b*, *Western Translation Theory*, Manchester, St. Jerome.

Sankoff D., 2002, The introspector's dilemma, Communication présentée au colloque sur l'origine et l'évolution des langues organisé au Collège de France par le CNRS, l'EHESS et l'Université de Paris X à Paris les 26 et 27 septembre 2002.

Sawyer D., 2001, *The Integration of Curriculum and Assessment in Interpretation Education : A Case Study*, doctoral dissertation, University of Mainz, http://archimed.uni-mainz. de/pub/2001/0097.

Schäffner C. (ed.), 2004, *Translation Research and Interpreting Research. Traditions, Gaps and Synergies*, Clevedon, Multilingual Matters.

Schäffner C. and Adab B. (eds), 2000, *Developing Translation Competence*, Amsterdam/Philadelphia, John Benjamins.

Schäffner C. and Wiesemann U., 2001, *Annotated Texts for Translation : English-German*, Clevedon-Buffalo-Toronto-Sydney, Mutlilingual Matters Ltd.

Schmitt P., 1999, Defekte im Ausgangstext, *in* Snell-Hornby *et al.* (eds), p. 147-151.

Searle J. R., 1971, What is a speech act ? *in* J. R. Searle (ed.), *The Philosophy of Language*, Oxford, Oxford University Press, p. 39-54.

Seleskovitch D, 1968, *L'interprète dans les conférences internationales*, Paris, Lettres modernes Minard.

Seleskovitch D. et Lederer M., 1989, *Pédagogie raisonnée de l'interprétation*, Paris, Didier Erudition.

SFT, 2000, Table ronde sur les acheteurs de traductions financières de l'université d'été SFT / La Rochelle, www.sft.fr/dossiers/actesrochelle/ 8acheteurs.pdf.

Simon S., 1996, *Gender in Translation : Cultural Identity and the Politics of Transmission*, London and New York, Routledge.

Simoneau M., 2002, La description d'images : une interprétation pour les aveugles, dans F. Israël (éd.), p. 305-316.

Sinclair J., 1966, Beginning the study of lexis, *in* C. E. Bazell, J. Catford, M. A. K. Halliday, R. H. Robins (eds), *In Memory of J. R. Firth*, London, Longman.

Snell-Hornby M., Pöchhacker F. and Kaindl K. (eds), 1994, *Translation Studies : An Interdiscipline*, Amsterdam/Philadelphia, John Benjamins.

Snell-Hornby M., König H., Kußmaul P., Schmitt P. (hrsg.), 1999, *Handbuch Translation*, Tübingen, Stauffenburg.

Steiner G., 1975, *After Babel : Aspects of Language and Translation*, New York, Oxford University Press.

Thiéry C., 1975, *Le bilinguisme chez les interprètes de conférence*, thèse de doctorat de troisième cycle, Université Paris 3.

Tirkkonen-Condit S. (ed.), 1991, *Empirical Research in Translation and Translation Studies*, Tübingen, Narr.

Tirkkonen-Condit S. and Jäaskeläinen R. (eds), 2000, *Tapping and Mapping the Processes of Translation and Interpreting*, Amsterdam/Philadelphia, John Benjamins.

Toury, G., 1995, *Descriptive Translation Studies – and Beyond*, Amsterdam/Philadelphia, John Benjamins.

Tricás Preckler M., 1995, *Manual de traducción*, Barcelona, Gedisa.

Venuti L., 1995, *The Translation Studies Reader,* London-New Tork, Routledge.
Vinay J.-P. et Darbelnet J., 1958, *Stylistique comparée du français et de l'anglais,* Paris, Didier.
Waddington C., 2001, Different Methods for Evaluating Student Translations : The Question of Validity, *Meta,* 46 : 2, p. 311-325.
Wilss W., 1991, Zur Praxisrelevanz der Übersetzungswissenschaft, *Lebende Sprachen,* n° 1, p. 1-7.
Zhong W. (ed.), 2000, *Essays on Interpreting and Translation Studies* (en chinois), South China University of Technology University Press.

Index des noms

Index des concepts

LINGUISTIQUE NOUVELLE

Volumes parus

MICHEL ARRIVÉ

Réformer l'orthographe ?

Langage et psychanalyse, linguistique et inconscient
Freud, Saussure, Pichon, Lacan

JEAN-ÉLIE BOLTANSKI

Nouvelles directions en phonologie

BERNARD BOSREDON

Les titres de tableaux. Une pragmatique de l'identification

JEAN CERVONI

L'énonciation (2e éd.)

DAVID COHEN

L'aspect verbal

ANDRÉ COLLINOT, FRANCINE MAZIÈRE

Un prêt à parler : le dictionnaire

DENIS CREISSELS

Éléments de syntaxe générale

JOCELYNE FERNANDEZ

Les particules énonciatives

JACK FEUILLET

Introduction à l'analyse morphosyntaxique

ROBERT FOREST

Empathie et linguistique

JEAN-JACQUES FRANCKEL (sous la dir.)

Langues et langage. Problèmes et raisonnement en linguistique. Mélanges offerts à Antoine Culioli

CATHERINE FUCHS

La paraphrase

MICHEL GALMICHE

Sémantique linguistique et logique
Introduction à la sémantique de Montague

MARIE-NOËLLE GARY-PRIEUR

Grammaire du nom propre

STANISLAW KAROLAK

L'article et la valeur du syntagme nominal

MAREK KĘSIK

La cataphore

GEORGES KLEIBER

La sémantique du prototype (2e éd.)

GEORGES KLEIBER, NANINE CHARBONNEL

La métaphore entre philosophie et rhétorique

PIERRE LARTHOMAS

Notions de stylistique générale

GILBERT LAZARD

L'actance

DANIELLE LEEMAN

Les déterminants du nom en français : syntaxe

ALAIN LEMARÉCHAL

Les parties du discours. Sémantique et syntaxe

PIERRE LERAT

Les langues spécialisées

ROBERT MARTIN

Pour une logique du sens (2e éd.)

GEORGES MOLINIÉ

Éléments de stylistique française (3e éd.)

GEORGES MOLINIÉ, PIERRE CAHNÉ

Qu'est-ce que le style ?

JEAN MOLINO, JOËLLE GARDES-TAMINE

Introduction à l'analyse de la poésie

I. Vers et figures (3e éd.)

MARY-ANNICK MOREL, LAURENT DANON-BOILEAU

La deixis. Colloque en Sorbonne, 8-9 juin 1990

MICHÈLE NOAILLY

Le substantif épithète

MAURICE PERGNIER

Le mot

Les anglicismes. Danger ou enrichissement pour la langue française ?

ANNE-MARIE PERRIN-NAFFAKH

Stylistique. Pratique du commentaire (3e éd.)

BERNARD POTTIER

Sémantique générale

FRANCIS RENAUD

Sémantique du temps et lambda-calcul

MARTIN RIEGEL, JEAN-CHRISTOPHE PELLAT, RENÉ RIOUL

Grammaire méthodique du français (5e éd.)

RENÉ RIOUL, PHILIPPE MONNERET

Questions de syntaxe française

MARIO ROSSI, ÉVELYNE PETER-DEFARE

Le lapsus ou comment notre fourche a langué

GUY SERBAT

Cas et fonctions. Études des principales doctrines casuelles du Moyen Age à nos jours

PATRICK SÉRIOT

Structure et totalité

OLIVIER SOUTET

Études d'ancien et de moyen français

SORIN STATI

Le transphrastique

PIERRE SWIGGERS

Histoire de la pensée linguistique

IRÈNE TAMBA-MECZ

Le sens figuré

MARC WILMET

La détermination nominale

Quantification et caractérisation

GASTON ZINK

Phonétique historique du français (6e éd.)

Morphologie du français médiéval (5e éd.)

Imprimé en France
par Vendôme Impressions
Groupe Landais
73, avenue Ronsard, 41100 Vendôme
Janvier 2005 — N° 51 772